AF792140

TANZ AUF DER BRÜCKE

Edition Moosdiele

Foto: Alwin Maigler

Franzpeter Messmer
arbeitet seit vielen Jahren als Autor, Festivalleiter und Musikwissenschaftler. Er schrieb u.a. die Romane „Venusmann“ und „Das Traumelixier“ sowie Biografien über Orlando di Lasso, Richard Strauss und Georg Friedrich Händel. Von 1990-2022 war er künstlerischer Leiter der Landshuter Hofmusiktage, des Europäischen Festivals Alter Musik. Außerdem konzipierte und koordinierte er die Gedenkjahre in Bayern für Richard Strauss (1999, 2014), Werner Egk (2001) und Karl Amadeus Hartmann (2005), die Bayerischen Tonkünstlerfeste 1998 und 2008 und das Deutsche Musikfestival 1997. Er engagierte sich musikpolitisch als Vorsitzender des Tonkünstlerverbandes Bayern und im Bayerischen Musikrat. Franzpeter Messmer lebt zusammen mit seiner Frau, der Handbuchbinderin Ruth Messmer, im oberschwäbischen Daugendorf und in München.

FRANZPETER MESSMER

Tanz auf der Brücke

Mehmet, der Klavierspieler,
das Brückenfestival und
die Fatwa gegen Amal, die Tänzerin

Roman

Edition Moosdiele

Bibliografische Information der Deutschen Nationalbibliothek: Die Deutsche Nationalbibliothek verzeichnet diese Publikation in der Deutschen Nationalbibliografie; detaillierte bibliografische Daten sind im Internet über dnb.dnb.de abrufbar.

© 2022 *parlando-media*
© 2022 des Textes bei Franzpeter Messmer

Edition Moosdiele,
ein Imprint von *parlando-media*
Hanfgarten 6, 88499 Riedlingen
info@parlando-events.de

Alle Rechte vorbehalten.

Lektorat: Patrick Baumgärtel
Graphische Gestaltung: *parlando-media*
Titelfoto: © Florian Messmer

Herstellung BoD - Books on Demand Norderstedt

ISBN: 978-3-9824-3920-4

Inhalt

10

Der Duft von Rosenwasser

Ich wachte auf, suchte nach dem Brustbeutel, als ob er der Strohhalm wäre, an den ich mich klammern könnte. Ich ertastete jede Goldmünze darin, spürte Größe und Prägung. Nur noch sieben besaß ich. Die anderen hatte ich ausgeben müssen, um bis hierher zu kommen. Ich versuchte wieder einzuschlafen. Doch kaum schloss ich die Augen, tauchten die alten Bilder auf. Sie schienen unendlich weit entfernt zu sein.

Das glückliche Lächeln meines Vaters, das immer sein Gesicht erstrahlen ließ, wenn er das Honorar des Abends in der Hand hielt. „Wir haben heute wieder gut verdient.“ Das sagte er mit einer Mischung aus Stolz und Fröhlichkeit. Wir saßen in unserem alten Mercedes Kombi. Um uns herum hörten wir aufgekratzte Stimmen. Autotüren wurden zugeknallt. Große Limousinen rollten an uns vorbei hinaus in die helle Nacht. Jemand sang eines der Lieder, die wir gespielt hatten. Ich war ein kleiner Junge, der gerade vor über hundert Gästen gesungen hatte, von begeisterten älteren Damen an die Brust gedrückt, mit Baklava und anderen Süßigkeiten überhäuft und wie ein Star bewundert wurde.

Wir traten mindestens einmal im Monat bei Hochzeiten und anderen Festen auf. Papa war ein berühmter Musiker. Er hatte viel längeres Haar als die zumeist kahl geschorenen Männer seines Alters, sein Bart umrahmte markant Kinn und Mund. Oft trug er ein Hemd mit bunten Mustern, ziemlich weit geöffnet, so dass seine goldene Halskette hervorleuchtete. Seine weiße Hose und die stets glänzend polierten braunen Schuhe verliehen ihm eine weltläufige Eleganz. Er war ein Künstler, konnte sich diese auffällige Kleidung erlauben. Wenn er erschien, strahlten vor allem die Frauen und er wurde mit Respekt behandelt, sogar von hohen Regierungsbeamten, selbst von Ministern; denn er galt als der beste Oud-Spieler Syriens. Sein Gedächtnis war immens. Er kannte unendlich viele Melodien auswendig, die er von seinem Vater gelernt hatte und dieser von seinem Großvater und so zurück bis zum Propheten.

Jetzt lag ich wie über hundert andere Flüchtlinge auf einem Feldbett in einer Turnhalle. Wenn ich die Augen öffnete, blendete mich das grelle Licht von Neonröhren. Es roch ein wenig nach Schweiß. Der Mann rechts hustete, der links atmete so leise, dass er fast wie tot erschien. Weiter weg schrie einer, als ob er erstochen würde. Ihn verfolgte wohl ein böser Traum. Jedes meiner Goldstücke war ungefähr hundert Euro wert. Das gab mir etwas Sicherheit. Ich hatte viele Pläne. Sobald es mir erlaubt sein würde, wollte ich ein Zugticket kaufen und in die nächste große Stadt fahren. Ich war mir sicher, dass die Menschen auch in Deutschland meine Musik hören wollten.

Morgens stand ich in einer Schlange und wartete, mich waschen zu dürfen. Dann mussten wir uns anstellen, um das Frühstück zu erhalten, und so ging es den ganzen Tag. Es war ein ständiges Warten, und dies wiederholte sich monatelang. Keiner von uns wusste, wie es weitergehen würde. Mit den anderen redete ich wenig. Wir misstrauten einander. Der andere könnte im syrischen Geheimdienst gearbeitet haben, könnte ein islamistischer Krieger oder einer der Folterknechte des Regimes gewesen sein. Ich schaute in ihre Gesichter. Sie waren verhärtet wie Masken, hatten jegliches Vertrauen verloren. Uns war nur ein zynischer Trotz geblieben. Menschen sind schrecklich. Das war nach dem, was wir erlebt hatten, klar. Doch dieser da, der vor einem stand, war vielleicht noch viel schlimmer als alle, denen wir schon begegnet waren. Ich erkannte die Gesichter von zweien, die mit mir und einigen anderen in einem Lieferwagen eingepfercht über die Grenze gebracht worden waren. Das hatte ein Goldstück gekostet. Dafür musste ich im dunklen Laderaum des Mercedes Sprinters stehen, der mit rasender Geschwindigkeit, so schien es wenigstens, durch die engen Kurven einer Passstraße fuhr. Ich stand mittendrin, konnte mich nirgends festhalten, fiel je nachdem, ob es links, rechts, auf- oder abwärts ging in die vor, hinter oder neben mir stehenden Menschen, die nicht einmal schimpften, wenn ich mich an sie klammerte. Wegen dieses abenteuerlichen Fahrstils mussten sich einige übergeben. Es roch abscheulich. Ein jeder hatte irgendwo blaue Flecken. Nach weniger als einer Stunde hielt der Lieferwagen an, der Fahrer öffnete die Türe. Wir sahen einen Parkplatz, auf dem viele Lastwägen standen. Der Mann schrie, wir sollten uns beeilen. Kaum war der letzte ausgestiegen, knallte er die Türen zu, zeigte in die Richtung, in die wir gehen sollten, und war schon wieder weg. Das hatte also ein Goldstück gekostet.

Nun waren wir in Deutschland, suchten einen Weg, um weiterzukommen. Die Lastwagenfahrer schliefen. Es war morgens um fünf. Die Wiese neben dem Parkplatz war umzäunt und voller Exkremente. Uns blieb nichts anderes übrig, als auf die Straße zu gehen, eine deutsche Autobahn mit den schnellen Limousinen und Sportwagen, die wir zu Hause im Fernsehen bestaunt hatten. Doch diese Autobahn zu betreten, war gefährlich. Ganz am Rand, immer bereit für den Sprung in den Graben gingen wir los, bis uns die Polizei entdeckte und mit Sirenengeheul neben uns anhielt. Die Beamten waren erstaunlich freundlich, geleiteten uns über ein Feld zu einem Bus, der schon auf uns wartete. Offenbar passierte es oft, dass hier Flüchtlinge ausgesetzt wurden, denn alles war bestens organisiert. In der Turnhalle, in der ich jetzt noch war, empfingen uns besorgte und hilfsbereite Frauen, gaben uns etwas zu trinken, führten uns zu Feldbetten, passten uns Kleidung an und füllten die Teller mit reichlich Essen. An diesem Abend hatte ich zum ersten Mal wieder Hoffnung.

Aber dann passierte nichts mehr. Es brauchte offenbar viel Zeit, bis alle erfasst waren. Das Ausharren zermürbte. Jeden Tag dasselbe. Das stundenlagen Anstehen. Das Warten, das so lange dauerte, bis man nicht mehr wusste, worauf man wartete. Doch wir mussten uns eingestehen, dass diese Turnhalle noch das Beste war, was wir während der Flucht erlebt hatten. Deshalb ertrugen wir es schweigend mit mattem Blick, gefühllos und als ob wir Menschen von einem anderen Planeten wären.

Gab es Mutter noch im fernen Damaskus? Sie war bleich, unterernährt und zittrig vom Fieber gewesen, als sie zum Abschied gewunken hatte. Wie sie jetzt wohl aussah, wenn sie überhaupt noch lebte, mochte ich mir gar nicht vorstellen. Ich kann mich an sie nur mit einer Schürze über ihrem weiten Kleid erinnern, wie sie eigentlich fast immer in der Küche stand und etwas kochte, Gemüse putzte und in kleine Stücke schnitt, sich über Töpfe beugte, aus denen es verführerisch duftete, oder mir den Löffel gefüllt mit einer wohlschmeckenden Sauce zum Probieren hinhielt. Auf der Straße trug sie ein Kopftuch wie viele verheiratete Frauen damals. Amal, meine fünf Jahre ältere Schwester, machte sich deshalb über sie lustig. Mutter ging oft mit ihr einkaufen in den Suk und ich schaute ihnen aus dem Fenster nach, sah, wie sie zwischen den hupenden Mofas, den Rufen der Händler verschwanden, und atmete den Duft von Gewürzen, gebrannten Mandeln und gebratenem Fleisch aus der Garküche neben unserem Haus ein.

Wenn Papa mit uns bei den Hochzeiten auftrat, tanzte Amal und verdrehte den Männern die Augen. Mutter wollte deshalb die Auftritte ihrer Tochter beenden. „Sie ist bald eine junge Frau. Das gehört sich nicht. Sie wird nie einen anständigen Mann finden.“

Über diese und andere Einwände wurde Vater wütend und sagte, dass er Amal nicht umsonst die orientalische Tanzkunst gelehrt habe, dass er sehr wohl wisse, wie er auf sie aufpassen müsse und dass sie sich nicht der Karriere ihrer Tochter in den Weg stellen dürfe. Doch wenn Mutter das Essen auf den Tisch stellte und Papa ihre Kochkunst lobte, versöhnten sie sich wieder.

Die beiden stritten eigentlich nur über zwei Themen. Das eine, Amals männerverführende Tanzkunst, beherrschte unsere Familie jedes Mal, wenn ein neuer Auftritt bevorstand. Da konnte man so sicher sein, wie dass unser Prophet auf einer Leiter in den Himmel hinaufgestiegen ist. Das andere Thema tauchte plötzlich und überraschend auf: manchmal nach einem halben Jahr, manchmal zweimal in der Woche fiel der Strom aus. Mutter musste dann den Holzherd anheizen, um kochen zu können. Im Sommer wurde es in unserer Wohnung deshalb unerträglich warm, während im Winter das Holzfeuer eine angenehme Wohligkeit verbreitete. Außerdem konnte Amal nicht mehr ihren iPod aufladen, was ich gerne mit Schadenfreude kommentierte. Sie und Mutter schimpften lautstark, dass Papa zwar Beziehungen zu den höchsten Stellen habe, sich aber nicht trauen würde, einen der Bonzen um einen richtigen, ständig funktionierenden elektrischen Anschluss zu bitten. Immerhin wurde unsere Leitung meistens früher als die der Nachbarn repariert. Ein wenig Wert hatte Vaters Ruhm also doch.

Hier in Deutschland gab es keine Stromausfälle. Im Vergleich zu Damaskus schien alles perfekt. Doch das Licht der Neonlampen in der Turnhalle, das den ganzen Tag von morgens sechs bis nachts zehn Uhr brannte, war kalt und künstlich. Nach einigen Wochen konnte ich kaum noch ertragen, dass nichts weiterging. Ich fühlte mich gefangen. Ich hielt es in der Turnhalle nicht mehr aus, trat ins Freie, wenn die Türe offen war, lehnte an der Wand, sah in die Ferne. Es war warm. Die Sonne strahlte und einige Wolken flogen ostwärts. Ich hatte eine große Sehnsucht. Aber ich wusste nicht mehr, wonach ich Sehnsucht hatte. Gab es auf dieser Welt überhaupt noch etwas, was wir erhoffen konnten?

Die Werkstatt meines Vaters wäre ein solcher Sehnsuchtsort gewesen. Sie lag im Erdgeschoss unseres Hauses. Dort baute Papa Ouds nach alter Tradition. Es roch nach Holz, Leim und Lack. In verglasten Vitrinen hingen die Meisterinstrumente, die er zum Verkauf anbot. Die weniger wertvollen waren an entlang der Wand gespannten Schnüren festgebunden. Sie wurden vor allem von Schülern gekauft. Außerdem bot er Flöten wie die Nay, Geigen und die traditionelle Rabāb, Trommeln wie die Tabla oder das Tamburin, die Riqq, an. Gerne spielte er Kunden vor, die sich für seine Instrumente interessierten. Er konnte auf jedem Instrument eine erstaunlich schöne Musik hervorbringen. Außerdem gab es in der Werkstatt zahlreiche Schränke, in deren Schubladen Saiten, Stimmwirbel, Bögen, verschiedenste Hölzer und vieles mehr lagerten. Schon als kleiner Junge war ich aus Vaters Werkstatt nicht herauszubringen. Mich zogen die Instrumente magisch an. Stundenlang versenkte ich mich in ihren Klang, zupfte an ihnen, blies in sie hinein oder klopfte alle möglichen Rhythmen darauf.

Die erste Woche lag ich fast immer auf dem Feldbett. So erledigt war ich. Ich starrte an die Decke der Turnhalle und sah dabei die Trümmer unseres Viertels in Damaskus. Aber jetzt konnte ich dieses Nichtstun nicht mehr ertragen, lief herum, schaute mir alles genau an, lächelte den Helferinnen zu und sie lächelten zurück. Einmal blickte ich hinter einen Vorhang und sah ein Klavier. Es stand dort versteckt zwischen Schachteln und Getränkekisten, durch die ich mich hindurchzwängte. Daneben fand ich auch den Klavierhocker, setzte mich darauf und versuchte, den Deckel hochzuklappen. Aber er war verschlossen. Ich rüttelte. Da war nichts zu machen. Also suchte ich den Schlüssel. Vielleicht lag er unter dem Klavier? Ich schob die Schachteln beiseite, so dass ich mich auf den Boden legen konnte und kroch um das Instrument herum.

Doch plötzlich stand ein großer, bärtiger Mann hinter mir. „Nichts Klavier," sagte er. „Gehen kaputt."

Ich staunte über sein merkwürdiges Deutsch. „Sind Sie auch Ausländer?" fragte ich.

Er stutze einen Augenblick, sagte dann ärgerlich: „Wie kimmst du da drauf?"

Jetzt verstand ich: Er hatte so merkwürdig gesprochen, da er glaubte, ich würde kein Deutsch verstehen. Er wollte mir entgegenkommen, war gar nicht so unfreundlich, wie er wirkte. Ich sagte, dass ich Pianist sei und ihm unendlich dankbar wäre, wenn ich Klavier spielen dürfte. Er schüttelte den Kopf, meinte, er wäre nur der Hausmeister, und der Direktor hätte strengstens verboten, jemanden an das Instrument zu lassen, und den Direktor könnte er jetzt nicht fragen. Es sei nämlich Feierabend. Er überlegte einen Augenblick und fuhr dann fort, dass überhaupt jeder erzählen könnte, er wäre ein Klavierspieler. Wie er das denn überprüfen solle? Ich antwortete lächelnd: „Lassen Sie mich spielen. Dann hören Sie es."

„So einfach geht das nicht," schüttelte er den Kopf und ließ mich stehen. Er habe Wichtigeres zu tun. Ich musste grinsen und schlug mir immer wieder mit der rechten Hand an die Stirn. Da lachte er: „Auwei, Du bist aber ein teigaffiger Pianist." Ich verstand nicht, was das bedeutete, aber das war sicherlich besser so.

Auch hier hatte ich offenbar mit meinem Klavierspiel kein Glück. Dabei hatte ich gedacht, dass in dem Land, wo Mozart gelebt hatte, ein Klavierspieler willkommen sei. Ich hoffte sicherlich nicht, so gefeiert zu werden wie mein Vater in Damaskus, wenn er auf dem Oud spielte. Dazu war ich zu wenig bekannt. Aber dass ich nicht einmal die Chance erhielt, machte mich traurig.

Papa hielt mein Klavierspiel für Verrat an der arabischen Musik. Immer wieder fragte ich mich, ob es falsch war, Pianist werden zu wollen. Ich sah noch vor mir, wie mich bei einer Hochzeitsfeier eine vornehme Dame an ihren Busen drückte und sie Papa schimpfte, dass er seinen hochbegabten Sohn auf Hochzeiten singen ließe, anstatt ihn richtig auszubilden. Das wäre Kinderarbeit, meinte sie. Ich solle stattdessen Klavier lernen. In meinem Vater kochte es. Das spürte ich damals ganz deutlich. Wäre die Frau nicht die Gattin eines Bankvorstands gewesen, er hätte sie mit den übelsten Schimpfwörtern niedergemacht. Doch so versuchte er es mit Diplomatie: „Unsere Familie bringt seit vielen Generationen die besten Oudbauer und -spieler hervor. Mein Sohn wird diese Tradition fortführen trotz der mächtigen westlichen Einflüsse."

Er spielte auf seinem Oud eine kurze Melodie und gestaltete jeden Ton mit einem anderen Timbre, so schön und innig, dass sich einige Gäste umdrehten und klatschten. „Sie müssen doch zugeben, Verehrteste, gegen den Oud ist das Klavier eine kalte Musikmaschine." Doch die Dame war beharrlich und ließ keine Ausflucht meines Vaters gelten, weder, dass er mich nicht im Klavierspiel unterrichten könne, da er es selbst nicht beherrschte, noch dass wir gar kein Klavier hätten. Sie verkündete, dass sie vor ihrer Heirat in Wien an der Musikhochschule Klavier studiert habe und dass ich ab sofort jeden Tag kommen dürfe, um auf ihrem Flügel zu üben.

Damals begann eine wunderbare Zeit für mich. Ich fühlte mich in der vornehmen Villa fast wie zu Hause und konnte mich nicht satthören an den mächtigen Akkorden des schwarz glänzenden Steinways. Die kinderlose Madame Elmina, wie ich sie nennen musste, gab mir fast jeden Tag Unterricht, freute sich über den kleinsten Fortschritt und belohnte mich mit Unmengen von Süßigkeiten.

Vater war einige Zeit traurig. Aber da ich nach wie vor auch auf dem Oud spielte und entgegen dem Rat von Madame Elmina weiterhin zusammen mit ihm und Amal bei Hochzeiten und anderen Feiern auftrat, hatte er bald nichts mehr dagegen. Allerdings neckte er mich immer wieder: „Wie kann man sich nur mit so einem schrecklich unpraktischen Instrument, das viel zu groß ist, um es irgendwohin mitzunehmen, abgeben. Das ist kein Musikinstrument. Das ist eine Musikmaschine!"

Immer wenn ich den Hausmeister in der Turnhalle sah, eilte ich auf ihn zu und bat ihn um den Klavierschlüssel. Doch er sagte nur: „Auwei, da ist wieder der teigaffige Pianist." Ihn schien es zu amüsieren, dass ich nicht wusste, was teigaffig bedeutet. Offenbar machte er sich über mich lustig. Doch das konnte ich wesentlich besser, war ich überzeugt. Das nächste Mal schlich ich ihm nach, so dass er es nicht merkte, und schnitt alle möglichen Grimassen. Insbesondere übertrieb ich seine Art, sich zu bewegen: Er ging merkwürdig steif, ganz aufrecht, schleifte aber ein Bein nach und ließ den rechten Arm wie ein Pendel hin- und herschwingen. Meine Übertreibung erreichte immerhin, dass einige Flüchtlinge zum ersten Mal seit langer Zeit wieder lachten. Aber der Hausmeister fand das gar nicht komisch. Als er sich überraschend umdrehte und mir einige Sekunden zuschaute, bekam er einen Wutanfall. „Hergelaufener Depp, damischer Bandit, verrückter Gimpel“ schimpfte er und zeigte drohend mit seiner Hand auf mich. „Man füttert dieses Geschwerl durch und dann werden sie auch noch frech,“ knurrte er.

Da fühlte ich, wie sich in mir eine Spannung aufbaute, als ob es mich zerreißen würde. Ich begann zu bellen, sprang über die Tische, auf denen Frauen das Mittagessen bereitgestellt hatten, und schlug auf dem Boden Purzelbäume. Schließlich stand ich dem verdutzten Hausmeister mit einem lauten und unaufhörlichen Miauen gegenüber. Nun fühlte ich mich besser. Doch auf einmal eilten zwei Sanitäter herbei, packten mich an den Armen und führten mich in einen Nebenraum, wo es ihnen gelang, mir die Nadel einer Beruhigungsspritze in den Arm zu drücken.

9

Gespenster, an die niemand glauben will

Der Arzt beobachtete mich in meinem Bett mit einem kühlen Lächeln wie ein Insekt, das er unter dem Mikroskop betrachtete. Dabei war er freundlich. Allerdings schien er keine Zeit zu haben. Nervös blickte er immer wieder auf seine Uhr. Beim Sprechen schaute er durch mich hindurch, als ob ich gar nicht existieren würde. Zwar wollte er wissen, wann meine Tics zum ersten Mal aufgetreten seien, doch als ich ihm erzählte, es wäre damals gewesen, als sie meine Schwester eine Hure genannt hatten und der Scheich die Fatwa verkündet und gefordert hatte, dass ein jeder rechtschaffene Muslim, der ihr begegnen würde, sie töten solle, unterbrach er mich. „Seltsam." Er überlegte lange und sagte mehr zu den Assistenzärzten und Pflegern, die ihn bei der Visite begleiteten, als zu mir: „Dass Tourette durch traumatische Erlebnisse ausgelöst werden kann, widerspricht allem, was wir wissen. Die bisherigen Forschungen legen nahe, dass es vererbt wird. Er hatte das bestimmt schon früher, ohne es zu bemerken."

In der Klinik erhielt ich ein eigenes, ziemlich gut ausgestattetes Zimmer. Zum ersten Mal konnte ich sogar lange schlafen. Das Sanatorium, ein altes Gemäuer, lag inmitten eines Parks mit hohen Bäumen, einem Teich, einer Liegewiese und in der Ferne konnte ich die hohen Berge sehen. Der Arzt wollte meinen Beruf wissen. „Pianist," sagte ich. „Das ist gut," antwortete er. „Es gibt einige Studien, die nahelegen, dass durch Musizieren Tics unterdrückt werden. Spielen Sie viel Klavier, vor allem immer, wenn Sie spüren, dass der Tic anfängt. Das ist besser als jedes Medikament." Während er mir diesen Rat gab, eilte er schon zur Türe hinaus. Noch am Vormittag wurde ich entlassen. Eigentlich wäre ich dort gerne länger geblieben. Es war so ruhig und friedlich dort. Das hätte mir gut getan.

Was war das für ein Arzt? Er wollte nur das für seine Diagnose Nötigste über mich wissen. Er fragte nicht, warum meine Schwester verurteilt worden war, warum ich fliehen musste, wie ich Pianist geworden war. Die Diagnose „Tourette" genügte ihm. Der Fehler war gefunden.

Ich klopfte mit den Fingern auf die Fensterbank, als ob sie eine Tastatur wäre. Der Arzt hatte mir geraten, Klavier zu spielen. Dann würde mein Tic aufhören. Doch wo? Das wusste er auch nicht.

Ich übte auf dem Fensterbrett Tonleitern und schaute auf die von Kirschbäumen umgrenzte Straße. Draußen war es grau und neblig. Ich wuchs in der Sonne Syriens auf, bin das grelle Licht ebenso wie das tiefe Schwarz des Schattens gewohnt. Deshalb war für mich diese Unklarheit, dieses Diffuse, wo du nie weißt, was hell oder dunkel, was gut oder schlecht ist, nur schwer auszuhalten. Aber ich blickte trotzdem lieber aus dem Fenster. Dann musste ich nicht sehen, was in unserer Wohnung passierte. Immerhin schickten sie mich nicht zurück in das Auffanglager, sondern ich erhielt in einem Flüchtlingsheim ein Zimmer, in dem ich zusammen mit zwei anderen hauste. Abdul lag im Bett und schaute die ganze Zeit auf sein Handy. Kadir schnarchte laut. Er musste anscheinend viel Schlaf nachholen. Ihn konnten nicht einmal die beiden schwarzen Jungen, Alpha und Melody, wecken, die laut schreiend durch die Räume jagten und sich um ein Modellauto stritten. Im Nachbarzimmer beschwerte sich Maria bei Joe, dass sie schon wieder schwanger sei. Sie waren die Eltern von Alpha und Melody. Yossuf, ein weiterer Mitbewohner, ging von einem zum anderen Raum und verlangte, dass derjenige, der mit seinem Durchfall das Klo verschmutzt hatte, es endlich putzen sollte. Yossuf war, so erfuhr ich später, berühmt für seine Wutanfälle. Doch an mir ging das alles vorbei. Ich übte Tonleitern über vier Oktaven und benötigte dafür die ganze Länge des Fensterbretts.

Dabei dachte ich an die Worte des Arztes, dass Tourette eine Erbkrankheit sei und nicht durch die Umwelt ausgelöst würde. Bei mir jedenfalls stimmte das nicht. Nach dem Verschwinden Amals hatte ich erstmals dieses beklemmende Gefühl im Bauch, wenn jemand von der Fatwa sprach. Mich erfüllte dann eine seltsame Unruhe, und nach einigen Wochen reagierte ich auf dieses Wort mit merkwürdigen Räusper- und Grunzlauten.

Ich war machtlos dagegen. So sehr ich mich anstrengte, ich konnte sie nicht unterdrücken. Bald kamen Bewegungen hinzu wie ein ständiges Schlagen auf die Stirn, Laufen im Stehen, Schütteln der Schultern oder das rhythmische Heben und Senken des Arms, als wollte ich zur Sonne oder nachts zum Mond hinaufzeigen. Gegen diese Bewegungen konnte ich mich nicht wehren. Sie taten mir sogar gut; denn dabei löste sich die in mir aufgestaute Spannung, was ich als angenehm und erleichternd empfand, aber meine Umwelt erschreckte und dazu führte, dass ich von Papa geschimpft und einige Male geschlagen wurde. Nach einiger Zeit ergriffen mich diese Spannungen auch in anderen Situationen. Immer wenn ich spürte, dass etwas falsch war, dass jemand log oder etwas verheimlichte, musste ich grunzen oder die Schultern minutenlang schütteln. Mir erschien das lustig. Es war eine wunderbare Befreiung.

Doch für die anderen, insbesondere für Papa und Mama war es peinlich. Sie hatten nun nicht nur eine Hure als Tochter, sondern auch einen verrückten Sohn, hieß es. Die Eltern meiner Mitschüler verlangten, dass ich nicht mehr in die Klasse kommen dürfe, da ich die anderen stören würde. Dabei war ich einer der Besten. Mein Gedächtnis und mein Verstand waren seit dem Ausbruch dieser merkwürdigen Krankheit viel schärfer geworden. Deshalb bedauerte es der Rektor, als er mich von der Schule werfen musste. Aber mein Vater erreichte in einem langen Gespräch, dass ich weiterhin an den Prüfungen teilnehmen und er mich zu Hause darauf vorbereiten durfte. Für mich war das eine willkommene Lösung, sparte ich mir doch nun viele langweilige Schulstunden. Bei den Prüfungen waren die Tics kein Problem, denn sie traten nie auf, wenn ich konzentriert an etwas arbeitete.

Das galt auch für das Klavierspiel. Deshalb wusste Madame Elmina nichts von meiner Krankheit. Diese brach während des Klavierunterrichts bei ihr nie aus und ich hatte ihr auch nichts davon erzählt. Warum sollte ich auch? Madame Elmina staunte allerdings, wie schnell ich Fortschritte machte. Eines Tages, ich war damals bald sechzehn, sagte sie, dass sie mich nichts mehr lehren könne. Ich sei so gut wie sie, wenn nicht besser. Dabei legte sie ihre Hand auf die meinige und schaute tief in meine Augen. Ihre Brust hob und senkte sich, als ob sie einen Berg bestiegen hätte, und plötzlich küsste sie mich auf den Mund. Das war kein kurzer, mütterlicher Kuss, es war wie ein Festsaugen, und dann spürte ich ihre Zunge, die versuchte, sich durch meine Lippen hindurchzuschlängeln. Plötzlich erfüllte mich eine gewaltige Spannung. Ich sprang vom Klavier auf. Eine Kaskade von Grunzlauten löste sich aus meinem Hals und zugleich trommelte ich mit den Händen auf meinen Kopf. Madame Elmina schrie entsetzt auf und rannte zur Türe hinaus. Als sich meine Tics gelegt hatten, betrat sie wieder vorsichtig das Zimmer und sagte wütend: „Wenn ich so verrückt wie du wäre, hätte ich mich längst umgebracht." Darauf antwortete ich: „Und ich hätte mich längst umgebracht, wenn ich so hässlich aussehen würde wie Sie." Ich weiß, das war uncharmant, aber wahr. Seitdem meine Tics aufgetaucht waren, hatte ich eine kaum zu bremsende Schlagfertigkeit entwickelt. Ich konnte sie so gut wie gar nicht unterdrücken, es sei denn, mein diplomatischer Vater half mir. Aber das mit ihrer Hässlichkeit stimmte: Ihr Gesicht war feist, sie trug die Schminke auf ihre Augenlider und ihren Mund so dick auf, dass sie eigentlich immer irgendwo verschmiert war. Ihre Haut war trotz aller Kosmetik porig und faltig. Noch heute ekele ich mich vor ihrem Kuss, wenn ich daran zurückdenke.

Nach meiner Replik war sie für einige Sekunden sprachlos. Dann sagte sie in einem ruhigen, aber bestimmten Ton: „Mehmet, du hast bei mir viel gelernt. Ich war immer großzügig zu dir. Jetzt hast du meine Seele gebrochen. Komme nie wieder. Aber ich wünsche dir trotzdem Glück."

Als sie die Türe zu ihrer Wohnung geschlossen hatte, hörte ich sie heulen. Ich wusste nicht, ob ich auch weinen oder lachen sollte. Einerseits war es komisch, dass eine alte Frau einen Sechzehnjährigen verführen wollte, andererseits habe ich bis heute Heimweh, wenn ich an ihren Salon denke: Der große schwarze Flügel stand auf einem roten afghanischen Teppich, an den Wänden hingen persische Kelims, rankten großblättrige Hibiskuspflanzen und vor dem Fenster drohnte ein riesiges Ledersofa; es roch nach Rosenwasser und starkem Kaffee, den sie in großen Mengen trank, und auf einer Anrichte stand eine Dose mit Schokolade, aus der ich sogar etwas nehmen durfte, wenn ich schlecht gespielt hatte.

Jetzt erschien mir Madame Elmina wie eine Märchenfigur aus Tausendundeiner Nacht, ihr Salon wie ein Palast und von Schokolade konnte ich nur noch träumen. Unser Zimmer bestand aus drei Betten, drei Schränken, einem Tisch und einem Fernseher. Wenn Abdul nicht auf sein Handy schaute, starrte er auf den Fernsehbildschirm. Er schien niemand anderen wahrzunehmen, nur den Fernseher und sein Smartphone. Auch schien es ihm ziemlich gleich zu sein, welches Programm er eingestellt hatte; denn er verstand nicht, was gesprochen wurde. Er saß auf dem für ihn viel zu kleinen Stuhl und wusste nicht, wohin mit seinen langen Beinen. Es musste für ihn sehr ungemütlich gewesen sein. Denn lange hielt er es so nicht aus. Dann stand er auf und ging im Zimmer auf und ab wie ein gefangener Tiger in seinem Käfig. Abdul hatte eine Haut wie dunkle Bronze, trug stets ein weißes T-Shirt und eine blaue Jeanshose. Der schlanke, fast zwei Meter große Mann hatte einen stolzen Blick und tat so, als ob wir beiden anderen gar nicht da wären.

Kadir war kaum wach zu bekommen. Entweder hatte er sich in den Schlaf geflüchtet oder er hatte so viel durchgemacht, dass er einfach nur noch müde war. Ich weiß es nicht. Allein die beiden Kinder von Maria und Joe waren voller Leben, wenn sie zur Türe hereinstürmten, sich um ein Spielzeug stritten oder neben mich setzten und sich eine Geschichte erzählen ließen. Doch ihre Geduld war begrenzt und mein Englisch nicht das Beste. Ihr Vater, Joe aus dem Nachbarzimmer, war der Einzige, der wirklich mit den anderen sprach und für einen jeden von uns ein Lächeln übrig hatte. Er beneidete mich: „Du kommst aus einer zerbombten Stadt. Dich werden sie als Flüchtling anerkennen. Aber bei uns werden sie sagen, dass wir aus Nigeria nur weggegangen sind, um es hier besser zu haben."

Wollten wir es nicht alle irgendwie besser haben? Doch jetzt waren wir in einer Wohnung mit vier Zimmern gelandet, in der elf einander völlig fremde Menschen zusammengepfercht wurden. Dennoch hatten wir alle Hoffnung. Der cholerische Yossuf war Maurer und wollte Häuser bauen, Joe hoffte in einem Bauernhof unterzukommen, da er zu Hause in einer Geflügelfarm gearbeitet hatte. Kadir hatte in einem seltenen wachen Moment erzählt, dass er Arzt sei und sicher hier Arbeit finden würde, und der stolze Abdul wollte so viel Geld verdienen, dass er sich einen Porsche kaufen konnte. Er sagte dies so ernst und trotzig, dass niemand zweifelte, dass er es schaffen würde. Dass er darin wirklich gut aussehen würde, war sowieso klar.

Als Abdul nach draußen ging, um eine Zigarette zu rauchen, schaltete ich den Fernseher ab und spielte auf der Fensterbank Mozarts A-Dur-Sonate, die ich schon bei Madame Elmina auswendig gelernt hatte. Dabei beobachtete ich, wie eine große, blonde Frau aus einem Auto ausstieg und zum Eingang unseres Hauses ging.

„Hallo," sagte sie fröhlich, als sie im Gang unserer Wohnung stand. Ich konnte nicht anders, ich musste mich umdrehen, obwohl ich inmitten meiner Sonate war. Ich erblickte ihre langen, blonden Haare, ihre großen Augen, ihren runden Mund. Sie nahm Alpha und Melody in ihre Arme, holte aus ihrer Handtasche einige Gummibärchen, die sie den beiden schenkte, und gab jedem von uns die Hand. Maria und Joe, sogar Yossuf konnten ein wenig lächeln, und Kadir sprang erschrocken aus dem Bett, machte sich zurecht und verbeugte sich vor ihr, als ob sie die Frau eines Scheichs wäre. Dann streckte sie ihre Hand mir entgegen. In Syrien geben wir fremden Frauen nicht die Hand. Das ist verboten, blitzte mir durch den Kopf. Doch nur für einige Sekunden. Sanft drückte ich ihre Hand. Sie lachte herzlich und es schien ganz natürlich. Schließlich setzte sie sich, schlug ihre Beine übereinander und wandte sich an uns: „Hallo, how are you? I'm sorry, I can't speak Arab. But I want to teach you German." Als ich auf Deutsch sagte: „Guten Tag, ich für meinen Teil benötige keinen Deutschunterricht," rief sie begeistert:

„Wow! Warum kannst du so gut deutsch sprechen?"

„Mein Klavierprofessor hat es mich gelehrt. Er hat in Berlin studiert und meinte, dass ich die Sprache von Bach, Mozart und Beethoven unbedingt verstehen müsse, um ihre Musik spielen zu können."

„We meet in ten minutes in the entrance hall. I hope you all will be there."

Sie war so schnell verschwunden, wie sie gekommen war, und begrüßte die Bewohner in den anderen Stockwerken. Alpha und Melody stritten schon wieder – um die letzten Gummibärchen. Die anderen hatten ein leises, unsichtbares Lächeln auf den Lippen. Ich glaube, wir dachten alle dasselbe: Sie war ein Engel. Wenn es dir schlecht geht, brauchst du Engel und dann kommen auch Engel, da bin ich sicher.

Papa trat mit einigen Kollegen, mit mir als Sänger und Amal als Tänzerin bei der pompösen Hochzeit eines Neffen des Innenministers auf. In einer Pause schlenderte ich durch den großen Saal des feudalen Stadtpalastes und entdeckte einen Steinway. Beiläufig klimperte ich einige Töne. Papa zog mich weg, sagte: „Das ist gegen unsere Abmachung. Du hast versprochen, bei Hochzeiten nur unsere arabischen Instrumente zu spielen, nicht diese westliche Musikmaschine." Doch es war schon zu spät. Der Vater der Braut, einer der obersten Richter Syriens, kam auf mich zu. Er hatte wohl von meinem Ruf, ein passabler Pianist zu sein, gehört: „Mehmet, spiele etwas auf dem Steinway. Er hat mich ein Vermögen gekostet. Aber niemand in meiner Familie kann Klavier spielen. Du würdest mich schon mit einem kleinen Lied glücklich machen." Er nahm mich am Arm und zog mich von Papa weg, der mich traurig anblickte, als ob ich ihn verraten hätte. Der Richter klappte den Deckel des Steinways auf, klatschte kurz mit den Händen und kündigte mein Solo an. Bei Madame Elmina hatte ich zuletzt Mozarts Alla Turca der A-Dur-Sonate gelernt und versuchte nun, es aus dem Kopf zu spielen, hatte ich doch keine Noten dabei. Es lief ganz gut. Ich machte nur einige kleine Fehler, die ich aber überspielte. Allah sei gedankt, dass Madame Elmina nicht da war. Ihr strenger Blick hätte mich bestimmt aus dem Konzept gebracht. Sogar die virtuosen Läufe am Schluss und die großgriffigen Akkorde gelangen mir ziemlich perfekt. Die Festgesellschaft hatte aufgehört, sich zu unterhalten, lauschte gespannt meinem Spiel und gab begeistert Beifall. Ermutigt dadurch improvisierte ich über das Alla-Turca-Thema, verknüpfte es mit jazzigen Rhythmen, wechselte zu einer der Melodien der damals in Syrien sehr populären Fairuz, und stimmte zuletzt die Dabke an, die Omar Souleyman so gerne sang. Mit dem Bass stampfte ich den Rhythmus des Tanzes und bald verstanden die Leute, was ich wollte, nämlich dass sie mittanzten. Schließlich bebte der ganze Saal unter ihrem Stampfen. Dabei schlug jemand unsere Trommel. Es war ein wildes und fröhliches Fest. Als ich aufhörte, sah ich, dass nicht Papa der Trommelspieler gewesen war. Er war verschwunden, ohne sich zu verabschieden. Seine Ouds hatte er mitgenommen.

Der Richter umarmte mich, küsste mich auf die Wange, verlangte, dass ich mich kräftig am Büffet bediente und machte mich mit Enis Malik bekannt, dem Klavierprofessor unseres Konservatoriums, der – so sagte der Richter – mich ohne Aufnahmeprüfung unterrichten wolle, da ich ein Genie wäre. Das mit dem Genie hatte der oberste Richter sicherlich erfunden. Denn der Professor war viel zu kritisch, um solche Superlative zu gebrauchen. Aber er nahm mich als Schüler. „Ich habe merkwürdige Tics, wahrscheinlich Tourette," warnte ich ihn. „Das hatte Mozart auch," lächelte er.

Berauscht von meinem Glück kam ich zu Hause an. Papa

würdigte mich keines Blickes. Auch sprach er nicht mit mir. Als ich aus meiner Hosentasche 100 Dollar zog, die mir der Richter hineingesteckt hatte und ihm das Geld gab, zerriss er langsam jeden einzelnen Schein, schweigsam und traurig. Mama jammerte „Du hast ihn gedemütigt. Das wird ihn zerbrechen." Ich sprang von meinem Stuhl auf wie eine Springfeder, die unter einer ungeheuren Spannung stand und begann im Stehen zu laufen, mit den Armen gegen eine imaginäre Mauer zu boxen und schließlich mit dem Kopf gegen die Wand unseres Wohnzimmers zu schlagen, bis die Stirne blutig war. Papa hatte Tränen in den Augen. Aber er schwieg.

Trotz unseres Streits nahm er mich weiterhin zu Auftritten bei Hochzeiten und anderen Festen mit. Allerdings sprach er nie mit mir, gab mir Zeichen, als ob ich taub wäre, spielte mir Melodien vor, die ich erkennen musste, um auf der Rahmentrommel den richtigen Rhythmus zu finden, oder sang ein Lied und ich musste blitzschnell den richtigen Maqam auf dem Oud anstimmen. Doch von wegen, dass sein Herz gebrochen wäre, da sein Sohn Klavier studierte! Vielmehr scherzte er mit Jasina, die nun anstelle von Amal tanzte. Wenn ich seine Zeichen überhaupt nicht verstand, sagte er zu ihr: „Erkläre dem Maschinenpianisten, dass wir jetzt den Maqam Ḥiǧāz nehmen. Vielleicht versteht er dich besser." Sie lachte dann schelmisch und ich fand es bald auch lustig. Irgendwann freilich, ich glaube bei der vierten Hochzeit nach der des Neffen des Innenministers, mussten wir alle drei so lachen, dass Papa vergaß, nicht mit mir zu sprechen. Von nun an war es wieder so wie früher, nur dass er mich nicht mehr als seinen Sohn Mehmet, sondern als den Maschinenpianisten dem Publikum vorstellte.

Dagegen lehrte mich Professor Malik, dass man auf einem Flügel fast genauso gefühlvoll wie auf einem Oud spielen kann. „Du musst die Tasten streicheln wie den Hals deiner Freundin" oder „Du darfst nicht mit deinen Händen auf das Klavier hineinhauen, als wäre es dein Feind," sagte er. Aber er lehrte mich noch ganz anderes: „Wenn du Mozart spielen willst, musst du frei sein. Mozart fühlte sich nicht als Diener, sondern als freier Mann. Zum Beispiel kündigte er einfach den Dienst beim Salzburger Erzbischof, was damals einem Musiker verboten war. Und erst Beethoven: das ist die Revolution. Beethoven machte mit seiner Kritik auch vor Adeligen keinen Halt und ließ seinen Wutausfällen auch vor ihnen freien Lauf. Das wäre so, als wenn Du Assad als blutrünstigen Tyrann beschimpfen würdest. Nur du würdest sofort eingesperrt, während Beethoven so bewundert wurde, dass er sich alles erlauben konnte. In Europa nämlich wird die Freiheit der Kunst geachtet im Gegensatz zu unserem Land."

Malik war ein Freigeist. Der Prophet Mohammed war für ihn ein Mensch wie jeder andere, der möglicherweise nach dem Genuss von zu viel Haschisch seine himmlischen Eingebungen gehabt hatte. „Ich glaube nichts; denn ich bin so ehrlich, zuzugeben, wenn ich etwas nicht weiß." Aber das erzählte er nur mir und blinzelte dabei schelmisch. Doch ich weiß, dass er diese Ideen von Freiheit und Revolution auch verkündete, wenn er ein Konzert gab.

Mozarts Musik erklang unter seinen Händen wie ein Garten voller Freiheit, geistvoller Überraschungen und lustiger Regelverstöße. Beethovens Sonaten spielte er voller Pathos als Aufruf zum Kampf für Gerechtigkeit, Menschlichkeit und Vernunft. Irgendwie spürte das Publikum, was er meinte. Aber Musik ist eben keine genaue Sprache. Man konnte sie nie genau festlegen. Welche Freiheit, welche Revolution sein Spiel meinte, musste sich jeder Hörer selbst vorstellen. Sein Publikum, das größtenteils aus Regierungsbeamten, Ärzten, Unternehmern und Frauen, welche die höheren Schulen besucht hatten, bestand, liebte ihn, und es war wahrscheinlich gut für ihn, dass es nicht so genau verstand, was er sagen wollte.

„Du musst Deutsch lernen, nur dann kannst du die Musik Mozarts, Beethovens, Schuberts verstehen," forderte er mich auf, „denn Musik ist eine Erweiterung der Sprache. Sie sagt, was du mit Worten nicht sagen kannst." Ich besorgte mir einen Sprachkurs, konnte mich schon nach einigen Wochen auf Deutsch mit Professor Malik unterhalten, der von da an während des Unterrichts nur noch in dieser Sprache mit mir redete. Ich las schon nach einem Jahr, so gut es ging, Lessings „Nathan der Weise“, nahm mir die Opernlibretti von Mozarts „Entführung aus dem Serail“ und Beethovens „Fidelio“ vor und ahnte, dass hier eine Freiheit beschrieben wurde, die wir uns erst noch erkämpfen mussten. Freiheit von Aberglauben, von Tyrannen und Kampf für Menschlichkeit, Toleranz und Vernunft. Das alles schwirrte durch meinen Kopf, als ich an Professor Malik dachte, der damals ein Engel für mich war.

Wir, die Bewohner des Flüchtlingswohnheims standen in der Eingangshalle oder saßen auf den Stufen der Treppe zu den oberen Stockwerken und waren nicht mehr ganz ohne Hoffnung. Dann sprach der Leiter einige Worte auf Englisch, dass es mit dem Deutschunterricht bisher nicht geklappt habe, da es zu wenige Lehrer gebe, zu wenige Stellen, zu wenig Geld, dass aber Frau Schönfeld nun zweimal in der Woche kommen und uns Deutsch beibringen würde. Er betonte, sie würde das in ihrer Freizeit machen, würde nicht bezahlt, wolle uns aber helfen. Deshalb müssten wir auch mitmachen und an uns arbeiten. Sonst wäre es sinnlos.

„Fine, let's begin.“ Frau Schönfeld war eine Frau Ende dreißig, mit großer, schwarz umrandeter Brille. Sie verteilte Blätter mit Bildern und kurzen Texten und begann ihren Unterricht. Doch es war mühsam. Viele verstanden nicht, was auf den Bildern dargestellt wurde, und oft reichte ihr Englisch nicht aus, um Frau Schönfelds Erklärungen folgen zu können. Sie besaß eine erstaunliche Geduld. Aber schließlich war sie doch ratlos, und wurde traurig. Sie hatte offenbar nicht gedacht, dass es so schwierig wäre, Flüchtlingen Deutsch beizubringen. „Mehmet,“ – ich war ein wenig stolz, dass sie sich meinen Namen gemerkt hatte – „du musst mir helfen: du sagst auf Arabisch, was hier steht. Dann ist es leichter zu begreifen.“

Wie strahlend sie lachte, als es nun ganz gut klappte. Und ich war ihr Hilfslehrer! Ich war glücklich, nicht mehr nutzlos zu sein, eine Aufgabe zu haben. Allein das hätte mich schon zufrieden gestellt. Doch, bevor sie ging, sagte sie zu mir: „Du spielst Klavier?“ Sie hatte es also nicht vergessen. „Hast du ein Klavier?“ fragte ich. „Klavierspielen wäre mein größtes Glück. Bitte lass mich Klavierspielen. Das wäre meine Rettung.“ Ich kniete vor ihr nieder. Wenn ich jetzt daran denke, schäme ich mich, dass ich mich so gehen ließ.

Frau Schönfeld legte ihre Hand auf meine Schulter. „Ich weiß, wo du spielen kannst.“ Sie fuhr mit mir ins Stadtzentrum. erzählte während der Fahrt vom Brückenfestival, bei dem sie arbeitete. Im Konzertsaal stände ein Steinway. Da gerade weder eine Probe noch ein Konzert wäre, könnte ich dort gerne ein oder zwei Stunden spielen. Am liebsten wäre ich ihr um den Hals gefallen, wenn sie nicht am Steuer gesessen hätte.

Der Konzertflügel hätte mir Respekt einflößen müssen, spielten doch normalerweise Starpianisten darauf. Aber mich kümmerte das alles nicht. Ich war wie ein Kamel, das endlich die Wasserstelle in der Oase gefunden hatte. Meine Finger spielten von selbst, sie liefen zuerst langsam, dann immer schneller und ich war von dem mächtigen Klang wie berauscht. Ich weiß gar nicht mehr, was ich alles spielte, denn nicht ich spielte, sondern es schien zu spielen. Und während aus meinem Atem, aus meinen Armen und Fingern die Musik wie aus einem übervollen Staudamm herausfloss, sah ich meinen Vater und meine Mutter, zuerst traurig und bekümmert, dann mit einem Lächeln, sah unsere Wohnung mit den wundervollen Teppichen, roch den Duft von Knoblauch, Koriander und Majoran und vielen anderen Gewürzen aus der Küche, mit denen Mutter Falafel, Mahshi und vieles mehr kochte, sah meine Schwester, die schönste Frau, die ich kenne, im Rhythmus meines Spiels tanzen, sah, wie wir auf der Universität Flugblätter verteilten und hofften, dass endlich die Zeit der Freiheit anbrechen würde. Ich sah, wie einige meiner besten Freunde verhaftet wurden, wie die Bomben in unserer Straße einschlugen, wie anstelle der Cafés und Gemüsehändler nur noch Staub und Schutt auf unserer Straße lag, sah anstelle des bunten Lebens, das dort immer geherrscht hatte, eine bedrohliche Leere, sah wie mich die Kämpfer zu Boden warfen, als ich Klavier spielte, wie sie mein Instrument zertrümmerten und hörte, wie sie sich zuriefen: „Schneide ihm seine Finger ab, dann spielt er nie wieder Klavier!“, sah das Blut, das auf mein Hemd herabrann, und sah meinen Freund Ahmet, der mir half, wieder aufzustehen.

Über eine Stunde hatte ich wie in einem Rausch gespielt. Gaby sagte später, es wäre die schönste, gefühlvollste und schrecklichste Musik gewesen, die sie je gehört hätte. Ich selbst wusste nichts mehr. Wenn ich am Klavier improvisiere, vergesse ich alles.

Als ich mein Spiel mit dem Revolutionslied „Janna, janna“ beendet hatte und aufblickte, bemerkte ich hinten im Konzertsaal einen älteren Mann mit langen, weißen Haaren. Ich hatte in der Bibliothek des Konservatoriums in Damaskus ein Buch über Franz Liszt gelesen. Er sah ihm ähnlich, wirkte zugleich gütig und streng. Trotz seines Alters sprang er schwungvoll auf das Podium und drückte meine Hand: „Sie spielen ergreifend.“ Er schien tief berührt. Gaby stellte ihn als Intendant des Brückenfestivals vor. Er hieß Theodor Gutekunst und wollte alles von mir wissen: Bei wem ich Klavier gelernt hatte, wer der Lehrer von Madame Elmina gewesen war, wo Professor Malik studiert hatte und warum ich geflüchtet wäre. Als ich ihm meinen kleinen Finger zeigte, dessen oberstes Glied die Kämpfer mit dem Messer verletzt hatten, sah ich Tränen in seinen Augen.„Was für ein Verbrechen,“ schimpfte er, umarmte mich und versprach, mir zu helfen.

Während der Rückfahrt zum Wohnheim war Gaby ziemlich aufgedreht. Sie legte eine CD mit arabischer Musik ein, wippte in ihrem Rhythmus und sang die Melodie mit.

8

Tausendundeine Nacht

Ich war hier, wo Mozart, Beethoven, Schubert, Brahms, Schumann und Liszt gelebt hatten, ich war unter Menschen, die ihre Sprache sprechen, ich war im Land des Geistes, der Freiheit, der Musik, von dem ich jahrelang geträumt hatte, und seit zwei Tagen Assistent von Professor Theodor Gutekunst. Ich machte Luftsprünge und Saltos, zumindest in meinen Gedanken, sah mich schon in großen Konzertsälen spielen, von begeisterten, musikliebenden Menschen bewundert, träumte von einem Haus, wie es Madame Elmina bewohnt hatte, von Tourneen nach New York, Tokyo, Sidney und London und vor allem davon, meine Eltern aus dem mörderischen Damaskus herauszuholen.

Doch zunächst war ich Assistent. Professor Gutekunst lehrte an der hiesigen Hochschule, war Pianist und Dirigent und hoffte, ein großes Festival im nächsten Sommer in München veranstalten zu können. Er kannte, wie er mir sagte, die besten Solisten, Sänger und Ensembles auf der ganzen Welt persönlich. Aber es ginge ihm nicht um Glanz, Berühmtheit, Glamour, vielmehr wollte er mit der Musik, dieser universalen Sprache, die auf der ganzen Welt verstanden wird, wie er betonte, für Toleranz, Frieden und gegenseitiges Verständnis kämpfen. Deshalb nannte er das Festival Brücken-Festival, Musik gleichsam als Brücke zwischen verschiedensten Menschen, Ländern und Kulturen.

Gutekunst dachte immer an Musik, weshalb er alles andere vergaß: Termine, seinen Gürtel, die Notentasche, manchmal auch die Schlüssel seines Porsches. Ich musste dann immer zurück ins Büro laufen und das holen, was fehlte. Eigentlich war ich nur sein Laufbursche. Aber anfangs kam mir das keineswegs so vor. Vielmehr fühlte ich mich als Teil einer bedeutenden Sache und dachte deshalb, ich selbst und mein Leben wären jetzt ebenso von großer Wichtigkeit. Auch erhielt ich von Gutekunst durchaus viel Anerkennung. Dass ich schon nach wenigen Tagen mich in seinem Terminkalender auskannte, immer wusste, was er für Proben oder Besprechungen benötigte, hielt er offenbar für wertvoller als mein Klavierspiel. Gewiss, ich konnte oft üben, manchmal bis tief in die Nacht. Doch er hörte nie zu. Zumindest sagte er nie mehr etwas über mein Spiel. Wenigstens hatte Gaby leuchtende Augen, wenn sie in den Probensaal kam und mich erinnerte, dass es nun schon spät sei, sie mit ihrer Arbeit aufgehört hätte und mich zurück ins Flüchtlingsheim bringen wollte.

Oft traf sich Gutekunst mit anderen Künstlern. Dabei stellte er mich als syrischen Pianisten vor. „Er hat im zerbombten Damaskus Beethovens Musik gespielt. Als ein letzte Zeichen von Humanität. Doch dann haben die Islamisten sein Klavier mit Gewehrkolben zerschlagen und ihm einen Finger abgeschnitten." Er erzählte meine Geschichte einem jeden und in vielen Varianten. Anfangs versuchte ich ihn noch zu korrigieren, dass es gar nicht so sicher wäre, ob es Islamisten oder andere Rebellen gewesen wären; denn wir wussten nichts Genaueres, sondern nur, dass sie unser Stadtviertel besetzt hatten und es gegen Assads Truppen verteidigten, ohne die Bewohner gefragt zu haben, ob sie das überhaupt wollten. Auch hielt ich anfangs noch meinen kleinen Finger hoch, um zu zeigen, dass er gar nicht abgeschnitten worden wäre, vielmehr die Schnittwunde ganz gut verheilt und der Finger nur am obersten Glied steif wäre und ich mittlerweile dadurch nicht mehr beim Klavierspiel behindert würde. Doch Gutekunst unterbrach mich, wechselte das Thema und die Musiker bedauerten mich, dass dieser Finger nun einer wirklichen Virtuosenkarriere im Weg stehen würde. Da ich spürte, dass die anderen zwar mitleidvoll, aber ungeduldig zuhörten und Gutekunst sarkastisch wurde, wenn ich von Damaskus erzählte, ließ ich ihn darüber sprechen und schwieg. Das schien ihm zu gefallen.

Doch als wir zur Besprechung mit einem wichtigen Sponsor fuhren, war er ganz anders. Er trug sonst nie eine Krawatte. Jetzt im Taxi fragte er mich, ob sie korrekt gebunden wäre, was ich auch nicht wusste. „Mehmet, tragt ihr in Damaskus keine Krawatten?" Als ich antwortete, dass ich nicht aus einer Familie von Bankangestellten stammte und dass selbst der Verlobte meiner Schwester, der Kaufmann Mahdi al Sur, nie eine Krawatte getragen hätte, wurde er ärgerlich. „Wie man Krawatten bindet, hättest du schon lernen können."

Nachdem wir aus dem Taxi ausgestiegen waren, bemerkte er, dass er darin seine Brille vergessen hatte. „Das hättest du sehen müssen," schimpfte er und ich lief dem Auto nach, mit den Händen wedelnd und schreiend. Der Taxifahrer erkannte mich im Rückspiegel und hielt an. Nachdem das mit seiner Bille doch noch gut gegangen war, begann Gutekunst über seine Erfolge zu reden, über seinen ersten Klavierabend in der Carnegie Hall in New York, über ein Open-Air-Konzert vor 10.000 Menschen in Berlin, das er dirigiert hatte, und dass wir nun den ehemaligen Minister Schöttlburg treffen würden. Er sei ein wichtiger und reicher Mann, kunstverständig, ja durchaus ein Kenner, aber eingebildet und als Dilettant auf dem Klavier eine Katastrophe, was man ihm aber nicht sagen dürfe, da er dann den Geldhahn zudrehen würde. Schöttlburg hatte in eine Sektbar am Viktualienmarkt eingeladen, in der ein kleines Glas Champagner mehr kosten würde als eine ganze Flasche beim Dallmayr, sagte Gutekunst, ohne daran zu denken, dass ich keine Ahnung von Münchens Nobelläden hatte. Während wir durch die Markstände gingen, auf denen eine fast so große Auswahl an Gemüse, Obst und Gewürzen wie im Basar von Damaskus angeboten wurde, erklärte er mir, dass ein Künstler keine Berührungsängste haben dürfe, auch nicht zu den Reichen und Mächtigen, denn sonst würde er brotlos. Schöttlburg besäße eine der größten Brauereien Bayerns, mehrere Gastwirtschaften, einen berühmten Biergarten, er sei Immobilienmilliardär und hätte es bis zum Minister gebracht, hätte aber wegen Steuerhinterziehung für zwei Jahre ins Gefängnis gemusst, was freilich seiner Popularität nicht geschadet, vielmehr sein Ansehen sogar vergrößert hätte; denn wenn die Leute in Bayern sagen „A Hund is er scho," bedeutete das hier höchste Anerkennung.

Um in die Sektbar einzutreten, musste ich eine Plane aus durchsichtigem Kunststoff beiseiteschieben, die den Terrassenbereich vor dem Nieselregen schützte. „Das ist stillos,“ schimpfte Gutekunst. Von einem der Tische winkte ein rundlicher, gemütlich wirkender Herr. Er begrüßte Gutekunst jovial wie einen Freund: „Da ist er ja, unser Professor.“ Neben Schöttlburg saß ein großer, mächtig wirkender Mittfünfziger, der mit weitausholender Geste Gutekunst umarmte. Er war gut gebräunt. Gutekunst hatte mich zuvor schon gewarnt: „Er wirkt mit seinen zu einem Zopf zusammengebundenen Haaren wie ein in die Jahre gekommener 68er, obwohl er alles andere als ein Linker ist. Als Geschäftsmann ist er knallhart.“ Die drei Herren hatten sich zur Begrüßung kurz erhoben und setzten sich jetzt wieder. Für mich fehlte ein Stuhl, weshalb ich hinter Gutekunst stehen blieb. Schöttlburg rief zwei Frauen zu, die sich an unserem Tisch vorbeiquetschten und ihm zulächelten: „Grüß Gott, ihr seid's aber hübsche Maderln.“ Dann beugte sich ein fremder Mann gewichtig zu ihm herunter und flüsterte ihm etwas ins Ohr. Schöttlburg nickte mit dem Kopf. Doch gerade jetzt fiel sein Blick auf zwei Männer mit brauner Gesichtsfarbe, schwarzen Haaren und dunklen Bärten, die an der Kunststoffplane vorbei gingen: „Schaut's, die haben neue Mountainbikes. Woher nur?“ Die Fahrradfahrer sahen eigentlich nicht anders aus als andere, vielleicht vom Sonnenstudio gebräunte Münchner auch. Als eine schwarze Frau in einem blau getupften Rock und roter Bluse, das Baby festgeschnürt auf dem Rücken tragend und das Smartphone am Ohr auftauchte, sagte er: „Nicht zu glauben, die haben die neuesten Handys.“

„Das ist übrigens Mehmet.“ Gutekunst wies mit seinem Kopf hinter sich, zu mir. Ihm war meine Anwesenheit jetzt offensichtlich peinlich. Doch noch peinlicher erschien es ihm vermutlich, dass ich hinter ihm stand. Deshalb unternahm er wohl den Versuch, dies zu ändern. Grubers Gesicht verdüsterte sich. Seine Mimik sagte: „Muss der dabei sein?“

„Er ist mein neuer Assistent,“ bemerkte Gutekunst, als ob

er sich entschuldigen müsste. „Ein wunderbarer Klavierspieler, ein ganz erstaunlicher Virtuose."

„Aber was ist mit seinem kleinen Finger? Er steht so merkwürdig von der Hand weg. Da wird er keine Karriere machen," konterte Gruber trotzig.

„Nein, da irrst Du dich. Du merkst gar nicht, dass dieser Finger fehlt. Er gleicht das voll aus. Die Islamisten haben versucht, ihn abzuschneiden, als er im zerbombten Damaskus Klavier spielte."

Die beiden redeten über mich, als ob ich ein Stuhl wäre, der nicht sprechen kann. Und wahrscheinlich wäre ihnen das auch angenehmer gewesen.

„Das ist fürchterlich." Schöttlburg schien mich erst jetzt zu bemerken und sah zu mir hinauf, was ihm sichtlich unangenehm war. Doch er musste dies wahrscheinlich des Öfteren tun, da er nicht allzu groß war. Dennoch blickte er mich freundlich an. „Ja, jetzt setz' di doch endlich zu uns her." Er stoppte mit seinem Arm eine Kellnerin, die vorbeihuschen wollte. „Bringt's ihm doch endlich einen Stuhl. Wir sind doch hier im gastfreundlichen Bayern." Ich lächelte dankbar, als ich mich endlich setzen konnte. „Wie er lachen kann," freute sich Schöttlburg. „Da geht die Sonne auf. Er ist ein ganz besonderer Mensch." Vor lauter Rührung legte er seine Hand auf die meinige mit dem verstümmelten kleinen Finger.

Ich lächelte verlegen, und wusste nicht, was ich denken sollte. Meinte es Schöttlburg ehrlich? Doch nun fesselte meine Aufmerksamkeit etwas anderes. Hier in dieser Sektbar saßen an den meisten Tischen mehrere Personen, unterhielten sich angeregt oder starrten sich schweigsam an. Doch an einem Tisch, nur wenige Meter von uns entfernt, saß ein einzelner Mann vor einem Laptop. Er schien zu arbeiten, trug Kopfhörer. Aber bis auf einige wenige Male tippte er nicht auf seine Tastatur. Vielmehr schaute er auf den Bildschirm und dann wieder zu uns. Es wirkte so, als ob er sich eine Tonaufzeichnung anhören würde und seine Augen nichts zu tun hätten, weshalb sie im Raum herumwanderten. Aber warum blickte er immer zu uns? Warum saß er uns genau gegenüber? Am liebsten hätte ich die Tischdekoration nach versteckten Mikrofonen durchsucht. Aber dann hätten mich die Herren wohl für verrückt gehalten. Auch irritierte mich der Vollbart des Mannes. Ich weiß nicht, was es war, aber irgendwie passte etwas nicht. War ich paranoid?

Ich war es von Damaskus her gewohnt, die Menschen um mich genau zu beobachten. Das Gespür für die Geheimpolizei hatte damals unser Überleben bestimmt. Wenn wir als Studenten Flugblätter verteilten, mussten wir merken, wenn sich plötzlich immer mehr von ihnen unter uns mischten - und wir mussten schnell verschwinden, bevor sie zuschlagen konnten. War das in Deutschland auch nicht anders?

Inzwischen redeten die Herren über das von Gutekunst geplante Festival. Gutekunst wollte jüdische, türkische, arabische und europäische Musiker einladen, gemeinsam Musik zu machen. Damit wollte er zeigen, dass alle Menschen zusammengehören und Musik verbinden kann. Eines der Open-Air-Konzerte sollte auf der Maximilian-Brücke stattfinden als Zeichen, dass Musik wie eine Brücke ist, welche die Menschen zusammenführt. Als Ziel dieser imaginären musikalischen Brücke nannte er Jerusalem, was für ihn nicht nur eine Stadt war, sondern eine Vision. Das himmlische Jerusalem, wie es die Christen nennen.

Doch Gruber verkündete mit Grabesstimme und düsterem Blick: „Zwar konnte man noch vor wenigen Monaten nicht wissen, dass eine so gute Idee wie dieses Festival einmal so gefährlich werden könnte. Aber jetzt ist es zu politisch, und die Leute haben die Nase voll von Politik. Die wollen einfach nur Musik."

„Wir müssen die Idee unter dem Deckel halten. Man sollte von Musikgenuss reden und alles Politische in den Hintergrund stellen," bemerkte Schöttlburg.

Gruber schimpfte missmutig: „Auch touristisch wird das

Festival eine Katastrophe. Kein Mensch kommt wegen dieses Themas nach München." Er sprach mit einer fülligen, kernigen Bassstimme, die so bestimmt wirkte, dass jede Gegenrede sinnlos erschien. „Aus der ganzen Welt reisen die Menschen wegen der Berg- und Seenlandschaft, der prachtvollen Altstadt, den exquisiten Geschäften und dem Münchner Lebensgefühl zu uns, auch wegen des Biergartens deiner Brauerei, Christian. Der ist mittlerweile schon bis Berlin Kult: Ganze Busse fahren jedes Wochenende von dort nach München, sammeln nachts die glücklich besoffenen Biertrinker wieder ein und bringen sie zurück ins ferne Berlin, wo sie am folgenden Morgen einigermaßen nüchtern aufwachen. Aber mit dem Titel des Festivals, Brücke nach Jerusalem, kann niemand etwas anfangen." Gruber schaute mit einem mitleidsvollen Blick auf Gutekunst. „Die meisten Menschen haben den Hals voll von Religion, Christentum, Orient, Mohammedanern, Juden – vor allem jetzt, da die Araber und Afrikaner wie eine Masseninvasion in unser Land einfallen. Die Leute wollen unbeschwert Musik genießen, interessieren sich nicht wirklich dafür, ob und wie Juden, Christen und Mohammedaner irgendwie und irgendwann – und wahrscheinlich nie – zu einem friedlichen Miteinander kommen." Grubers Stimme wurde verschwörerisch leise: „Das geht den Leuten hier so etwas am Arsch vorbei."

Gutekunst versuchte seine Idee zu verteidigen: „Dabei ist passiert, was wir uns nie hätten träumen lassen. Unser Festival ist hoch aktuell!" Er sprach unsicher, fast schüchtern. Ich erkannte ihn kaum wieder, trat er doch sonst wortgewaltig und selbstbewusst auf.

Schöttlburg hörte dem Disput zwischen Gruber und Gutekunst widerwillig zu, wirkte etwas gelangweilt, grüßte zu einem Nachbartisch hinüber, rief einigen Frauen, die sich einen Platz suchten, Komplimente zu. Doch nun ergriff er das Wort: „Ihr denkt zu kleingeistig. Man darf sich seine Visionen durch Tagespolitik nicht zerstören lassen; deshalb fühle ich mich geehrt, als Sponsor dazu beizutragen, diese Idee zu verwirklichen und so Münchens Ruf als weltoffene, liberale und menschliche Stadt – wenn man einmal, wie ich immer betone, von den besser zu vergessenden Jahren als Hauptstadt der Bewegung absieht – wieder einmal zu bestätigen. Ich werde das Geld einsammeln, das zusätzlich zu dem von mir gespendeten Betrag notwendig ist. Dabei bleibt es. Aber es stimmt schon, die Stimmung schlägt um. Es sind zu viele Flüchtlinge, die hereindrängen. Im bürgerlichen Lager gärt es."

Gruber fügte hinzu: „Ich sage nur 1933."

Sie blickten Gutekunst traurig an. Dieser trank seinen Prosecco aus und schwieg.

Gruber wiederholte mehrmals: „Ich sage nur 1933."

Doch Schöttlburg versuchte zu beschwichtigen: „Das ist nur eine Welle," wobei er offenließ, ob er damit die Flüchtlinge meinte oder das Erstarken der Rechtspartei. Scheinbar beiläufig bemerkte er: „Wir müssen das Thema etwas anders anpacken. Da musst du dir, lieber Gutekunst, noch etwas mehr einfallen lassen. Das Festival muss publikumsfreundlicher werden. Die Menschen kaufen keine Konzertkarten, um über Toleranz oder so abstrakte Dinge wie interkulturellen Dialog belehrt zu werden. Die wollen Erlebnisse, Genuss, Lebensfreude. Wenn es gelingt, gerade in dieser Situation, in der so manches auseinanderbricht, mit Kunst die Menschen wieder zusammenzuführen, dann bin ich bei Dir, lieber Professor."

Schließlich stand Gutekunst auf und sagte zu mir: „Mehmet, wir müssen ins Büro. Der Countdown läuft." Seine Stimme wirkte trotzig.

Als ich beim Hinausgehen die hässliche Plastikabdeckung beiseiteschob, hörte ich, wie Gruber sagte: „Einen Syrer zum Assistenten zu machen, ist das falsche Signal. Künstler haben kein politisches Gespür."

Eine meiner Aufgaben als Gutekunsts Assistent war, Noten umzublättern, wenn er am Klavier saß. Bei einem Konzert war das notwendig, doch bei einer Probe schien das etwas übertrieben.

Anfangs hatte ich geglaubt, er wollte testen, ob ich die Noten lesen könnte und rechtzeitig umblättern würde, falls er mich bei einem Konzert dazu einsetzen würde. Doch bald war mir klar, dass er jemand brauchte, der ihm zuhörte. An manchen Stellen unterbrach er sein Spiel und hielt mir einen kleinen Vortrag über die Bedeutung der Musik, als ob dies der Grund wäre für sein Pausieren und als ob ich nicht bemerkt hätte, dass er an diesen Stellen irritiert war, vielleicht über den Fingersatz, vielleicht über einige schnelle Noten, die seine Finger nicht rechtzeitig getroffen hatten. Nach seinen Erläuterungen spielte er die Stelle nochmals, manchmal mehrmals. Dass dem großen Gutekunst noch Fehler unterliefen, beruhigte mich. Er war also auch nicht perfekt. Doch er hätte das nie zugegeben.

Wenn er sich unsicher fühlte, wurde sein Anschlag härter, verlor die Musik ihren freien und weichen Klang, wirkte verkrampft und gehemmt. Professor Malik hatte immer gesagt: „Wenn du Mozart spielen willst, musst du frei sein."

Doch Gutekunst war nicht frei. Er hatte Angst, das spürte ich ganz deutlich. Die Noten verloren ihre Leichtigkeit. Er ließ ihnen keine Luft, um zu klingen. Sein Spiel war atemlos wie auch sein Leben mit den zahlreichen Konzerten auf der ganzen Welt, bei denen er als Solist und Dirigent auftrat, mit den Meisterkursen, die er nicht nur in München, sondern auch in China gab, und mit dem großen Festival, das er plante. Doch wenn er mir erzählt hatte, wie die Stelle, an der er gescheitert war, klingen müsste, dann verschwanden seine Ängste und er spielte wunderbar. Er sagte dann: „Mehmet, Du kannst zuhören, das beruhigt mich. Dich hat der Himmel geschickt."

Als er an einem späten Nachmittag eine Sonate von Beethoven übte, öffnete jemand leise die Türe nur einen Spalt weit. Schließlich schlich eine junge Frau schüchtern ins Zimmer. Sie trug lange, schwarze Haare, einen ziemlich kurzen Rock, und ihr Seidenhemd war nass. Offenbar hatte es draußen geregnet. Sie blieb an der Tür stehen. Gutekunst war so vertieft in sein Spiel, dass er sie nicht bemerkte. Als er den Schlussakkord anschlug, trat sie schnell hinter ihn und hielt ihm die Augen zu. „Du darfst dreimal raten, wer ich bin.“

Er drückte ihre Hände weg, sprang, nun ganz jugendlich wirkend, vom Klavierhocker auf, und umarmte sie. „Maria, was für eine schöne Überraschung. Aber du bist ja ganz nass.“

Sie schaute ihm tief in die Augen: „Macht nichts. Ich will mit dir nun doch an dem Programm für den Liederabend arbeiten.“ Er fixierte sie ebenfalls und sagte: „Du musst mich entschuldigen. Ich habe mich in Granada dumm benommen.“

Er setzte sich mit ihr auf das Sofa, das neben dem Flügel stand und sagte vorwurfsvoll „Du bist damals einfach weggegangen. Dabei war der Tag in Granada so schön. An der Alhambra konnte ich mich nicht sattsehen: die fein ziselierten Säulen, die gleichsam zu schweben schienen, dieses Zusammenspiel von Sonne, Marmor und Wasser, wenn sie sich im Wasser des Teiches spiegelten, der Duft der Seerosen, die Ornamente im Löwenhof mit ihrem Rhythmus der Formen, der die Materie in flirrende Bewegungen auflöste. Eine sichtbare Mathematik, ganz ähnlich einer Fuge von Bach. Oben am First der Häuser leuchteten die weiß getünchten Mauern, vom Abendlicht angestrahlt. Doch unten genossen die Menschen in Straßencafés den wohltuend kühlen Schatten. In der Flamencobar, in die wir anschließend gingen, spielte gerade der Gitarrist eine Musik, die mich an die Ornamente der Alhambra erinnerte. Die Melodie war traurig und leidenschaftlich, wurde aber in Bewegungen aufgelöst, die etwas von spanischer Strenge und Schärfe, aber auch von einer erstaunlichen Virtuosität und Freiheit ausstrahlten. Dann beschwor der Sänger die Liebe mit seiner rauchigen Stimme, die alles enthielt: Schmerz, Leid, aber ebenso Hoffnung und vor allem Leidenschaft. Eine Tänzerin trat auf die Bühne, stampfte mit ihren Füßen den unerbittlichen Flamencorhythmus auf die Holzbretter und zeichnete gleichzeitig mit ihren Armen graziöse Figuren in die Luft. Ich blickte gebannt zu ihr hinauf. Doch gleichzeitig erfüllte mich eine wahnsinnige Sehnsucht nach dir. Wir aßen Jámon Iberico und Ziegenkäse,

Oliven und mit reichlich Knoblauch gebratene Bohnen. Dazu tranken wir schweren Vino tinto. Ich versank immer mehr in meiner Sehnsucht nach dem Fremden, die der Flamenco in mir weckte, konnte mich nicht satt hören an den arabisch wirkenden Melodien; mein Körper wurde von den Rhythmen, die ich von nordafrikanischen Trommlern kannte, ergriffen. Damals sagte ich zu dir, wie glücklich ich mich fühlte; da kam mir die Idee zum Brückenfestival. Musik ist nun mal die Brücke zwischen allen Menschen. Im Flamenco höre ich nicht nur die alten spanischen Romanzen, die arabische Laute und ihre Improvisationen, sondern auch die Freiheit der Gitanos, die hier eingewandert waren und die Lieder der sephardischen Juden, die nach der Reconquista von den Christen vertrieben wurden."

Gutekunsts Redefluss war kaum mehr zu bremsen. Die junge Frau hörte ihm aufmerksam zu und ließ es auch geschehen, dass er ihre Hand sanft streichelte und ihr mit seinem Gesicht immer näher kam: „Du bist doch auch Andalusierin. Du hast vielleicht arabische oder jüdische Vorfahren. Wahrscheinlich bist Du deshalb so schön." Er legte seinen Arm über ihre Schulter. Ich dachte kurz darüber nach, ob ich den Raum verlassen sollte, wollte die Szene aber nicht stören.

„Damals hast du mich geküsst, obwohl ich es nicht wollte. Du hast mir Angst gemacht," sagte sie mit sanfter Stimme.

„Aber warum denn? Du hättest dich wenigstens einmal melden können danach. Dabei war ich nur deinetwegen in Spanien, um dich singen zu hören." „Jetzt darfst du," sagte sie in einem schäkernden, aber etwas gequält wirkenden Ton. Er küsste sie lange auf den Mund und begann dabei, ihre Bluse aufzuknöpfen.

„Nein," schrie sie.

„Was ist mit dir?"

„Wenn wir uns küssen, heißt das noch lange nicht, dass wir sofort miteinander schlafen."

„Maria, du bist verkrampft."

„Ich will mit dir musizieren. Reicht dir das nicht?"

„Ich kann mit dir nur Musik machen, wenn wir eins sind. Dein Gesang und mein Klavierspiel werden nur verschmelzen, wenn auch wir miteinander verschmelzen.“

„Aber wo ist die Liebe?“ fragte sie verzweifelt.

Da hatte er ihr die Bluse vom Leib gerissen, ihren Rock aufgeknöpft und seinen Hosenladen geöffnet. „Du willst bei meinem Festival auftreten, bist mit der nassen, durchsichtigen Bluse gekommen, um mich gefügig zu machen.“ Seine Stimme klang fordernd und trotzig. Er war außer Atem.

„Du vergewaltigst mich.“ Anfangs versuchte sie ihn abzuschütteln, doch dann wurde sie ruhig und erbebte in seinem Rhythmus. Als sie schrie, wusste ich nicht, ob aus Lust oder Schmerz. Nach wenigen Minuten war es vorbei. Gutekunst zog sich die Hose hoch. Sie knöpfte ihre Bluse zu. Er berührte mit seinem Finger ihr Kinn, was zugleich zärtlich und erniedrigend wirkte: „Lächle doch ein wenig. War es nicht schön?“

Er ging zum Flügel. „Mit welchem Lied sollen wir anfangen?“ Maria wählte ein spanisches Lied, eine Zarzuela. Sie sang sie voller Melancholie, und Gutekunst begleitete sie einfühlsam. Ich blätterte um. Der Schönheit ihres gemeinsamen Musizierens war nicht anzuhören, was soeben passiert war. Warum hatte sie es letztlich geschehen lassen? Wie konnte sich der große Künstler so vergessen? War es männliche Gewalt oder weibliche Verführung? Ich war verwirrt.

Damals verfluchte ich meinen verstümmelten Finger. Ich wurde bemitleidet. Man entrüstete sich über diese Grausamkeit und Kulturlosigkeit, den Finger eines Pianisten zu verletzen, und gleichzeitig machte man mir Angst: Sie werden nie Konzertpianist. Wie sollen Sie mit diesem Finger brillante Läufe spielen? Und tatsächlich: Ich machte nun oft Fehler: Wenn der kleine Finger zum Einsatz kam, zögerte ich ein wenig. Das Publikum wird das bemerken, redete ich mir ein. Deshalb übte ich solche gefährlichen Stellen unzählige Male, bis nicht nur der Finger, sondern die ganze Hand schmerzte. Ich werde nie

Karriere machen. Ich habe einen Makel. Diese Sätze verfolgten mich.

Vor wenigen Wochen, als mich Gaby zum ersten Mal in den Konzertsaal begleitet hatte, machte ich keine Fehler. Irgendwie drehte ich den kleinen Finger so hin, dass er die Noten, sogar die schnellsten, traf. Ober war es gar nicht der kleine Finger? Machten mir Gutekunst und alle die anderen Kulturmenschen Angst? Übertrug sich Gutekunsts Angst vor Fehlern auf mich? Oder war es die Enttäuschung, dass die Musik Mozarts, Beethovens, Schuberts, und wie sie alle heißen, die Menschen gar nicht besser macht, was ich in Damaskus geglaubt hatte. Sicherlich war Gutekunst ein guter Mensch. Er half mir, unterstützte mich, aber er war zugleich ein Tyrann. Hatte mein Vater recht, als er mich vor dem Klavier gewarnt hatte? War es eine gnadenlose Musikmaschine, die Aufopferung und Unterwerfung forderte, die Musiker zu unfreien, von ständigen Versagensängsten gequälten Menschen machte und zu einem Musikbetrieb führte, in dem Sängerinnen den Dirigenten und Intendanten ausgeliefert waren?

„Du spielt auf dem Sommerfest von Schöttlburg." Gutekunst verkündete dies voller Freude: „Das ist eine einmalige Chance. Du musst umwerfend gut sein. Dann wirst du berühmt."

Wir fuhren in seinem Porsche in die Innenstadt. Maria saß neben ihm. Ich fühlte mich auf der engen Rückbank eingequetscht. In einem Porsche zu fahren, war eigentlich immer mein Traum gewesen. Aber man musste, merkte ich jetzt, Opfer dafür bringen.

Als ich unwillkürlich versuchte, meinen kleinen Finger zu bewegen, sah Gutekunst das vom Fahrersitz aus und lachte aufmunternd: „Du kriegst das hin. Spiele das Alla Turca der A-Dur-Sonate. Ich habe dir gestern zugehört. Sogar die Oktaven waren perfekt." Nachdem wir im Parkhaus aus dem Wagen ausgestiegen waren, nahm er meine Hand und bewegte vorsichtig meinen kleinen Finger. „Denke einfach nicht an ihn.

Doch jetzt gehen wir einkaufen: Maria und du, ihr benötigt etwas Gescheites zum Anziehen. Übrigens sind Maria und ich jetzt zusammengezogen."

Ich war verwirrt. Die Menschen hier veränderten sich so schnell. Sie demütigten einander, spielten Machtspiele. Doch dann konnten sie wieder kameradschaftlich zu dir sein oder ein Liebespaar werden. Es war alles so undurchsichtig. Ich hätte zu gerne gewusst, ob Maria ihn wirklich liebte oder nur wegen ihrer Karriere mit ihm zusammen war.

Gutekunst kaufte mir einen hellen Sommeranzug, ein blaues Hemd und elegante braune Schuhe. „Aus einem Flüchtling ist ein Mensch geworden," sagte er, als ich so eingekleidet vor ihm stand. War ich zuvor kein Mensch? Gewiss, er meinte es gut. Aber immer ließ er mich spüren, dass er mein Gönner war. Wir aßen in Dallmayrs Bistro und anschließend führte er uns auf der Maximiliansstraße zu Chanel, wo er Maria ein rüschenbesetztes Kleid mit großem Dekolleté kaufte: „Du wirst der Star des Abends sein," rief er begeistert.

Ich kam mir merkwürdig vor, als ich abends im Flüchtlingsheim auf die beiden wartete. Ich lebte mit Abdul, Kadir und all den anderen in diesem schäbigen Haus, stand aber in glänzend polierten Schuhen und hellem Sommeranzug da - und würde in wenigen Minuten von einem Porsche abgeholt. Dass sie staunten, dass Alpha und Melody ihre Nasen an der Fensterscheibe plattdrückten, das war schon ein gutes Gefühl. Aber sie erschienen mir noch fremder als sonst. Doch genauso fremd waren mir Gutekunst und Maria. Du musst dich anpassen, sagte ich mir. Aber ich musste mich ständig anpassen, und hatte Angst, mich zu verlieren.

Schöttlburgs Villa war von einer hohen Mauer umgeben. Am Eingangstor stand ein Wachmann. Als Gutekunst auf ihn zufuhr, um ihm die Einladungskarte zu zeigen, bemerkte er die vielen martialisch wirkenden Männer des Sicherheitsdienstes, die zumeist ihr Haar zu einer Glatze geschoren hatten, schwarze Hemden und Hosen trugen und an ihren Gürteln gut sichtbar eine Pistole und einen Schlagstock präsentierten. „Was soll das?“ fragte Gutekunst irritiert, ohne von irgendjemandem eine Antwort zu erwarten. Die Villa wirkte wie ein barockes Schloss, hatte zwei Seitenflügel und ein Mittelgebäude mit einer überdachten Terrasse, die von zwei Kugelahornbäumen umrahmt wurde. Das Gebäude wurde von Strahlern rot, blau und orange angeleuchtet. Zu uns drang ein gedämpftes, vornehm wirkendes Geraune von Stimmen, das nur manchmal durch ein lautes Lachen durchbrochen wurde. Es roch süß nach Lindenblüten.

Bisher hatte ich geschwiegen. Doch nun packte mich die Vorfreude. Ich erzählte Gutekunst und Maria, dass ich mich bei diesem Fest wie zu Hause fühlen würde. Es war wie damals, als ich mit meinem Vater in die Paläste der Reichen gegangen war, um bei Hochzeiten und anderen Festen zu spielen. Doch Gutekunst meinte: „Das ist etwas anderes. Wir machen hier Kunst, nicht Gebrauchsmusik.“ Ich fühlte mich verletzt. Er konnte es nicht lassen, mir immer wieder seine Überlegenheit zu zeigen. Darauf verstummte ich und redete mir selbst zu: Du musst deinen Stolz vergessen und deine Seele mit einem dicken Panzer schützen.

Gutekunst schritt auf dem Weg zu Schöttlburgs Villa, den eine kunstvoll beschnittene Buchshecke einfasste, als ob er ein Podium beträte. Er wirkte ein wenig nervös und war zugleich bester Stimmung. Ich hatte das Gefühl, dass Maria an seiner guten Laune nicht ganz unschuldig war. Er war sichtlich stolz, mit ihr Arm in Arm durch die Festgesellschaft zu gehen und dabei die Blicke auf sich zu ziehen. Allein Marias elegantes Kleid mit dem langen, hoch geschlitzten Rock garantierte, dass sie angeschaut wurde und so auch er Beachtung fand. Als wir den Rosenbogen durchschritten und in die Schar der Gäste eintauchten, umarmte Gutekunst Maria und drückte ihr einen Kuss auf den Mund. Es herrschte eine merkwürdige Stimmung. Jeder schien jeden zu beobachten und zu taxieren. Ich spürte, wie sich eine immense Spannung in mir aufbaute und hoffte, dass mich mein Tourette verschonte. Gutekunst zog Maria und mich an sich und flüsterte: „Da stehen sie alle, die üblichen Schöttlburg-Gäste: der Bankier, dessen Namen ich vergessen habe, den aber jeder kennen muss, der Kultusminister, einige Abgeordnete, Rechtsanwälte, Immobilienmakler, Brauerei- und Restaurantbesitzer, alles wichtige Menschen, darunter viele Kollegen und Konkurrenten Schöttlburgs – und dann sind da noch einige mehr oder weniger prominente Künstler, Schriftsteller, Musiker und vor allem die von Schöttlburg stets eingeladenen Schauspielerinnen und Models, die seinen Festen eine Prise Glamour verleihen."

Gutekunst nahm dies hier ernst und zugleich mit Ironie. Es war für ihn offenbar eine Art Theater, bei dem er mitspielen musste, ob er wollte oder nicht, und bei dem ich nun auch eine Rolle erhalten würde. Du musst auch mitspielen, dann wirst du bald dazu gehören, sagte ich zu mir.

Gutekunst grüßte, lächelte, schmeichelte charmant den Gattinnen einflussreicher Männer und stellte, wenn es sich ergab, Maria als die kommende Primadonna und mich als das Klavierwunder aus dem zerbombten Damaskus vor. So gingen wir zur Champagnerbar. Er reichte uns die Gläser und stieß mit uns an. „Chin-chin!", lachte er. Ich zögerte. „Keinen Alkohol?" fragte er enttäuscht. „Das ist einer der teuersten Champagner. Den kann sich kein Normalsterblicher leisten. Du musst ihn trinken." Als ich sagte, dass ich jetzt keinen Alkohol trinken wollte, zwinkerte er mit den Augen und meinte mit gespielter Enttäuschung, „Ihr Moslems habt keine Ahnung, was gut ist," nahm mir das Glas aus der Hand und trank es aus. „Wäre zu schade, es wegzuschütten." Ich fühlte wieder mein Tourette aufkommen. Doch es brach nicht aus, vielleicht da ich den Mut hatte, ihm zu erwidern: „Das hat nichts mit dem Glauben zu tun. Aber ich habe Angst, mit Alkohol nicht spielen zu können." Er legte mir seinen Arm um die Schulter: „Ist schon gut, beruhige dich."

Da blickte Maria ihn streng an: „Bist du jetzt glücklich?"

Er antwortete mit einem ärgerlichen Unterton: „Warum

nicht? Eigentlich müsste ich die Partitur der Eroica studieren, die ich in wenigen Tagen in Wien dirigieren werde. Aber ich genieße es trotzdem, auch wenn ich mir vorkomme, als ob ich eines dieser Glamourgirls wäre und meine Anwesenheit nur dazu dient, dieser Veranstaltung den Anschein von Kultur und Tiefgang zu verleihen."

„Du meinst, du gehörst nicht dazu?"

Gutekunst war für einen kurzen Augenblick sprachlos und blickte auf sich herunter, als ob er sagen wollte: Sieht man nicht an meinen langen, grauen Haaren, an meinem schwarzen Hemd ohne Krawatte, an meiner Jeanshose und meinen weißen Socken, dass ich ein anderer Mensch bin, ein Künstler, der sich an keine Konventionen halten muss und nicht mit bürgerlichen Maßstäben gemessen werden darf? Maria schaute ihn mit ihren großen Augen an, so dass er unsicher wurde und gestand: „Ich lebe von diesen Menschen. Ohne sie wäre ich mittellos und könnte dir und Mehmet keine Karriere eröffnen." Er schwieg und sah an uns vorbei hinaus in den Garten. Schließlich sagte er ärgerlich: „Du denkst, Künstler müssten bessere Menschen sein. Sind wir das nicht, auch wenn wir uns von den anderen aushalten lassen? Unsere Kunst zeigt, dass es etwas Höheres als Macht und Reichtum gibt, wir verursachen keine Kriege, keine Armut, zerbrechen keine Menschen, zerstören nicht die Natur. Wir zeigen, dass der Mensch etwas Besseres sein könnte."

Maria hatte unvermittelt einen Lachanfall. „Du, ein besserer Mensch! Letzte Woche in deinem Büro! Du Sexmonster!"

Er fasste dies als Kompliment auf: „So schlecht war ich nicht, oder?"

„Du hast mich vergewaltigt." Das Lachen war in Weinen umgeschlagen. Sie hatte Tränen in den Augen.

„Aber du lässt dich doch gern von deinem Maestro vergewaltigen."

Maria blickte unsicher zu Boden. „Jedenfalls bist du nicht besser als die anderen."

Er nahm sie am Arm und führte sie hinaus in den Garten, wo das Buffet aufgebaut war. Ich ging ihnen nach. In was für einer Welt war ich hier? Ich war verwirrt: Einerseits war Gutekunst ein guter Mensch, der mir half, andererseits empfand ich bei seinem Privatleben, das er ohne Scham vor mir ausbreitete, Ekel. In Damaskus hatten wir geglaubt, dass es nur gut oder böse gäbe. Doch so war die Welt hier nicht.

Das Büffet bewachte Josef Gruber. Mit seiner Größe von fast zwei Metern ragte er aus allen hervor. Er schüttelte herzlich die Hand von Gutekunst, küsste Maria auf die Wange und machte irgendeinen Witz, über den alle drei schallend lachten. Als er mich sah, erstarrte sein Gesicht. „Schon wieder der Syrer. Der hat uns gerade noch gefehlt."

Dann erzählte Gruber in einer Mischung aus grantigem Schimpfen und Selbstlob: „Für Schöttlburg bin ich der Schorschl. Aber ich hasse dieses Schorschl, diese Verkleinerungsform, dieses herrscherliche Du. Und jetzt hat der Langhaarige..." Er unterbrach seinen Redefluss und erklärte Maria flüsternd: „Das ist der Spitzname für Schöttlburg, den nur Eingeweihte kennen, damit wir über ihn lästern können, ohne dass es jemand weiß; denn in Wirklichkeit ist ja gerade das Gegenteil der Fall: er hat eine Glatze." Dann fuhr er, wieder laut redend, fort: „Also der Langhaarige hat gesagt: ‚Das ist für dich, Schorschl, doch eine wunderbare Herausforderung. Weißt schon: Tausendundeine Nacht.' Das war wieder eine seiner bösartigen Anspielungen. Mit der wunderbaren Herausforderung spielte er, der alte Zyniker, darauf an, dass ich von Berufs wegen Raumausstatter wäre, obwohl ich danach ein Studium zum PR-Manager absolviert habe. Er will mich demütigen. Er will jeden demütigen."

Gruber hatte sich viel Mühe gegeben, um Schöttlburgs Tausendundeine Nacht-Idee zu verwirklichen: Er hatte eine Eventfirma gefunden, die echte Berberzelte verlieh, einen türkischen Händler, der handgeknüpfte Teppiche, Kelims und Kissen aus Anatolien, Afghanistan und Persien lieferte, und einen Spezialisten für nordafrikanische Töpferware und für Schalen, Tee- und Kaffeekannen aus kunstvoll ziselierten und punzierten Messing. Mittelsleute hatten ihm Köche aus der Türkei, Syrien und Marokko empfohlen, welche noch die hohe Kochkunst aus den Zeiten der Sultane beherrschten. Zusammen mit einem Bühnenbildner aus dem Theater hatte Gruber einzelne Orientzelte aufgebaut, in denen jeweils die Mezze, die Fleisch- und Fischköstlichkeiten sowie die Nachspeisen zubereitet wurden. Jedes dieser Zelte war mit Teppichen ausgelegt; die Tische wurden von farbenfrohen Kelims abgedeckt, auf denen die Messingschalen zu Stillleben drapiert waren, die aus einem orientalistischen Gemälde hätten stammen können. Es duftete nach den unterschiedlichsten Gewürzen, nach Thymian, Orangenblütenwasser, Minze, Koriander, Safran, Kümmel und Knoblauch, nach gebratenem Lamm und Rind. Diese exotischen Aromen vermischten sich mit dem süßen Duft der Linden zu einem sinnlich verführerischen Bouquet.

So etwas hatte ich in Damaskus nie erlebt. Es war gleichsam Orient hoch drei und hatte doch nichts mit meiner Heimat zu tun. Ich kam mir wie auf einem Kostümfest vor, wie in einer Theaterinszenierung. Doch ein wenig stolz war ich schon, dass sich dieser Schöttlburg so bemühte und so viel Geld ausgab, um meiner Heimat zu huldigen.

Jetzt strömten die Gäste aus der Villa. „Sie können noch so reich sein, aber die Gier lässt nie nach,“ grantelte Gruber. „Nichts da, das Büffet ist noch nicht eröffnet,“ rief er, als einer der Gäste das kunstvoll geflochtene Absperrseil öffnen wollte, obwohl der Kellner sich ihm in den Weg stellte. Der Gast, ein Universitätsprofessor, wie Gutekunst mir zuflüsterte, ließ schuldbewusst das Absperrseil los und ging weiter, als ob nichts gewesen wäre.

Gruber stand mit uns zusammen auf einer leichten Erhöhung und war nicht zu übersehen: eine mächtige Gestalt mit seinem großen Bauch und wichtigen Blick. Diese Haltung hätte er sich aus seiner Zeit als Berufsoffizier bewahrt und sie verschaffte ihm Autorität, witzelte er. Plötzlich hellte sich sein Blick auf und er wurde ein anderer Mensch. Liebenswürdig lachend und voller Herzlichkeit gab er einem schlanken, nicht allzu großen Herrn in einem Trachtenjanker die Hand und stellte ihn uns als Ministerialrat Steffan Mittenzwei vor. Er war das genaue Gegenteil von Gruber, versuchte, möglichst unauffällig zu wirken, trug altmodische Schuhe und sprach leise. „Sehen die Kellner nicht gut aus?" fragte Gruber. „Ich habe auf ausdrücklichen Wunsch des Langhaarigen diese schokoladenbraunen Neger ausgesucht und sie in weiße Jacketts gesteckt." Gruber verachtete Political Correctness, lachte kernig und redete schlecht gelaunt weiter: „Mich widert das hier so an. Aber der Langhaarige macht auf Weltmann. Ein Sommerfest mit internationalen Stars soll es sein. Ich traue keinem von diesen arabischen Köchen, Schwertschluckern und anderen Gaunern über den Weg. Du kannst mir erzählen, was du willst, wenn du ihnen den Rücken zudrehst, hast du ein Messer im Leib."

Mittenzwei lächelte verlegen. „Schön hast du das organisiert."

Gruber zeigte zur Menschenschlange vor dem Büffet hinüber: „Sie haben bestimmt schon zwei Tage gehungert, damit sie sich heute den Bauch vollschlagen können." Verstärkt über die Lautsprecher erklang die Ouvertüre zu Mozarts „Entführung aus dem Serail". Die Gäste sahen auf der Bühne, die neben dem Büffet errichtet war, Christian Schöttlburg am weißen Flügel. Er spielte erstaunlich gut. Ich war erleichtert. Endlich ein Mensch, dem Musik wichtig ist, dachte ich. Dann trat er ans Mikrophon, begrüßte die prominenten Gäste einzeln und philosophierte anschließend über die Lessing'sche Ringparabel. Ich freute mich: Dieser Mann wirkte geistvoll, gebildet, vernünftig und tolerant. So hatte ich mir die Menschen im Land Mozarts und Beethovens vorgestellt. Doch Gruber schimpfte, so dass es jeder im Umkreis von zwei Metern verstand: „Ich kann's nicht mehr hören, dieses Gerede von Toleranz, Verständigung, Dialog, Aufeinanderzugehen." Nicht nur Gruber, auch andere

Gäste wurden unruhig, tuschelten, lächelten über Schöttlburgs Worte, und als dieser dann die Geschichte der Maximiliansbrücke, die er auf eigene Kosten hatte restaurieren lassen hatte, erzählte, drehten sich einige ungeduldig zum Büffet um und hätten es gewiss gestürmt, wenn nicht Gruber breit und groß zusammen mit den schwarzen Kellnern vor dem Eingang gestanden wäre.

„Wir müssen alle dafür eintreten, dass das hohe Gut der Toleranz, Humanität und Vernunft, das in der Aufklärung entdeckt wurde und das unsere europäische Kultur prägt, auch in diesen Zeiten bewahrt wird. Deshalb hat unser Sommerfest heute das Thema Brücken, Brücken zwischen Juden, Christen und Mohammedanern. Stärken Sie sich nach Herzenslust an unserem orientalischen Büffet, das unser Schorschl Gruber mit bewährter Kreativität zusammengestellt hat. Schorschl, lass die Leute hinein, bevor sie verhungern." Christian Schöttlburg verneigte sich, erhielt langen Beifall, der allerdings abrupt endete, als Gruber das Absperrseil öffnete.

„Ein Hund ist der Langhaarige schon," sagte Gruber zu Mittenzwei. „Er steckt die anderen in die Tasche, ganz gleich, ob er Klavier spielt oder eine Rede hält."

„Solche umfassend gebildeten Führungspersönlichkeiten werden immer seltener," stimmte ihm Mittenzwei zu, und machte sich über den Vorspeisenteller mit Paprikaschoten und Sardellen, Artischockenpüree und mit Ziegenkäse gefüllten Teigtaschen her.

Nun spielte die Klezmerband mit einem klagenden und doch sinnlich betörenden Klarinettensolo. Gruber zerlegte gerade einen gegrillten Seebarsch in Sesam-Sauce, als er fragte: „Du hast doch im Ministerium Zugriff auf die Bauordnungen?" und Mittenzwei nickte. Gruber legte ihm dar, dass er ein Grundstück am Ammersee am Rand des Baugebiets direkt vor dem Schilf besaß; ein Naturschützer hätte herausgefunden, dass dort ein Rohrdommel-Pärchen brüte und nun gegen die Baugenehmigung Einspruch erhoben. Doch das wäre ein an den Haaren herbeigezogener Unsinn. „Vielleicht kannst du die Abweisung des Einspruchs beschleunigen?“ Mittenzwei versprach, sich darum zu kümmern, machte aber Gruber keine großen Hoffnungen. Doch dieser insistierte: „Du musst mir helfen. Wir fangen in wenigen Wochen an zu bauen.“

Inzwischen waren sie bei Honigeis und Granatapfel-Gelee angekommen und auf der Bühne spielte ein türkisches Ensemble. Gruber schwang seinen massigen Körper im Rhythmus der Musik, und Mittenzwei war vom vierten Glas Wein schon etwas beschwipst, als Schöttlburg mich ankündigte: „Er spielte im zerbomben Damaskus. Sein Klavier wurde von Islamisten zertrümmert, und er mit dem Leben bedroht. Vor wenigen Wochen saß er noch in einem Boot auf dem Mittelmeer und wäre fast ertrunken. Heute erleben Sie den syrischen Ausnahmepianisten Mehmet Aziz hier in München. Ein exklusives Erlebnis für Sie, meine verehrten Gäste!“

Als ich aufstand, nachdem ich noch schnell das letzte Eis aus dem Glas gelöffelt hatte, spuckte Gutekunst dreimal in seine Hände und sagte: „Das bringt Glück, Mehmet, enttäusche mich nicht.“ Ich erwiderte: „Hätte nicht gedacht, dass Sie abergläubisch sind.“ Dann sprang ich auf das Podium. Ich sah hinunter zum Publikum und bemerkte, dass die meisten sich unterhielten, sich erneut eine Schlange vor dem Büffet mit den Nachspeisen gebildet hatte. Nur wenige sahen zu mir hinauf; sie hatten einen Blick, der Skepsis mit Mitleid verband.

Doch ich verlor alle Unsicherheiten der letzten Wochen. Ich dachte nicht mehr an Fehler, die mir passieren könnten, an meinen Finger. Ich wollte gar nicht perfekt sein. Ich wollte einfach Musik machen, den Menschen etwas von mir mitgeben und hoffte, sie zu erreichen, auch wenn sie noch so sehr mit dem Buffet beschäftigt waren. Wie es mir Gutekunst ans Herz gelegt hatte, begann ich mit Mozarts „Alla turca“. „Ein zweiter Fazil Say!“ rief eine Dame. Schöttlburg lächelte sichtlich stolz, dass ich hielt, was er seinem Publikum versprochen hatte. Seine Gäste klatschten begeistert. Ich spürte, dass ich sie für mich gewonnen hatte. Einige schrien sogar laut Bravo. Ich schraubte das Mikrophon vom Rednerpult und sagte: „Das nächste Stück, das g-Moll Prélude von Rachmaninov, spiele ich für meine Freunde in Damaskus, die vor Hunger sterben, die gefoltert werden, die vergeblich gehofft haben und die von der freien Welt verraten werden.“ Ich hämmerte die marschartigen Rhythmen auf die Tasten ein, als ob ich das Klavier foltern wollte, spielte die traurige Melodie des Mittelteils leise und zerbrechlich und beendete das Stück so furios wie möglich. Als ich aufgehört hatte, herrschte für einige Augenblicke Stille. Noch bevor die ersten zu klatschen anfingen, sagte ich: „Jetzt folgt unser Lied vom Paradies. Wir haben es bei der Revolution gesungen. Doch anstelle des Paradieses kam die Hölle.“ Nun spürte ich, dass das Publikum ungeduldig wurde, dass sie das eigentlich nicht hören wollten, dass sie nicht an den Krieg, den Tod und all die Not erinnert werden wollten. Ich aber spielte nicht einfach nur die Melodie des Liedes, sondern begann eine tollkühne Improvisation über arabische Rhythmen, die man so in Deutschland wahrscheinlich noch nie gehört hatte. Das Publikum wurde mitgerissen, ob es wollte oder nicht. Fast alle bewegten sich im Rhythmus, manche begannen sogar zu tanzen, einige ausgelassen und wild, als ob sie in einer Diskothek oder einem Club wären. Plötzlich spielte ich ganz leise, berührte die Tasten nur noch sanft und sang „Janna, janna“, das Lied vom Paradies, voller Trauer und Schmerz. Mein Konzert verklang in der Stille. Die Menschen waren wirklich ergriffen und erschüttert, zumindest für einige Sekunden, in denen es mir fast gelungen wäre, vom Podium zu schleichen; denn ich wollte keinen Beifall, der mit seinem Getöse die ganze Stimmung zerstören würde. Aber sie klatschten und riefen Bravo.

Schöttlburg umarmte mich, dann kündigte er die zweite Überraschung des Abends an: „Die syrische Bauchtänzerin Salome, die von einer Todes-Fatwa bedroht wird!“ Einen kurzen Augenblick lang herrschte eine klamme Stille. Schöttlburgs Gäste schauten ängstlich im Park herum und bemerkten jetzt

Security-Leute mit Maschinenpistolen, die das Gelände absicherten. „Ich weiß, dass ihr Auftritt mit einem Risiko verbunden ist. Doch ich habe mich dafür entschieden, da ich alle, die von Gewalt und finsterem mittelalterlichen Denken bedroht werden, unterstütze und mir von niemandem meine Freiheit nehmen lasse. Ich habe die Tänzerin, die in Wirklichkeit ganz anders heißt, heute heimlich in meinem Privatjet einfliegen lassen. Polizeibeamte und Sicherheitsleute schützen unter der umsichtigen Leitung von Schorschl Gruber, Hauptmann a.D., das Grundstück. Liebe Freunde, ihr könnt beruhigt sein. Für eure Sicherheit ist gesorgt. Salome tritt zusammen mit der Klezmer-Band auf und schlägt so eine Brücke über feindliche Gräben zwischen Juden und Mohammedanern. Ich wünsche Euch viel Freude."

Nachdem die Klezmer-Band ihre Instrumente gestimmt hatte, wurde es dunkel, dann sah man Salomes Silhouette, wie sie ein Schwert mit beiden Armen vor sich hielt und ihren Körper im Rhythmus der Musik schwingen ließ. Langsam wurde es heller und wir erkannten eine Frau, die scheinbar züchtig ein Kopftuch, einen Niqab, der ihr Gesicht verhüllte, und eine schwarze, langärmlige Bluse trug, die freilich viel zu kurz war und ihren wohlgeformten Bauch und die Pailletten um ihr Höschen nicht verdeckte. Es war eine Sünde, sie anzuschauen, aber sie war umwerfend schön. Sie balancierte das Schwert auf ihrem Kopf, kniete dabei nieder, legte sich auf den Boden und zog das Kopftuch, den Gesichtsschleier und die Bluse aus. Ihr langes schwarzes Haar fiel über ihre Schultern und schon ließ sie Bauch und Beine im Rhythmus der Musik schwingen, wirbelte dann in einem ausgelassenen und wilden Tanz über das Podium. Diese Salome erinnerte mich an jemanden…

Ich dachte zurück an jenen Abend, als Amal mir meinen Teller Balluria aus Rache weggegessen hatte, weil ich bejubelt und verwöhnt, sie aber kaum beachtet worden war.

Wir traten damals auf einer Hochzeit in einem vornehmen

Haus auf. Es war alt, hatte Bogenfenster, die mit kunstvollen Ornamenten verziert waren. Die Gesellschaft feierte im Innenhof. Papa spielte Oud und sang Lieder über Liebe und eine für das Brautpaar wunderbare Zukunft. Es waren alte traditionelle Lieder der klassischen Dichter. Die Gesellschaft hörte nur teilweise zu: Man aß, trank und redete nebenbei. Das war Papa gewohnt. Doch als ich einen Song der berühmten Fairuz mit meiner durchdringenden Knabenstimme zum Besten gab, wurde es plötzlich still. Anschließend erhielt ich stürmischen Applaus, der – so stellte ich mit einiger Genugtuung fest – viel länger dauerte als der nach Amals Tanz. In der Pause kam die Mutter der Braut zu mir, überhäufte mich mit Küssen und Umarmungen und gab mir eine Handvoll Pralinen, darunter Köstlichkeiten wie Datteln in dunkler Schokolade. Ich spüre noch heute den wunderbaren Geschmack auf meiner Zunge. Das ertrug Amal nicht: Der kleine Bruder stellte sie, die große Schwester, in den Schatten. Dabei war sie erstmals an diesem Abend im Kostüm der erwachsenen Tänzerinnen aufgetreten: in einem karminroten Rock, einem türkisfarbenen, mit zahlreichen glitzernden Pailletten versehenen Gürtel und einem dazu passenden goldbestickten, ebenfalls türkisen BH, der mit Watte ausgestopft war, um Amals Körper etwas mehr Rundungen zu verleihen. Ich lachte sie wegen ihrer ausgestopften Brüste aus, frech wie ich damals war. Als sie tanzte, spielte ich die Rahmentrommel und Papa die Geige. Sie tanzte gut, aber ernst genommen wurde sie vom Publikum nicht. Sie war damals auch erst dreizehn und mager.

Eifersüchtig auf meinen Ruhm aß sie nicht nur den ihrigen, sondern auch meinen Teller Balluria weg, diese Köstlichkeit mit dem würzigen und süßlichen Geschmack von Mandeln, der sich mit dem ätherisch frischen Duft des Rosenwassers vermischt. Ich war wütend und trat gegen ihr Schienbein, so dass sie aufschrie.

Doch das eigentliche Drama geschah erst später an diesem Abend. Einerseits, das habe ich bereits erzählt, überredete Madame Elmina meinen Vater, dass ich Klavier lernen durfte. Ich erreichte also, was ich wollte. Andererseits musste Amal klein beigeben, und das erfüllte mich mit Genugtuung, sozusagen als ausgleichende Gerechtigkeit für ihren Raub meiner Balluria. Obwohl sie damals noch eine unterentwickelte Bohnenstange mit künstlich ausgestopften Brüsten war, rief an diesem denkwürdigen Abend der Kaufmann Mahdi al Sur meinen Vater zu sich. Er bot ihm eine Tasse süßen Tees an, rauchte mit ihm eine Shisha, erzählte ihm von seinen Geschäften und stellte eine für beide Seiten gewinnträchtige Ausweitung des Instrumentenbaus und -handels in Aussicht. Alsbald aber fragte er, ob er Amal heiraten dürfe, sobald sie alt genug wäre. Eine Verlobung wäre ja bereits jetzt möglich. Er würde seine zukünftige Braut mit Reichtum überhäufen, Papa den sehnlichst erhofften stabilen Anschluss seiner Stromleitung verschaffen, und die Ouds aus der Werkstatt meines Vaters auf der ganzen Welt verkaufen. Mahdi redete mit Händen und Füßen, so lange, bis er bei seinem Gegenüber jeden Zweifel beseitigt hatte. Wahrscheinlich war er auf diese Art als Händler für orientalische Gewürze reich geworden.

Als wir spät nachts wieder zu Hause waren, sprach unser Vater mit sanfter Stimme zu Amal, dass Mahdi al Sur um ihre Hand angehalten hätte. „Er ist ein guter Mensch. Ich kenne ihn schon seit langem. Seine Frau ist vor einem Jahr gestorben. Gewiss, du bist frei, musst ihn nicht heiraten. Aber es wäre vernünftig. Wir hätten ausgesorgt." Er lachte und Amal nickte. Sie wusste ja nicht, was sie erwartete, und vertraute darauf, dass Papa das Beste für sie wollte. Aber Mahdi war viel zu alt, hätte ihr Onkel sein können, trug einen altmodischen Schnurrbart, sein Bauch war stattlich, und sie war ein junger Backfisch in der Pubertät. Das passte nicht zusammen. Doch sie nickte, weil sie eine brave Tochter war. Papa schloss sie in seine Arme und seufzte: „Die zwei Jahre, bis ihr heiraten dürft, sind noch eine lange Zeit. Ihr werdet im nächsten Monat Verlobung feiern. Dann wird er ein- oder zweimal in der Woche zu uns kommen.

Ihr werdet euch näher kennenlernen, und du wirst ihn lieben lernen. Da bin ich sicher." Er lachte, doch ich spürte, dass er in Wirklichkeit traurig war.

Mahdi besuchte uns meistens am Samstag. Mama kochte jedes Mal ein großes Essen, mit zahlreichen Vorspeisen, einem Hauptgericht und Nachtisch. Mahdi sang stets ein Loblied auf Mamas Kochkünste: „Du bereitest den besten Hummus, den ich kenne," oder „für deine Yoghurt-Sauce würde ich dich sofort heiraten, wenn du nicht schon diesen Oudspieler hättest." Während des Essens unterhielt er sich mit Amal und mir über die Schule, lobte, wenn wir gute Noten hatten, überredete sogar Papa, mir ein altes Klavier zu kaufen, wahrscheinlich um mich für ihn zu gewinnen, sprach über die Geschäfte meines Vaters, über die Ausweitung des Oud-Handels, über die bald notwendige Vergrößerung der Werkstatt und über seine Reisen, von denen er Amal oft kostbaren Schmuck mitbrachte, etwa einen Ring mit einem leuchtenden Rubin aus Beirut, ein goldenes Armkettchen aus Tanger und kunstvoll verzierte Medaillons aus Istanbul. Wenn er ihr seine Geschenke überreichte, nahm er sie gerne auf seine Knie, kam ihr mit seinem Mund ganz nahe, umarmte sie und nannte sie seine Prinzessin. Doch wenn er allzu zudringlich wurde, schritten meine Mutter oder eine Verwandte, die als Aufpasserin abgestellt war, vorsichtig ein. Er ließ dann mit mürrischem Blick von ihr ab, versank in einem der großen Kissen, trank Tee, rauchte Shisha und schnarchte nach kurzer Zeit.

War aus Amal Salome geworden? Eine exzessive, exhibitionistische Bauch-Tänzerin? Dieser Gedanke schockierte mich. Eigentlich konnte ich das nicht glauben. So freizügig wie sie hier auftrat, meine Mutter hätte sie geohrfeigt. Aber ihre Tanzschritte, die Bewegungen ihres Körpers, die Gesten ihrer Hände entsprachen dem, was mein Vater sie damals gelehrt hatte. Sicherlich, ich stand zu weit weg vom Podium, die Scheinwerfer tauchten sie in ein farbiges, grelles Licht, das einzelne Gesichtszüge nur schwer erkennen ließ. Aber ohne, dass ich es mir erklären konnte, erinnerte sie mich an meine Schwester. Doch wenn sie wirklich Amal war, dann war sie ein ganz anderer Mensch geworden. Denn diese Salome auf der Bühne nahm sich eine ungebührliche Freiheit heraus.

Inzwischen hatten Schöttlburgs Gäste aufgehört, sich mit Champagnergläsern zuzuprosten, die Gabeln auf die Teller gelegt und selbst die geschwätzigsten redeten nicht mehr auf ihre Nachbarn ein. Sie schauten auch nicht mehr zu den Security-Leuten, die im Park neben der Bühne positioniert waren. Vielmehr blickten sie gebannt auf Salome. Einmal wirbelte sie über die Bühne in großen Sprüngen. Dann stand sie wieder da und bewegte sich aus ihrem Bauch heraus wie eine Schlange, ließ ihr Becken kreisen und führte dann diese Bewegung bis zu ihren Brüsten weiter, die nur von einem schmalen, mit Pailletten bestickten Bustier bedeckt waren. Plötzlich erstarrte sie und fiel wie tot auf den Boden, um sich dann mit ihren Beinen wieder emporzutasten, den Unterkörper aufzurichten, bis sie wie eine Kerze zum Himmel zeigte, um sich anschließend in einer Rolle rückwärts auf die Beine zu schwingen und in ihrer ganzen Schönheit wie eine indische Tempelgöttin von den Scheinwerfern in einem tiefen Rot angestrahlt zu werden. Mit ihren Händen und Fingern, die sie voller Grazie bewegte, erzählte sie dabei eine Geschichte von Schönheit und Eleganz, die keiner enträtseln konnte.

Anfangs dachte ich, Salome würde die Menschen nur mit einer fulminanten Mischung aus Erotik und Exotik betören. Doch es war mehr. Sie war eine wirkliche Künstlerin, verstand es, mit ihrem Körper, ihren Bewegungen und Gesten Geschichten zu erzählen, die sie so ausdrucksvoll und intensiv tanzte, dass sie einen jeden fesselte, ohne dass er sie hätte in Worte fassen können. Sie handelten von Schönheit, Begehren, Verführung, Beherrschung, Verfolgung und tödlicher Gewalt. War es ihre, war es unsere Geschichte? Tanzte sie auf der Bühne irrwitzig und tollkühn über ihr von der Fatwa bedrohtes Leben?

Ich beobachtete sie genau. Salome hatte viele Ähnlichkeiten mit dem fünfzehnjährigen Mädchen, das damals von zu Hause ausgebrochen war und nie wieder kam. Aber sie war auch ganz anders, wirkte verführerisch schön und zugleich rätselhaft abweisend. Sie war eine Frau, die die Männer verrückt machte. Ich muss zugeben, auch mich. Aber ich bin mir sicher, dass dies nicht der Grund war, warum ich hinauf auf die Bühne sprang, als der Beifall einsetzte. Vielmehr erfüllte mich ein wahnsinniges Glücksgefühl, das alle Zweifel und Hemmungen verdrängte: Ich glaubte, meine Schwester endlich wieder gefunden zu haben, und wollte sie in meine Armen schließen.

Doch als ich die Treppen zum Podium hinaufstürmte, warf mich ein Sicherheitsmann zu Boden, zwei weitere hielten mich fest und zu viert trugen sie mich wieder hinab. Dabei sah ich noch, wie auch Salome von Sicherheitsleuten von der Bühne begleitet wurde, Schöttlburg zum Rednerpult eilte und sich für den Zwischenfall entschuldigte. „Sicherlich, ein Missverständnis," beteuerte er. Die Sicherheitsleute brachten mich in einen Bus und legten mir Handschellen an. Wild fuchtelten meine Arme und Beine umher. Eine Kaskade von arabischen Schimpfworten brach aus mir heraus.

Erst nach etwa einer Viertelstunde ließen sie Gutekunst und Maria zu mir. Gutekunst erreichte, dass man die Arme befreite. Die Tics hörten auf und ich schrie aufgeregt: „Das war meine Schwester! Ich muss zu ihr."

„Du hast Tourette," sagte Gutekunst gerührt. „Wie Mozart," und streichelte mir fast zärtlich über die Stirn. Er beschwerte sich bei den Sicherheitsleuten, dass sie so unsensibel gegen mich vorgegangen waren. Inzwischen war auch Gruber dazu gekommen. Mit einer angesäuerten Miene, die zeigte, wie schwer ihm das fiel, entschuldigte er sich. Als ich darauf bestand, Salome zu sprechen, bedauerte er: „Das ist unmöglich. Sie wird gerade zum Flugplatz gebracht."

An der Bar redeten wir noch lang. Angesichts des Schocks brach ich mit meinen Regeln und trank viel zu viel Bier und

Wein. Inzwischen war es Nacht geworden. Der Mond stieg unwirklich groß über die Linden. Die Lampions leuchteten aus dem Dunkel des Parks hervor. Den Fluss der Stimmen und des Gelächters unterbrach nur einmal das ferne Trompeten eines Elefanten aus dem nahen Tierpark Hellabrunn. Die Gäste leerten noch so manche Weinflasche und wurden immer lustiger und lauter. Um ein Uhr in der Frühe hörte ich Schöttlburg zu Gruber sagen: „Schorschl, schalte die Lampions aus, eine nach der anderen, so dass es langsam dunkel wird. Sonst gehen die Leute nie nach Hause."

Als ich gegen drei Uhr betrunken in meinem Bett in der Flüchtlingsunterkunft lag, fühlte ich mich merkwürdig erregt. So vieles ging mir durch den Kopf. Es war ein schlimmes Durcheinander.

Eines Tages hatte ein junger Mann mit tätowierten Armen, schulterlangen Haaren und einem Jesusbart Papas Werkstatt betreten. Er sprach aber nur Englisch. Papa, der nur wenige Worte verstand, rief Amal. Sie kam von der Wohnung herunter und blieb für einige Sekunden wie erstarrt auf dem Treppenabsatz stehen, als sie den Kunden sah, als ob dieser ein Marsmensch wäre. „Das ist meine Tochter Amal. Sie hat auf der Schule meistens eine eins in Englisch und wird übersetzen," stellte Papa sie stolz vor. Auf Arabisch fügte er hinzu: „Er hat ganz besondere Wünsche," und zog dabei eine ziemlich geringschätzige Grimmasse. Ich saß in einer Ecke des Ladens und spielte auf dem Tar, unserer traditionellen Rahmentrommel.

Der Mann wollte einen Oud kaufen. Doch die billigen Ouds, die mein Vater mit seinen Gehilfen für den Export herstellte, gefielen ihm nicht. „Die haben wir in Israel auch," sagte er. Papa holte aus dem Schrank ein anderes Instrument: „Das ist ein unverkäufliches Meisterstück," übersetzte Amal. Der Mann begann zu spielen. Papa war sichtlich überrascht, dass ein Jude so gut den arabischen Oud beherrschte, holte seinen eigenen und musizierte zusammen mit ihm. Selbstverständlich übertraf er ihn an Virtuosität und Finesse. Doch der Israeli gab nicht auf, war wissbegierig und ließ sich von Papa Maqams vorspielen, die er sich schnell merkte, fast fehlerlos nachspielte und ganz erstaunlich darüber improvisierte. Irgendwann benötigten die beiden keine Dolmetscherin mehr und schickten Amal weg.

Am Abend brachte Papa Nathan, so hieß der Israeli, in unsere Wohnung mit und lud ihn zum Essen ein. Auf meinem Klavier improvisierte Nathan eine Musik, die mich damals zugleich schockierte und faszinierte. Sie klang sehr modern. Papa hatte Rockmusik immer abgelehnt, während sie Amal oft heimlich auf ihrem iPod hörte, was ich wusste, da ich sie öfters belauscht hatte. Doch als nun Nathan Papa aufforderte, mitzuspielen, nahm dieser seinen Oud in die Hand und antwortete auf Nathans Rockmelodien mit arabischen Improvisationen.

Amal und ich waren verblüfft, wie dieser Mann, der wie Jesus aussah, unseren Vater verändert hatte. Papa hatte seine Vorurteile gegenüber westlicher Musik vergessen, spielte voller Temperament und mit einer Begeisterung, die von der Routine seiner Auftritte bei Hochzeiten und anderen Festen erstickt worden war. Die Backen meiner Schwester glühten. Ich kannte sie allzu gut. Sie schwärmte für Nathan. Da gab es keinen Zweifel.

In einer Spielpause faltete er die Hände, als ob er beten würde und verbeugte sich vor meinem Vater . „Musik verbindet uns über alle Grenzen hinweg“, sagte er und erzählte, dass in seiner Band Juden, Moslems und Christen zusammenspielen, um zu beweisen, dass Musik hilft, Hass und Feindschaft zu überwinden. „Maestro,“ nannte er meinen Vater, „wir haben nur einen Gott, und es ist der gleiche, ob ihn Mohammedaner, Juden oder Christen anbeten, und wir haben nur eine Musik, die alle Menschen verstehen. Das verbindet uns über alle Gräben hinweg. Wir sind Brüder. Lasst uns das Gerede der Politiker, Religionswächter und Glaubensfanatiker vergessen.“ Amal übersetzte dies mit begeisterter Stimme, mein Vater ließ sich von Nathan umarmen und auf die Wange küssen.

Während der folgenden Tage und Wochen würdigte Amal uns keines Blickes mehr, hatte fast immer die Kopfhörer in ihren Ohren und wenn sie die Ohrstöpsel herausnehmen musste, zum Beispiel bei den Abendessen mit Mahdi, ihrem Verlobten, dann schwieg sie, wies alle Fragen der anderen ab. „Du bist verliebt,“ neckte ich sie, und sie gestand: „Der Israeli war Nathan Baruch und ist Sänger bei den *True Prophets*. Sie machen eine so coole Musik, dass mir eine Gänsehaut den Rücken herunterläuft, wenn ich sie höre. Diese Typen sind langhaarig, bärtig, tätowiert, singen Protestlieder und kämpfen für den Frieden. Jetzt bin ich mir sicher: Der alte, gute, reiche Mahdi ist nicht der Richtige.“ Einmal gestand sie mir, dass es ihr größter Wunsch wäre, bei einem der Konzerte der *True Prophets* auf der Bühne zu tanzen: „Es soll ein Tanz der Freiheit werden.“

Sogar der selbstverliebte Mahdi, der fast dreißig Jahre älter war als sie, bemerkte ihre Veränderung: „Du bist so still. Macht dir dieses Armband, das ich aus Kairo mitgebracht habe, gar keine Freude? Was ist mit meiner Prinzessin? In wenigen Wochen wird unsere Hochzeit sein. Du musst davor keine Angst haben, mein Schatz,“ sagte er in einem onkelhaften Ton. Doch Amal war nicht nur schweigsam, sondern wurde auch rebellisch. Sie fühlte sich eingesperrt, und das war sie ja auch. Während ihre Freundinnen sich samstags im Suq al-Hamidiye trafen, sich Kleider, Stoffe, Schuhe und vieles mehr anschauten, Eis aßen oder frisch gepressten Obstsaft tranken und mit den Jungens flirteten, musste sie mit Mama das Abendessen für ihren Verlobten kochen. Und während sich ihre Gleichaltrigen in einem Club vergnügten, musste sie die Konversation mit Mahdi al Sur überstehen, der für sie ein alter Mann, aber kein Geliebter war.

7

Die Erde erhitzt sich zunehmend

Mitte März wurde es bereits sommerlich warm, die Bäume begannen viel zu früh zu blühen. Dann gab es einen Rückfall in den Winter und die Kirsch- und Apfelblüten starben ab. Doch an einem der letzten Apriltage sollte die Kältewelle endlich durch ein heranziehendes Hoch beendet werden. Jedenfalls gewann eine Luftströmung aus dem Süden die Oberhand. Auf den Straßen der Stadt pulsierte das Leben. Wenn ich nicht Gutekunst helfen musste oder wenn der Proberaum mit dem Flügel von anderen Künstlern benötigt wurde und ich deshalb nicht Klavier spielen konnte, schlenderte ich durch die Stadt, oft bis spät nachts. Ich durchstreifte die Maximiliansstraße mit den teuren Modegeschäften, bestaunte die vor dem Hotel Vier Jahreszeiten geparkten Limousinen und SUVs, hörte den Straßenmusikern auf dem Marienplatz zu und ging am Hauptbahnhof an den türkischen und arabischen Restaurants vorbei. Dabei sah ich den Menschen zu, wie sie redeten und lachten. Wie gerne hätte ich auch Freunde gehabt und mit ihnen den Abend genossen. Doch ich gehörte nicht dazu, war nur ein Zaungast. Um gegen dieses Gefühl des Ausgestoßenseins anzukämpfen, malte ich mir aus, wie ich auf Konzerten als Solist umjubelt würde und ein begehrter Gast bei Festen und Partys wäre.

Bei einer dieser Wanderungen durch München erreichte mich Ahmets erste E-Mail. Wir beide hatten uns an der ungarischen Grenze verloren. Er fragte: „Wo bist du Mehmet?“ und schrieb verzweifelt: „Ich schlafe keine Nacht mehr, seitdem wir getrennt wurden.“ Er klagte, dass sie ihn im ungarischen Lager wie einen Verbrecher behandelt hätten. „Ich weiß nicht, was das für Menschen sind. Jedenfalls kennen sie kein Mitleid und Gastfreundschaft schon gar nicht.“ Er schrieb seine E-Mail, als er vor der deutschen Grenze stand und nicht mehr weiterkam. „Angst habe ich Tag und Nacht. Doch meine Wut ist noch größer.“

Mit Ahmet war ich aus Damaskus geflohen. Doch nun schrieb er enttäuscht, dass er die Flucht bereute. In Europa würde nur eine kalte Freundlichkeit herrschen, die nichts und alles bedeuten könnte. Dagegen wäre es zu Hause in Afghanistan klar gewesen, wer dein Freund und wer dein Feind ist. Dort wurdest du entweder beschimpft oder umarmt, entweder mit warmer Herzlichkeit oder tödlicher Gewalt empfangen. Hier in Europa aber wäre alles undurchsichtig. Er würde sich wie in einem Nebel fühlen. Vor allem wäre er in seiner Ehre zutiefst gekränkt: „Sie behandeln mich hier wie einen Verbrecher, nur weil ich die Grenze überschritten habe. Wir sind in ihren Augen Illegale, Kriminelle. Verstehst du das? Mehmet, das schmerzt. Menschen in Not werden zu Verbrechern gestempelt. Hier herrscht eine bösartige Arroganz. Mein Schrei ist stumm. So stumm wie der Tod, und der Tod wäre der beste Ausweg. Doch eigentlich habe ich mich schon umgebracht. Ich bin nicht mehr der Ahmet, den du kennst."

Ahmet lernte ich kennen, als er sich damals hungrig in die Schlange einreihte und geduldig wartete, bis er an der Reihe war. Ich verteilte Mamas Suppe an die Menschen in unserer Straße. Sie verdünnte das wenige Mehl, das wir noch hatten, mit Sägespänen und Hornklee, einem scheußlichen Unkraut, und bereitete daraus einen Brei, der wenigstens den Magen füllte. Ich stand jeden Mittag auf der Straße, vor mir ein großer Topf mit der dampfenden, schrecklich schlecht schmeckenden Suppe. Eine fürchterliche Schwermut lag über den zertrümmerten Häusern. Von außen bedrohten Regierungssoldaten, von innen Rebellen unseren Stadtteil. Sie schossen nächtelang. Anfangs konnten wir nicht schlafen. Doch irgendwann hatten wir uns daran gewöhnt. Von Woche zu Woche wurde immer mehr zerstört: Bomben brachen Löcher in die Häuser, auch in unseres. Dann stürzte der erste Stock ein. Notdürftig räumten wir den Schutt weg. Es gelang uns, den Weg zur Kellertreppe freizuschaufeln. Dort, in diesem finsteren Loch, schliefen wir und in der Werkstatt wohnten wir, wenn man das so nennen kann.

Ahmet schien sehr hungrig. Ich fragte ihn, woher er käme. „Von weither.“ Er flüsterte nur. Ich fragte nicht weiter, gab ihm Teller, Löffel und Brei, und er verneigte sich dankbar. Als die anderen in den Ruinen verschwunden waren, stand er noch immer da, wusste nicht, wohin er gehen sollte. Ich nahm ihn mit nach Hause.

Ahmet aus Kabul. Er erzählte uns nächtelang seine Geschichte, immer wieder, wie einen bösen Alptraum. Im klapprigen Bus über Sandpisten hatte er Teheran erreicht, wurde dort wegen falscher Papiere ins Gefängnis gesperrt, schlug sich dann auf der Straße bettelnd, in dunklen Löchern schlafend, immer dem Hungertod nahe durch. Endlich erhielt er die richtigen Dokumente. Ein Schlepper sollte ihn in die Türkei bringen. Das Geld war schon vor Monaten bezahlt. Doch der Bus brach auf dem Weg zusammen. Zu Fuß irrte er weiter, wurde von Islamisten entführt, geschlagen und gedemütigt, wartete wochenlang auf das Lösegeld von zu Hause. Dann setzten sie ihn, ein schwarzes Tuch über dem Kopf, in einen Geländewagen. Er dachte, sie würden ihn erschießen. Doch als er das Tuch abnehmen durfte, sah er zerbombte Häuser. „Willkommen in Damaskus,“ begrüßte ihn ein Kämpfer der Rebellen. Nachdem sie ihn freigelassen hatten, irrte Ahmet durch die menschenleeren Straßen. Er sah eingefallene Mauern, durchlöcherte Dächer, Risse in den Wänden und fürchtete, dass jederzeit ein Gewehr herausragen und ihn erschießen könnte. War er aus Kabul geflohen, um hier zu landen, wo es noch viel schlimmer war?

Frau Schönfeld überredete Gutekunst, dass ich im Fringebereich des Brückenfestivals auftreten durfte. Damals bot sie mir das Du an. „Du wirst einen Klavierabend geben und ich werde dafür sorgen, dass die wichtigen Leute da sind. Glaube mir, das ist der Anfang deiner Karriere.“

„Wozu soll das gut sein?“

Sie verstand meine Frage nicht, drückte mich an sich und lächelte: „Es wird schon alles gut. Vertraue mir einfach.“

Ich erzählte ihr, dass ich nach vielen Wochen erstmals eine E-Mail von meinem Freund Ahmet erhalten hätte und dass ich nun überhaupt erst wusste, dass er noch lebte. Ich fragte sie: „Wozu soll in einer solchen Welt Musik gut sein?“

Damals hatte ich eine merkwürdige Veränderung in mir beobachtet. Mozart war mir in Damaskus wie ein Freund erschienen. Seine Musik war für mich der Lichtstrahl aus einer besseren Welt; sie klang für mich frei, heiter und klar, und auch wenn sie traurig, dämonisch und aggressiv war, fand sie doch immer zurück zur Harmonie. Doch hier in Deutschland hatte ich seit einiger Zeit Angst vor ihr. „Sie ist das Schwierigste, was es gibt. Man hört den kleinsten Fehler,“ sagte Gutekunst. Dabei schaute er fast schon impertinent auf meinen kleinen Finger mit dem gelähmten oberen Glied. Das wirkte auf mich wie eine Drohung, als ob ich nicht gut genug wäre, sie zu spielen. Alle Musiker sprachen mit einer solchen Angst vor ihr. Für sie war Mozarts Musik offenbar eine Art Prüfung und ich bekam immer mehr das Gefühl, dass auch mein Klavierabend so etwas wäre. Aber ich wollte keine Prüfung. Das erschien mir, nach dem, was ich durchgemacht hatte, lächerlich. Es kam doch nicht darauf an, ob ich einen Lauf ganz perfekt oder mit einigen Verzögerungen spielte, nur weil mein kleiner Finger lahm war. Vielmehr sollte meine Musik die Menschen wachrütteln.

Jetzt hätte Professor Malik da sein müssen. Er hätte seine Hand auf meine Schulter gelegt und ich hätte seine innere Kraft gespürt, die mich immer beruhigt und angestachelt hatte, besser und kühner auf dem Klavier zu spielen.

Doch eines Tages, es war kurz vor der Revolution, konnte ich meine Hände nicht auf die Tastatur legen, musste sie vielmehr schütteln, da sie sich klebrig anfühlten, als ob sie von einer teigartigen Schicht überzogen und deswegen unbeweglich wären. Der Professor versuchte, mich zu beruhigen. Doch es nützte nichts. Er sagte, ich solle aufstehen, zum Fenster hinausschauen. Aber ich wollte nicht hinausschauen. Was da draußen in Damaskus war, wollte ich nicht sehen. Es erschien mir zu bedrohlich.

„Was ist los," fragte er. Ich konnte nicht reden. „Sag es!" Er schrie mich an – zum ersten Mal. Bisher war er immer einfühlsam und sanft gewesen. Dann spielte er den Anfang von Beethovens Trauermarsch. Ich musste heulen, und er sagte: „So geht es mir auch. Aber wir haben die Musik, wir können unsere Tränen in Tönen ausdrücken." Darauf ließ er mich den Trauermarsch spielen und langsam löste sich der klebrige Teig von meinen Fingern, und sie wurden wieder gelenkig und schnell.

Dann erst konnte ich reden: „Ich saß im Bus neben einem Bauern. Sein Gesicht war abgemagert, bestand eigentlich nur aus einer ledernen, braunen Haut und weißen Bartstoppeln. Sein Körper war dürr wie ein Totenskelett. Er weinte leise vor sich hin. Als ich ihn fragte, was mit ihm wäre, sagte er, dass er und seine Familie nach Damaskus geflohen wären und auf der Straße betteln müssten. Dabei hätte er noch vor einigen Jahren gut leben können. Aber jetzt wäre schon im zweiten Jahr sein Getreide vertrocknet. ‚Das Wasser bekommen nur die Reichen.' Er hätte dagegen protestiert, wäre eingesperrt und gefoltert worden. Schließlich hätte er aus Darʿā vor den Gläubigern fliehen müssen. Hier in Damaskus würde er wenigstens nicht verfolgt, da ihn niemand kannte. Ich gab ihm alles Geld, das ich in meiner Tasche hatte, und sagte, er solle sich etwas zum Essen und Trinken kaufen. Der Bauer umarmte mich, wiederholte immer wieder, was für ein guter Mensch ich wäre und dass Allah mich beschützen möge."

Professor Malik schwieg einige Zeit. Dann sagte er: „Mehmet, so ist es leider. Die Erde wird immer heißer, unser Land wird bald eine Wüste sein und die ersten, die es trifft, sind die Armen."

„Wir müssen das ändern. Wir müssen dagegen ankämpfen," erwiderte ich.

„Wir sind Musiker und keine Politiker." Professor Malik

sagte dies resigniert. „Allah sei gedankt, dass wir die Musik haben." Er setzte den Unterricht fort. Am Schluss der Stunde lobte er mich: „Jetzt hast du Beethoven begriffen."

Ich war enttäuscht. Wie konnte sich der Professor so hinter seiner Kunst verstecken und mit ansehen, wie ungerecht und grausam die Regierung handelte?

In diesen Tagen steigerte sich die Wut von uns Studenten immer mehr. Sie wurde zu einer großen Welle, die fast alle an unserer Hochschule mitriss. Überall sahen wir Ungerechtigkeit und Verlogenheit. Das Leben wurde immer teurer, für viele unbezahlbar und zugleich lebten die Beamten und Regierungsmitglieder in Saus und Braus, wie ich es bei unseren Konzerten auf Hochzeiten und Festen beobachten konnte. Als wir die Bilder von der Selbstverbrennung Mohamed Bouazizis in Tunesien sahen, dachte wir nicht lange nach und verteilten Flugblätter, in denen wir forderten, dass Behördenwillkür und Folter ein Ende haben müssten. Die folgenden Wochen vergingen wie im Rausch. Wir zogen durch die Straßen, sangen Lieder, begleiteten uns auf der Trommel, verteilten Flugblätter, rannten fort, wenn die Geheimpolizei eintraf, und fühlten uns trotzdem mächtig. Denn wir waren viele. Wir waren aufgewacht, sahen eine neue Zeit anbrechen, in der wir hier in Syrien genauso frei, offen und ohne Angst vor Geheimpolizei und Machwillkür leben konnten wie die Europäer oder Amerikaner. An einem Freitag besetzten wir den Konzertsaal unserer Hochschule, einige Kommilitonen hielten revolutionäre Reden, und ich spielte auf dem Flügel Kompositionen von Mozart und Beethoven. Hunderte junger Menschen hörten zu. Sie standen dicht gedrängt im Saal und waren erfüllt von dieser Musik, die mit ihren geistvollen, überraschenden Wendungen, ihren trotzigen Forteausbrüchen, ihren zornigen Rhythmen und visionär schönen Melodien unseren Widerstand, unsere Hoffnung auf Freiheit und Brüderlichkeit entfachte. Plötzlich stieg der Rektor aufs Podium und rief: „Schluss. Alle verlassen den Raum." Er schrie dies mindestens fünfmal, bis ich aufhörte, zu spielen.

Dann konnte ich nicht anders, als vom Klavierhocker aufzustehen, mich wie ein Maschinenmensch zweimal in eckigen Bewegungen zu verbeugen, an meine Backe zu schlagen und wie ein Trüffelschwein zu grunzen. Alle im Saal lachten. Es war ein befreiendes, aber auch tödliches Gelächter. Der Rektor war wütend, nicht ernst genommen zu werden, und brüllte: „Das hat Konsequenzen!“ Polizisten mit geladenen Pistolen hatten sich inzwischen neben ihm aufgestellt. Wir flohen, so schnell wir konnten.

Nach diesem Vorfall wurde die Hochschule für einen Monat geschlossen. Ich erhielt eine Vorladung beim Rektor. Als ich sein Zimmer betrat, saßen neben ihm der Vizedirektor, Professor Malik, ein Mann aus dem Kultusministerium und ein Offizier des Geheimdienstes. Sie warfen mir vor, bei einer verbotenen Versammlung gespielt und durch mein Benehmen nicht nur den Rektor, sondern die gesamte Hochschule lächerlich gemacht zu haben. Der Vizedirektor forderte, dass ich von der Hochschule geworfen werden müsste. Professor Malik entschuldigte mein Benehmen mit meinem Tourette-Syndrom und meinte, dass die Studentenversammlung zwar nicht genehmigt, aber ihr Anliegen durchaus verständlich war. Ich entschuldigte mich für meine Krankheit, sagte, dass mich der Professor gelehrt habe, Mozart und Beethoven zu spielen und dass diese Musik den jungen Menschen, die in unsere Hochschule gekommen wären, gefallen hätte, da sie die Musik der Freiheit wäre. Darauf erwiderte der Rektor: „Es reicht, Aziz. Reden Sie weniger, spielen Sie Klavier.“ Dann musste ich fast eine Stunde vor der Tür warten. Als ich wieder hereingebeten wurde, verkündete der Rektor das Ergebnis der Diskussion. Ich erhielt eine Verwarnung, durfte aber weiterstudieren.

Damals war Klassische Musik für mich ein Teil der Revolution. Sie erschien mir menschlicher, emotionaler, erschütternder, aber auch befreiender als die fein ziselierten Ornamente, die Papa auf dem Oud hervorbrachte. Deshalb war das Klavier für mich auch eine Rebellion gegen meinen Vater und meine Vorfahren. Sie spielten schöne Ornamente, lösten ihren Schmerz in Melodien und Rhythmen auf, die nichts mit ihrem eigenen Leben zu tun hatten. Dagegen wirken die Melodien und Klänge der klassischen Musik aufwühlend und mitreißend. Auch können Orchester und sogar ein einzelner Pianist viele Stimmen gleichzeitig spielen, als ob viele Individuen ihre eigenen Wege gehen, sich manchmal aneinander reiben, aber letztlich doch aus dieser Vielzahl ein harmonisches Ganzes entsteht. So etwas müsste doch auch im wirklichen Leben möglich sein. Das wäre wirkliche Demokratie. Die Sprache der klassischen Musik wurde auf der ganzen Welt verstanden und geliebt. Wir Musikstudenten fühlten uns als Teil einer weltumspannenden Kultur und glaubten, dass wir uns überall, wo es diese Musik gab, zu Hause fühlen könnten; denn Musik, dachten wir, ist eine universelle Sprache.

Doch jetzt hatte ich meine Zweifel. Hörte das Publikum hier in München diese Musik nicht ganz anders als wir damals bei unserer Revolution in Damaskus? Waren für die Menschen hier die Melodien und Klänge Mozarts und Beethovens nicht nur kulinarische Köstlichkeiten für die Ohren? Pralinen wie Mozartkugeln? Wer dachte heute noch daran, dass Mozart vor über zweihundert Jahren für seine Freiheit kämpfte und Beethovens Musik ein Aufschrei zur Revolution war? Würden die Münchner jetzt nicht aus ganz anderen Gründen zu meinem Klavierabend kommen: aus Sensationslust, um den Pianisten aus der Trümmerstadt, dessen kleiner Finger abgeschnitten wurde, zu hören?

„Du darfst nicht so viel nachdenken. Es wird schon gut werden. Du bist Musiker und deshalb solltest du einfach Musik machen.“ Gaby nahm meine Hand. Das fühlte sich gut an, fast so wie damals bei Professor Malik.

„Ich werde es versuchen. Vielleicht verstehen sie doch, was ich mit der Musik sagen will.“ Meine Stimme klang ziemlich unsicher. Gaby drückte mich fest an sich: „Du wirst das schaffen.“

Meine Unruhe wurde in diesen Wochen immer schlimmer. Ich hatte das Gefühl, jeglichen Halt zu verlieren. Viel zu viel war ungeklärt und hatte sich verändert. Unendlich viele Fragen und Bilder verfolgten mich. Ich hielt es nicht mehr aus, im Flüchtlingsheim wie die anderen dazusitzen, zum Fenster hinauszuschauen oder auf den Fernseher starren. Wenn Alpha und Melody durch den Gang jagten und miteinander rauften, nervte mich das ebenso wie die dauernden Streitereien der Eltern. Abduls stumpfsinnige Schicksalsergebenheit erregte mich, doch noch mehr Kadirs Eitelkeit, der fast jeden Tag ein neues T-Shirt, eine neue Hose oder ein neues Hemd aus einer Kleidersammlung auftrieb und sich beim Anprobieren stundenlang im Spiegel betrachtete. Deshalb vermied ich es, so gut ich konnte, im Flüchtlingsheim zu sein. Ich war eigentlich nur noch zum Schlafen dort. „Mehmet fühlt sich als jemand Besserer. Er verachtet uns,“ hörte ich meine Mitbewohner sagen, wenn ich meine Jacke anzog und die Wohnung verließ, um ruhelos und wie getrieben durch Münchens Straßen zu gehen.

So war es auch an diesem Freitag. Nachdem ich im Festivalhaus Klavier gespielt hatte, schlenderte ich durch die Innenstadt, beobachtete gerade an der Sonnenstraße das Gedränge der vom Stau genervten Autofahrer und die wie Ameisen vorbeieilenden Menschen mit ihrem starren, durch die anderen hindurchschauenden Blick. Dieses Getriebe gab mir das Gefühl, dass die Alpträume der Nacht falsch waren und die Welt zwar hektisch und hysterisch, aber doch letztlich ihren Gang ging.

Mir fiel ein Mann in verschlissen wirkenden Jeans und einer braunen Cordjacke auf, die – das wusste sogar ich, der Flüchtling aus Damaskus – längst aus der Mode gekommen war. Vor ihm lief ein kleiner Junge, hüpfte manchmal auf einem Bein, bremste dann wieder ab, um ungeduldig auf den Mann zu warten. Vielleicht war es ein alleinerziehender Vater, der seinen Sohn von der Schule abholte, oder er war arbeitslos, möglicherweise Hausmann und seine Frau, vielleicht eine Zahnärztin, verdiente das Geld. Das war hier, hatte ich mir sagen lassen, des Öfteren der Fall. Der Mann kam mir bekannt vor. Dann sah ich wieder den zur U-Bahn-Station eilenden Großstadtbewohnern zu. Von einer Drohne betrachtet würde dieser Menschenstrom wie eine Ameisenstraße wirken. Alle gingen denselben Weg. Ich stand am Rand, gehörte nicht dazu und grübelte, was sie veranlasste, so zu leben, wie sie lebten. Wissen sie es selbst?

Daheim in Damaskus hatte ich auch zu diesen Menschen gehört, während ich hier am Rand stand und alles an mir vorbeiziehen ließ. Früher hatte ich über solche Dinge nie nachgedacht. Es war einfach selbstverständlich, so wie die Menschen hier in München allabendlich in der Rushhour nach Hause gehen mussten.

Doch jetzt erschien es mir merkwürdig. Nur der kleine Junge, der gerade vor dem Obststand auf einem Bein hüpfte, besaß den kindlichen Mut, aus der Reihe zu tanzen.

Plötzlich gab es einen lauten, ohrenbetäubenden Krach. Der Junge blieb stehen, seine Hand suchte die des Vaters, und die Menschenmenge erstarrte. Ich war mir sicher, dass eine Bombe explodiert war. Das hatte ich oft genug in Damaskus erlebt. Instinktiv warf ich mich auf den Boden und hielt die Hände schützend über meinen Kopf. Dann spürte ich die Druckwelle und hörte einen Mark und Bein erschütternden Schrei, woraufhin es für einige Sekunden vollkommen still war.

Als ich vorsichtig aufblickte, sah ich zuerst, dass auf der Straße die Autos stehen geblieben waren und die meisten Passanten wie versteinert in eine Richtung blickten. Nur der Vater hatte sich schützend über seinen Sohn gelegt. Dann bemerkte ich, dass der Gemüsestand, vor dem der Junge noch vor wenigen Minuten herumgehüpft war, zusammengebrochen, das Pflaster rot, grün und gelb vor lauter zerfetzter Orangen, Tomaten und Paprika gefärbt war und dass dazwischen der Verkäufer lag, der mir zuvor als ein traditioneller Muslim in weißem Jabador und mit einem Salafistenbart aufgefallen war.

Der kleine Junge war inzwischen aufgestanden und starrte die Leiche an. Plötzlich wurde die gespenstische Stille von lauten Sirenen durchbrochen. Polizisten drängten uns von der Unglücksstelle weg, sperrten sie ab und bedeckten den toten Mann mit einem Tuch.

Der kleine Junge fragte laut schreiend: „War das eine Bombe?“

„Ja, allerdings nicht besonders stark,“ versuchte ihn der Vater zu trösten.

„Ist er tot?“

„Ich weiß nicht.“

„Du musst das wissen. Du arbeitest doch für die Regierung.“

Der Junge zitterte. Sein Vater nahm ihn hoch und trug ihn weg. Seine Augen, die Art, den Kopf zu bewegen, erinnerten mich an jemanden, den ich vor einiger Zeit gesehen hatte. Doch ich stand wie unter einem Schock, der alles in meinem Kopf lähmte.

Ich musste auch weg von hier. Das war kein Ort, wo man einen Flüchtling finden sollte, der keine Aufenthaltserlaubnis besaß und eigentlich im Flüchtlingsheim zu sein hatte. Ich starrte auf die zugedeckte Leiche, und ich sah die Toten unserer Straße in Damaskus. Dabei fühlte ich nichts, nicht einmal die innere Spannung, die oft mein Tourette ankündigte. Mir wurde frostig kalt und ich spürte einen Schmerz im Bauch, aus Angst, dass es hier in München genauso wie in Damaskus ist, und ich umsonst geflohen war. Auch die anderen Menschen starrten auf den Platz, wo noch vor wenigen Minuten der Gemüsestand war. Wir wurden von einem Schock gelähmt, aus dem wir erst aufwachten, als Mannschaftswagen der Bereitschaftspolizei anfuhren, weitere Krankenwagen sich durch den Stau hindurchdrängten, ein Feuerwehrauto sich über das Trottoir einen

Weg bahnte, Beamte der Spezialeinheit mit Gesichtsmasken, Helm und entsicherten Maschinenpistolen herbeistürmten und zur U-Bahn hinunterliefen. Polizeihubschrauber kreisten über uns und die Sirene eines Krankenwagens hörte nicht auf, mit ihrem schrillen Ton unsere Ohren zu foltern. Die Polizisten forderten uns auf, weiterzugehen. Aber die Leute waren wie betäubt, hatten ihre Ziele vergessen und wirkten unschlüssig, in welche Richtung sie sich wenden sollten. Nur langsam löste sich die Menschenmenge auf.

Ich wollte hinunter zur U-Bahn. Aber die Treppe war abgesperrt. Also folgte ich der Menschenmenge zur Straßenbahnhaltestellte, wo das Display ankündigte, dass wegen eines Zwischenfalls der Verkehr eingestellt sei, und ging dann zur Bushaltestelle, wo wir vergeblich warteten, bis ein Polizist erschien und sagte, dass die Busse umgeleitet worden seien und wir zu Fuß weitergehen sollten.

Ich ging im Kreis. Wieder kam ich an der Stelle vorbei, wo die Bombe explodiert war. Frauen und Männer in weißen Schutzanzügen suchten im abgesperrten Teil nach Spuren. Einige Polizisten winkten ungeduldig, dass wir weitergehen sollten.

Plötzlich wurde ich von hinten ziemlich grob an der Schulter gepackt. Als ich mich umdrehte, sah ich zwei Polizisten in schwarzer Montur und mit Gesichtsmaske, die ihre Maschinenpistolen auf mich richteten. Außerdem stand der Mann, der zuvor mit dem kleinen Jungen unterwegs gewesen war, da. Er zeigte mir seinen Ausweis und sagte nicht unfreundlich: „Daniel Müller, Verfassungsschutz. Sie müssen uns einige Fragen beantworten.“ Er brachte mich in einen VW-Bus der Polizei. Müller verlangte meinen Pass, den ich aber nicht dabeihatte.

„Ich habe Sie gesehen, als die Bombe explodierte. Was machen Sie hier?“

„Ich flanierte.“ Bei diesen Worten verzog sich seine Miene zu einem Grinsen. Anscheinend erheiterte ihn das Wort flanieren, als ob es unpassend wäre, dass ein Flüchtling es in den

Mund nahm. „Ich habe zuerst Klavier gespielt und bin dann hier spazieren gegangen.“ Dann wollte ich über die Beethoven-Sonate sprechen, die ich geübt hatte, um zu beweisen, dass ich wirklich etwas davon verstand. Doch ich konnte die Worte, die ich sagen wollte, nicht aussprechen. Sie gingen in einem Zischen unter.

„Kennen Sie den Ermordeten?“ schrie er mich ungehalten an. Aber ich konnte nicht sprechen.

Was sollte ich sagen? Ich fühlte mich dem Geheimdienstmann, dem zwei Polizisten zur Seite standen, genauso ausgeliefert wie damals den Soldaten an dem Kontrollpunkt, den ich jedes Mal überwinden musste, um ins Konservatorium zu gehen.

Wenn ich unser, von den Rebellen beherrschtes Stadtviertel verließ, kontrollierten mich Regierungssoldaten. „Bleibe hier,“ sagten meine Freunde. „Du bist jung, du wirst bestimmt zum Militärdienst eingezogen.“ Das schaffe ich schon, dachte ich, und täuschte jedes Mal einen Tourette-Anfall vor. „Der ist verrückt,“ lachten die Soldaten und ließen mich durch. Als ich abends zurückkam, funktionierte dieser Trick ebenfalls. Doch an einem Abend einige Monate später durchsuchten die Rebellen meine Tasche, fanden meine Noten mit Klaviersonaten von Beethoven und Brahms und rissen sie in kleine Fetzen. „Musik ist im Koran verboten. Das nächste Mal erschießen wir dich, Bruder.“ Da baute sich in mir eine gewaltige Spannung auf und ich musste um mich spucken und schlimme Flüche ausstoßen. „Das ist der Teufel,“ rief einer der Rebellen und sie richteten ihre Gewehre auf mich. Doch der Anführer pfiff sie zurück. „Seht ihr nicht, das ist ein armes, verrücktes Schwein.“ Das war das letzte Mal, dass ich im Konservatorium war.

Was sie gesagt hatten, ging mir nicht aus dem Kopf. Ich musste mir den ganzen Abend lang mit der Hand an die Stirn schlagen und merkwürdige Zischlaute von mir geben. Mein Vater und meine Mutter versuchten mich zu beruhigen. Schließlich drückte mir Papa einen Oud in die Hand. Ich spielte darauf zunächst nur einige Töne. Dann erinnerte ich mich an eine Tanzmelodie, über die ich fast die ganze Nacht lang improvisierte. Dabei überwand ich den Touretteanfall.

Jetzt hatte ich kein Instrument, auf dem ich meinen Schmerz ausdrücken konnte, keine Mutter und keinen Vater, die mich beruhigten. Aber hier gab es ebenso Gewalt, explodierten Bomben und bespitzelten Geheimdienstleute ihre Mitmenschen. Es kann sein, dass ich anfangs wie damals bei den Regierungssoldaten nur so tat, als ob ich einen Tourette-Anfall hätte. Ich fragte Müller: „Kennst du Beethovens Raptus?", klopfte den Rhythmus des Anfangs der 5. Sinfonie auf die Tischplatte und sang dazu. Doch dann brachen die Tics wirklich hervor. Lachend sagte ich: „Jetzt kommt mein Raptus." Ich schlug die Stirn so oft auf die Tischplatte, dass sie blutete. Müller wirkte ärgerlich, schrie: „Mann, beherrschen Sie sich. Haben Sie den Obsthändler gekannt?" Ich trommelte jetzt mit den Fäusten auf den Tisch. Der Geheimdienstler wurde ungeduldig: „Das ist nicht mehr witzig." Einer der Polizisten sagte: „Noch so ein Verrückter!" Er und sein Kollege versuchten mich festzuhalten, was ihnen aber nicht gelang, und dazu führte, dass ich wie ein Wolf heulte. Dann rollte ich mich auf dem Boden zusammen, schrie arabische Schimpfworte und schlug mit den Füßen auf den Boden des VW-Busses. „Er hat Tourette." hörte ich Müller sagen. „Lassen Sie ihn los. Er wird sich beruhigen." Nun wirkte er plötzlich besorgt, versuchte mich abzulenken, zeigte mir auf seinem Smartphone Fotos seines Sohnes, erzählte, dass er ihn nach der Bombenexplosion nach Hause gebracht hätte und sich nun seine Frau um ihm kümmern würde. Als ich noch immer auf den Boden klopfte und auf die Wand starrte, schwieg er und schaute mich ernst an. Schließlich fühlte ich mich besser, stand auf und wischte mir den Speichel vom Mund.

Müller schien erleichtert, dass mein Anfall vorbei war. Er bot mir ein Glas Wasser an, und als ich einen Schluck getrunken hatte, sagte er mit einer ruhigen, aber eindringlichen Stimme: „Sie müssen doch zugeben, dass es höchst merkwürdig ist, dass Sie gerade an dem Obststand waren, als das Bombenattentat passierte. Sie sind Syrer, haben keinen Pass, sprechen fließend Deutsch, wirken so, als ob Sie ein Deutscher wären. Sie können hier jederzeit untertauchen, ohne dass es jemandem bemerken würde."

„Es war Zufall."

„Sind Sie militärisch ausgebildet? Ich habe Sie beobachtet. Sie waren einer der ganz wenigen, die sich richtig verhielten, sich auf den Boden mit dem Gesicht nach unten legten. Eigentlich taten Sie das schon, bevor die Bombe explodierte, als ob Sie genau gewusst hätten, was passieren würde."

„In Damaskus gab es oft Bombenanschläge. Da lernt man, wie man sich verhalten muss. Man fühlt schon kurz davor, dass eine Bombe explodiert."

„Vielleicht haben Sie den Obsthändler zu dem Selbstmordanschlag überredet, wollten dabei sein und sehen, ob es funktioniert. Aber es hat Gott sei Dank nicht viel gebracht. Nur der Terrorist ist tot, sonst niemand. Es gibt nur einige Verletzte. Wenn Sie der Drahtzieher sind, dann kann ich Ihnen sagen, dass sie ziemlich erfolglos waren. Und jetzt haben wir Sie auch noch erwischt." Er schien sich sehr sicher und seine Stimme hatte einen triumphierenden Unterton.

Ich klopfte mit den Fingern auf die Tischplatte und sagte nichts.

„Was tun Sie da?"

„Ich spiele das C-Dur-Präludium von Bach."

„Ein syrischer Terrorist spielt auf einer Tischplatte Bach. Das ist mal was Neues! Andererseits liebe ich dieses Musikstück. Ich will hören, ob Sie es wirklich kennen. Singen Sie den Anfang." Ich summte die ersten Takte und aus seinem Blick las ich ein wenig Anerkennung.

Ein Kriminalbeamter kam herein und sagte, dass alle Indizien, die sie inzwischen untersucht hätten, darauf hinweisen, dass der Salafist sich nicht selbst umgebracht hätte, dass die Bombe heimtückisch unter dem Obst versteckt worden wäre und dass die Hunde eine Spur gefunden hätten, die in die U-Bahn hinunterführte. „Der da ist es wohl eher nicht.“

Doch Müller beharrte darauf: „Das ist kein Zufall, dass er in der Nähe war.“ Er forderte ein Auto an, um mich wegzubringen: „Ich muss ihn ungestört verhören können.“

„Das können Sie jetzt vergessen,“ erwiderte der Kriminalkommissar.

Schließlich legte Müller mir Handschellen an und band seinen Arm mit dem meinigen zusammen. Draußen auf der Straße winkte er nach einem Taxi und hatte nach längerem Warten Glück. Der Fahrer öffnete die hintere Tür, starrte zwar auf die Handschellen, sagte dazu aber nichts. Er hatte das Radio laut angestellt, liebte offenbar türkische Popmusik, zu deren Rhythmen er beschwingt seinen Körper hin- und herbewegte, so dass der alte Mercedes weich mitfederte: „Alles verrückt,“ sagte er immer wieder. Müller nickte und schwieg. Wir fuhren gerade an der Theresienwiese vorbei, vor uns die riesige Statue der Bavaria, links die große Freifläche, wo einzelne Jogger und Hundebesitzer ihre Runden drehten, dahinter die Paulskirche mit ihrer runden Kuppel, ganz in der Ferne die Frauentürme, unwirklich klar vom Aprilsonnenlicht angestrahlt. Im Radio lief nun türkischer Rap. Der Fahrer sagte, um unser dumpfes Schweigen zu unterbrechen: „Ich kam vor zwanzig Jahren aus einem palästinensischen Flüchtlingslager nach Deutschland. Ist ein gutes Land. Wirklich. Aber auch ein merkwürdiges Land. Sie suchen Ärzte. Ich bin Arzt. Aber ich darf nicht als Arzt arbeiten, obwohl auf dem Land viele Menschen unversorgt sind! Ich bin schon froh, wenn ich hier in München Taxi fahren darf. Man muss sich einfach anpassen, darf nicht glauben, man wäre als Arzt etwas Besseres und sollte deshalb nicht den ganzen Tag nur Gas geben, bremsen, Türen öffnen, Koffer schleppen und auf Trinkgeld hoffen. Am besten ist es, wenn Sie so wie ich an nichts glauben, weder an Mohammed noch an Christus, weder an Mercedes noch an Adidas und schon gar nicht an einen jordanischen Hochschulabschluss."

Müller ließ mich in dem Verhörraum fast zwei Stunden lang warten. Ich ging im Kopf Mozarts A-Dur Sonate durch. Doch ich konnte mich nicht konzentrieren. Zu vieles irritierte mich. Wie konnte es sein, dass gerade in dem Augenblick eine Bombe explodierte, als ich am Gemüsestand eines salafistischen Obsthändlers vorbei ging? War das einfach Zufall? Aber auch Zufälle haben ihre Bedeutung. Gesetzt, das Leben ist ein Spiel – und was ist es anderes, auch wenn es oft ein gefährliches, manchmal tödliches Spiel ist – dann ergeben sich aus einem solchen Ereignis neue Möglichkeiten, schöne und weniger schöne. Zu den eher schlechten Möglichkeiten gehörte, dass der Verdacht an mir haften blieb, ich keine Aufenthaltsgenehmigung erhielt und vielleicht morgen in einem Flugzeug nach Damaskus saß.

Aber mich irritierte auch, dass hier alles mit einer so großen Höflichkeit geschah. Müller bot mir ein Glas Wasser, einen Kaffee und sogar etwas zum Essen an. Als ihn sein Chef anrief, dass er sofort zu ihm kommen solle, entschuldigte er sich sogar bei mir, dass ich nun warten müsse. Er wirkte auf mich beinahe sympathisch. Ich hatte keine Angst vor ihm. Auch verfestigte sich immer mehr, je länger ich mit ihm zusammen war, der Eindruck, ihn schon einmal gesehen zu haben.

Das Verhör damals in Damaskus war ganz anders. Meine Beteiligung am Studentenaufstand hatte ein Nachspiel. Noch am Abend nach dem Konzert holte mich ein Auto der Geheimpolizei ab. Sie setzten mich in einen kleinen Raum, in den gerade ein Stuhl passte und strahlten mich die ganze Nacht lang mit gleißend hellen Schweinwerfern an. Auch wenn ich noch so sehr die Augenlider aufeinanderpresste, es war trotzdem hell. Dieses Licht verhinderte jeden Schlaf, obwohl ich todmüde war. Zudem erhitzten die Scheinwerfer den kleinen Raum und verbrannten den Sauerstoff. Bald wusste ich nicht mehr, ob das gleißende Licht oder die stickige Luft mein Tod sein würde.

Als ich morgens aus dem Raum hinausgeführt wurde, erschien mir das Tageslicht trüb und fahl. Ich konnte den Geheimdienstmitarbeiter, der mir gegenübersaß, nur als graue Silhouette erkennen. Er sprach eindringlich auf mich ein, sagte, dass mir mein Fehler verziehen würde, wenn ich von nun an mitarbeiten würde. Aus einer Mappe entnahm er einige Fotos, die abwechselnd verschiedenste Folterformen und die Porträts von Studenten zeigten. Wenn ich nicht sagte, dass ich sie kannte und wo sie zu finden wären, dann könnte es passieren, dass sie auch mir mit einem glühenden Eisen den Po verbrennen würden oder dass sie mich auf einer Pritsche mit Fesseln arretierten, meinen Kopf mit einem Tuch umwickeln und Wasser darauf gießen würden, so dass ich keine Luft mehr bekäme. Ich kannte die Personen nicht, sagte, ich sei nur Musiker, wir hätten nur die Flugblätter verteilt und im großen Saal der Hochschule Musik gemacht.

So viel Angst, wie an diesem Morgen, hatte ich noch nie gehabt. Doch ich hatte Glück, der Mann ließ mich gehen. Aber er drohte: „Ich komme wieder. Darauf kannst du dich verlassen.“ Wie er aussah, hatte ich nicht erkennen können. Meine geblendeten Augen brauchten noch Tage, bis sie wieder mehr als Schemen und Schatten wahrnehmen konnten.

Mir war kalt und meine Finger zitterten leicht. Ich konnte den Verhörraum in Damaskus nicht vergessen, konnte nicht glauben, dass ich hier nicht gefoltert würde, dachte, dass ich sterben könnte und ging mein ganzes Leben durch.

Mein Gehirn verbohrte sich in die Frage, wann unser Unglück begonnen hatte. War es damals, als ich mich entschied, Klavier zu spielen, oder als ich mit meinen Kommilitonen gegen die Regierung protestierrte?

Nein, unser Unglück hatte mit Amal zu tun. Je mehr ich darüber nachdachte, umso sicherer wurde ich; denn sie war die einzige, die sich überhaupt nicht verbiegen ließ, mit allen Konsequenzen für sie und unsere Familie.

Etwa sechs Wochen vor der Hochzeit bat Amal die Eltern, an den verbleibenden Samstagen mit ihren Freundinnen ausgehen zu dürfen. Mama protestierte, dass sich dies für eine Verlobte nicht schickte. Papa dagegen meinte: „Warum nicht? Genieße den Abend und komme spätestens um zehn Uhr nach Hause. Mahdi wird mit uns vorliebnehmen müssen. Er wird schon verstehen, dass du vor deiner Hochzeit noch einmal unbeschwert mit jungen Leuten zusammen sein willst.“ Papa schlug vor, dass ich mitgehen solle. Amal küsste Papa dankbar auf die Stirn.

Ich war hin- und hergerissen. Zum einen war es mir überaus peinlich, als Anstandswauwau dabei sein zu müssen, und sicherlich würden mich Amals Freundinnen als lästiges Anhängsel auslachen. Andererseits kam ich mir, obwohl erst elf Jahre alt, nun richtig erwachsen vor. Dagegen war Amal, so sah ich das wenigstens, ziemlich kindisch geworden, seitdem sie verliebt war.

Im Bus zog sie Blätter von einer Hibiskusblüte, die sie von der Topfpflanze unseres Nachbarn abgerissen hatte, und zählte ab, wen sie am meisten liebte: Einmal war Papa, dann wieder Nathan an erster Stelle, ich kam einmal an letzter Stelle, dann wieder wenigstens vor Mahdi, und irgendwann sagte sie in einem Anflug von Großzügigkeit: „Ich könnte mir sogar vorstellen, Mahdis Frau zu werden, wenn ich nicht immer mit ihm zusammensitzen und langweilige Gespräche führen müsste.“

Ihre Schulfreundinnen empfingen sie mit einigem Spott: „Das Vögelchen durfte seinen Käfig verlassen.“ Mich übersahen sie, als ob ich unsichtbar wäre. Wir trafen sie am Anfang des Suqs bei Kalils Saftbar. Kalil wäre ein attraktiver junger Mann, fanden die Mädchen, eine Behauptung, die ich nicht verstand; denn ich dachte, wenn jemand in einer Saftbar arbeitete, kann er nicht sehr intelligent sein. Ich gebe es ja zu, ich war damals ziemlich abgehoben. „Man kann ihn kaum sehen zwischen den Orangen, Bananen, Melonen, Paradiesfrüchten, Äpfeln. Man könnte ihn fast mit einem Pfirsich verwechseln und lieber würde ich in ihn hineinbeißen als in sein Obst," sagte eine von Amals Freundinnen so laut, dass Kalil es hören musste.

„Zahra, komm, ich schäle dir eine Banane," rief er zurück.

Doch da rannten die Mädchen weg. Mir war das alles peinlich. Aber ich musste mitlaufen, ob ich wollte oder nicht. Die Mädchen waren aufgedreht und übermütig. Erhitzt und etwas müde erreichten wir den Eisstand. Jede kaufte sich eine Kugel. Amal gab auch mir eine. Das versöhnte mich etwas mit meinem Schicksal als Aufpasser. Wir setzten uns auf eine Treppe. „Darf man als Verlobte überhaupt so unschicklich dasitzen?", versuchten Amals Freundinnen sie zu ärgern. „Aber sie tanzt ja auch auf Hochzeiten," meinte Fatima, die aus einer reichen Familie stammte und uns wohl bei einem Auftritt gesehen hatte.

„Was willst du damit sagen?" fragte ich sie.

„Dass deine Schwester eine Nutte ist," antwortete sie und fügt hinzu: „Aber du weißt wahrscheinlich gar nicht, was eine Nutte ist." Alle lachten und ich wurde rot.

„Selbstverständlich weiß ich das. Aber Amal ist keine Nutte." Ich versuchte ihr eine Ohrfeige zu geben. Doch sie war größer als ich und wich aus.

„Lass das," besänftigte mich Amal. „Sie meint es nicht so."

Verletzt schaute ich zu Boden. Ich hätte Amal am liebsten am Arm gepackt und nach Hause gezogen.

„Kennt ihr *The True Prophets*?" Amal hielt ihnen ihr Smartphone vor die Nase und ließ einen YouTube-Film abspielen.

Alle staunten, selbst Fatima war beeindruckt. Sahar sagte: „Ich kenne die Band. Meine Schwester fährt mit ihren Freunden nächste Woche nach Antalya, um ihr Konzert zu hören."

„Das ist der nächste Weg," entgegnete Fatima.

„Geht nicht anders, bei uns dürfen sie nicht auftreten, weil sie Juden sind."

Die Mädchen wollten in einen Club. Fast hätte mich der Türsteher nicht hineingelassen. Ich sähe für einen Vierzehnjährigen zu jung aus, sagte er und wollte meinen Ausweis sehen. Dieser Abend kam mir wie ein Spießrutenlaufen vor. Ich wollte unbedingt nach Hause, Klavier spielen und all dieses Erwachsenengetue von Amal und ihren Freundinnen vergessen. Doch Zahra, die für ihr Alter ziemlich klein, nämlich etwa gleich groß wie ich war, umarmte mich und gab mir einen Kuss auf den Mund. „Er ist mein Freund und sechzehn. Meint ihr, ich würde mit einem Kind ausgehen?“ Damit hatte sie den Abend gerettet. Wir durften hinein und ich war mächtig stolz, dass ich von Zahra geküsst worden war. Im Club tranken wir Limonade, tanzten und die Mädchen flirteten mit den Jungen. Ich saß ziemlich verlassen da und beobachtete Amal, wie sie Sahar bedrängte: „Bitte frage deine Schwester, ob ich mitfahren darf. Ich muss Nathan Baruch singen hören. Sonst sterbe ich. Ich gebe dir alles, was ich habe. Bitte, bitte!“

„Du bist ja sowas von verliebt!“

Die anderen schnappten das auf und stichelten: „Unsere Verlobte ist in einen anderen verliebt,“ und Fatima giftete: „Sie ist eben eine Nutte.“

Nun reichte es mir. Ich bedrängte Amal, heimzufahren. Widerwillig gab sie nach. Im Bus schimpfte ich, dass sie nach Antalya wollte: „Das ist Wahnsinn. Du bist verlobt. Du setzt den Ruf unserer Familie aufs Spiel.“ Ich ging sogar so weit, Fatima Recht zu geben, wenn sie Amal eine Nutte nannte, drohte, dass ich nicht mehr ihr Bruder wäre, wenn sie fahren würde, und dass wir sie aus der Familie ausstoßen müssten. Ich nahm damals alles sehr ernst, nicht nur die Regeln der Musik, sondern auch die des Imams.

Immerhin kamen wir überpünktlich, eine halbe Stunde vor zehn zu Hause an. Vor der Eingangstür stand Mahdis Wagen, ein alter Mercedes. Ich war überrascht, dass Mahdi nicht oben in der Wohnung unserer Eltern war, sondern gerade als Amal die Haustüre aufschließen wollte, aus dem Auto ausstieg. Er hielt sie sanft, aber fest an der Schulter und fragte, ob sie sich gut amüsiert habe. Sie erzählte, dass sie mit ihren Freundinnen im Suq gewesen sei, Eis gegessen und in einem Club für Jugendliche getanzt habe.

„Mehmet war dabei. Er kann bezeugen, dass nichts Unanständiges passiert ist.“ Ich nickte pflichtbewusst.

„Mein Vögelchen, willst du mir untreu werden?“ fragte Mahdi gereizt. Er drückte Amal an die Wand, atmete erregt, hielt mit seinen großen Händen ihren Kopf fest, presste seine Lippen auf die ihrigen, zwang sie, ihren Mund zu öffnen und küsste sie. Ich fand das eklig. Bis zu mir drang sein Mundgeruch aus altem Tabak und Knoblauch. Amal rang nach Luft. Schließlich schrie sie.

Doch er hielt ihren Mund zu und drohte: „Sei still oder...“

Sie musste sich erbrechen. Erst jetzt ließ er sie los, sagte, dass nur er sie küssen dürfe und dass sie sich nie wieder ohne ihn amüsieren dürfe, und dann versprach er großzügig, wie er es nannte, dass er nächsten Samstag kein Wort bei unseren Eltern über ihre Treulosigkeit verlieren würde, wenn sie wieder brav wäre. Zu mir sagte er: „Du schweigst wie ein Grab, bist doch ein Ehrenmann. Wir wollen nicht den Ruf deiner Schwester schädigen.“

Amal wischte sich die Kotze notdürftig ab, putzte mit dem Taschentuch ihr Gesicht und betrat lachend die Wohnung, obwohl sie todtraurig war. Papa freute sich, dass sie einen schönen Abend mit ihren Freundinnen verbracht hatte. Doch Mama sagte, dass ihr zukünftiger Schwiegersohn sehr bedrückt gewesen sei, und Amal das nie wieder tun dürfe.

Am nächsten Freitag kam meine Schwester nicht von der Schule nach Hause. Papa fragte mich, wann ich sie zuletzt gesehen hätte und ob ich etwas wüsste. „Ich bin mit ihr wie immer im Bus zur Schule gefahren,“ sagte ich wahrheitsgemäß. Mehr verriet ich nicht, obwohl ich ahnte, was sie wirklich getan hatte. Nach dem Vorfall mit Mahdi konnte ich das nun sogar verstehen, obwohl ich eine unheimliche Angst spürte. Mama hörte sich bei den Freundinnen um. Fatima sagte flapsig: „Vielleicht ist sie in Antalya beim Konzert der *True Prophets*“. Darauf macht Mama Papa Vorwürfe, dass er diesem Juden einen Oud verkauft hatte. Meine Eltern hielten es nun für das Klügste, niemanden mehr zu fragen. Sie wollten nicht, dass zu viel Aufsehen erregt würde.

Als Mahdi am Samstag zum Abendessen kam, sagten sie, Amal wäre krank, hätte Fieber und Halsschmerzen und könnte niemanden sprechen. Er aß mit uns allein. Mir schenkte er ein neues iPhone. Für einige Augenblicke freute ich mich wirklich, dachte, dass er doch ein guter Mensch wäre, und verfluchte Amal, dass sie so treulos war, einfach abzuhauen. Während des Essens bezweifelte Mahdi aber die Geschichte ihrer Erkrankung und sagte: „Ihr wollt nur verheimlichen, dass das Vögelchen wieder in der Stadt herumschwirrt und in Clubs mit fremden Männern tanzt.“ Zornig schlug er auf den Tisch: „Aber mit Al Sur könnt ihr das nicht machen.“ Wir blickten ziemlich betreten auf unsere Teller, und obwohl Mama so vorzüglich wie immer gekocht hatte, schmeckte es uns nicht.

Am Sonntag weckte mich mein Telefon schon in aller Frühe mit einer SMS von Sahar. „Amal kann nicht mehr zurückkommen.“ Sie fügte einen Link zu einem YouTube-Video bei, das zwar ziemlich unscharf war, auf dem man aber erkennen konnte, wie Amal beim Konzert der *True Prophets* auf der Bühne tanzte. Ich zeigte es Mama und Papa. Wir waren sprachlos, umso mehr als Mahdi ins Haus fegte, uns das Video immer wieder auf seinem Smartphone vorspielte und Amal als Judenhure beschimpfte.

Am Nachmittag mussten meinen Eltern in die Moschee. Der Scheich, der Amal und Madhi trauen sollte, hatte sie herbestellt. Doch schon zuvor ahnten wir, was ihnen blühte; es hatte sich bereits in unserem Viertel herumgesprochen: Der Scheich hatte eine Fatwa gegen Amal verkündet. Jeder war aufgefordert, sie zu töten. Vater und Mutter blieb nichts anderes übrig, als zu geloben, dass auch die Mitglieder unserer Familie sie töten werden, wann immer wir ihrer habhaft würden. Als sie zurückkamen, befahlen sie mir: „Vergiss Amal. Wir haben keine Tochter mehr und du hast keine Schwester mehr. Amal ist gestorben."

Damals änderte sich unser Leben: Mahdi Al Sur zog sich aus Vaters Instrumentenhandel zurück. Papa verkaufte weniger Ouds und musste seine Mitarbeiter entlassen. Wir wurden nur noch selten zu einer Hochzeit oder einem anderen Fest eingeladen. Es war, als ob wir die Pest hätten.

Endlich betrat Müller den Raum.

In diesem Moment wusste ich, wo ich ihn schon einmal gesehen hatte. Ich stellte mir vor, wie er mit einer Perücke und einem Bart aussehen würde, und das ergab das Gesicht des merkwürdigen Mannes am Nachbartisch bei der Besprechung am Viktualienmarkt vor einigen Wochen. Er war also wirklich ein Geheimdienstler gewesen und hatte die Festivalleute beschattet. Geschah das meinetwegen? Ich musste lächeln. Nie hätte ich gedacht, dass ein syrischer Pianist so gefährlich erscheinen würde, dass man ihn beschatten musste.

Müller setzte sich in seinen Bürostuhl, schlug die Beine übereinander und fragte, ob ich mich lieber auf Deutsch oder Arabisch unterhalten möchte. Er könne beides und würde sich ganz nach mir richten. Ich erwiderte, dass ich meinerseits auch in beiden Sprachen zu Hause wäre. Er wirkte etwas überrascht und meinte, dass möglicherweise mein Deutsch besser als sein Arabisch sei, er habe Letzteres zumindest schon lange nicht mehr gesprochen. Also begann er seine Befragung auf Deutsch.

„Eigentlich sollte ich Sie gehen lassen. Alles stimmt: Sie wohnen wirklich in dem Flüchtlingsheim und sind wirklich Assistent beim Brückenfestival. Ich habe gerade telefoniert." Müller war noch freundlicher als zuvor.

„Wir kennen uns," sagte ich.

Er wirkte für einen Augenblick unsicher. „Nein, das kann nicht sein."

„Sie sind der Herr vom Nachbartisch mit Perücke und Bart, damals am Viktualienmarkt."

„Sie haben eine gute Fantasie. Aber lassen wir das." Er öffnete einen Aktenordner und zog zwei Blätter heraus, E-Mails in arabischer Schrift.

Es waren E-Mails von Ahmet, konnte ich erkennen.

„Ich würde gerne mit Ihnen über Ahmet Ghubar sprechen. Was wissen Sie von ihm?"

„Sie haben unsere E-Mails abgefangen?" Ich lachte schallend auf. „Überall Geheimdienst! Du fliehst aus deinem Land, weil du nicht frei bist, kommst in das gelobte Land der Freiheit und schon wieder ist da der Geheimdienst. Ich darf darüber nicht weiter nachdenken."

„Wir sind ein demokratischer Geheimdienst. Wir kontrollieren nur, ob etwas Verbotenes gemacht wird, ob unser Staat in Gefahr ist, ob ihr zum Beispiel Terroristen seid."

„Aber ihr lest E-Mails, die euch nichts angehen."

„Vielleicht gehen sie uns doch etwas an. Wenn alles in Ordnung ist, dann werden wir sie löschen. Also: Wer ist Ahmet Ghubar?"

„Mein Freund. Er hat mich in Damaskus vor Islamisten gerettet und ist mit mir zusammen über das Meer geflohen. Aber das wissen Sie bestimmt schon alles."

Müller entnahm dem Aktenordner ein zweites Blatt. „Diese E-Mail kennen Sie noch nicht," sagte er trocken.

Mehmet, es geht mir schon etwas besser. Ich war auch in dem Lager, in dem das verschlossene Klavier steht, von dem du berichtet hast. Jetzt hat mich eine deutsche Familie aufgenommen. Die Leute sind gastfreundlich, fast wie meine eigenen Eltern. Vielleicht hat mein Vater, damals als er in Berlin studierte, auch bei einer solchen Familie gewohnt und deshalb immer von Deutschland als dem besten Land der Welt gesprochen. Ich fühle mich trotzdem fremd. Die Menschen haben so wenig Zeit füreinander. Morgens haben wir immer Stress. Ich werde kaum wach, bekomme beim Frühstück keinen Bissen hinunter, werde ermahnt, richtig zu essen. Abends sind meine Gasteltern zumeist nicht da, haben Termine, die wichtiger als alles andere sind. Nur am Wochenende unterhalten sie sich länger, auch mit mir. Manchmal kommen ihr Sohn und ihre Tochter, die in weit entfernten Städten studieren, nach Hause. Das ist immer ein großes Fest. Ich muss dann aus meinem Zimmer, das eigentlich ihrem Sohn gehört, und auf der Couch im Wohnzimmer schlafen. Nur alle zwei Wochen besuchen sie ihre eigenen Eltern in einem Altersheim. Dann sind sie meistens traurig und machen sich Vorwürfe, dass sie sich zu wenig um sie sorgen.

Warum sind sie einerseits so freundlich zu mir und warum kümmert sich andererseits ihr Land so wenig um das Elend in Afghanistan? Ich weiß nicht, was ich davon halten soll. Warum haben die deutschen Truppen so viele Menschen, die mit ihnen zusammengearbeitet haben, nach dem Abzug schutzlos zurückgelassen, darunter auch meinen Vater? Wie viele Briefe hat er geschrieben! Wie oft hat er auf die große Gefahr hingewiesen, in der er und seine Familie schweben! Aber auf der Botschaft sagten sie, Afghanistan wäre ein sicheres Land. Sie könnten nichts machen. Der Kommandeur, für den mein Vater übersetzt hatte, beantwortete keinen einzigen Brief meines Vaters. Ist das nicht Verrat? Ich erzählte dies meinen Gasteltern. Sie waren empört, haben ebenso Briefe geschrieben, aber auch keine Antwort erhalten.

Mehmet, du bist glücklich. Du besitzt die Musik und die klingt in deinem Inneren, auch wenn du kein Klavier hast. Doch ich trage eine Wunde in mir, und sie bricht immer wieder auf, sogar wenn es mir gut geht.

Seit gestern darf ich als Schneider arbeiten. Aber ich bin nur ein Lehrling, muss alles wieder von vorne lernen. Es ist erniedrigend. Sie behandeln mich, als ob wir in Kabul nur Amateure wären. Dabei war ich damals bekannt für die hohe Qualität meiner Maßanzüge.

Gestern habe ich mit meinen Eltern über Skype telefoniert.

Mutter war sehr lieb: „Ich habe mit dem ersten Geld, das du uns geschickt hast, so viel eingekauft wie schon lange nicht mehr! Wir hatten endlich wieder ein Qabili Palau mit Hühnerfleisch," sagte sie und richtete ihr Handy auf den Kochtopf. Es war, als könnte ich den Duft von Kümmel, Kardamom, Rosinen und Nüssen riechen! Ich hätte am liebsten in das saftige Fleisch hineingebissen und den Reis löffelweise verschlungen. Dann filmte Mutter Papa, wie er sein Essen genoss und lachte. Dieses Lachen hilft mir über alles hinweg.

Dein Bruder Ahmet

Noch während ich las, betrat ein weiterer Mann den Raum. Er war groß und schlank, wirkte sportlich und schneidig, ganz der Typ Offizier, wie es ihn offenbar überall gab. Er tat, als ob ich Luft wäre, und sagte zu Müller: „Du brauchst nur noch ein paar kleine Details, um zu beweisen, dass sie mit dem Selbstmordattentäter in Verbindung standen. Dann kann kein Gericht mehr etwas gegen seine Abschiebung einwenden."

Als Müller ihn zweifelnd anblickte, behauptete er: „Die sind es. Punkt!" Müller wandte ein, dass sie bislang noch viel zu wenig wüssten.

„Sollen wir bis zum nächsten Anschlag warten?"

„Dieser Mehmet ist ein an Tourette erkrankter Pianist."

„Hast du ihn schon Klavierspielen gehört?"

„Das werde ich bald."

„Du sollst keine Doktorarbeit machen, sondern Gefährder von der Bildfläche verschwinden lassen."

„Ich weiß nicht, ob sie Gefährder sind, Mehmet eher nicht, Ahmet möglicherweise," entgegnete Müller. „Wir müssen sie besser kennenlernen. Was bedeutet es zum Beispiel, dass Ahmet schrieb: In Kabul war ich ein Opfer, hier bin ich ein Täter, nur weil ich Grenzen überschritten habe. Wir sind illegal. Wir sind Kriminelle. Erinnert das nicht an Hannah Arendts Vogelfreie: die jüdischen Flüchtlinge, die aus Deutschland vertrieben und in ganz Europa rechtlos waren?"

„Daniel, komme mir jetzt nicht mit dem Holocaust und Hannah Arendt! Du als Historiker müsstest besser als ich wissen, dass man das nicht mit unserer Zeit vergleichen kann.“

„Ich versuche nur, diese Menschen besser zu verstehen, indem ich mich in sie hineinversetze.“

„Du sollst sie nicht verstehen, sondern bekämpfen,“ rief der Offizierstyp. Dann knallte er die Türe zu.

Als wir wieder allein waren, wirkte Müller unsicher. Ihm war offensichtlich peinlich, dass ich alles mitgehört hatte. „Das war Oberth, mein Chef. Er glaubt wohl, dass Sie nicht deutsch sprechen. Deshalb hat er so offen geredet. Jedenfalls wissen Sie jetzt, was wir vermuten.“

Ich schüttelte den Kopf und begann, mit meiner Stirn auf den Tisch zu schlagen. Dazu musste ich ständig das Wort „maltuh“ widerholen, das „Idiot“ bedeutet. Müller stellte sich hinter mich, um meinen Kopf festzuhalten, gab mir ein Tempo-Taschentuch, damit ich den Speichel an meinem Mund wegputzen konnte und verband eine Schürfwunde an der Stirn mit einem Pflaster.

„Meinen Sie das ernst mit dem Vergleich zwischen jüdischen Holocaust-Opfern und syrischen Flüchtlingen?“

Müller antwortete: „Historische Vergleiche sind immer irgendwie falsch, die Verbrechen an den Juden im Dritten Reich sind so unfassbar, dass sie mit nichts anderem gleichgesetzt werden dürfen, auch nicht mit dem Leid, das den Arabern in den letzten hundert Jahren zugefügt wurde, insbesondere jetzt, da die Welt zuschaut, wie Menschen, die um ihre Freiheit kämpfen, niedergeschossen werden. Doch mir geht es um etwas anderes. Früher war Selbstmord etwas Persönliches, etwa Verzweiflung wegen einer unglücklichen Liebe wie bei Goethes Werther. Doch im 20. Jahrhundert hat der Selbstmord eine gesellschaftliche Bedeutung erhalten. So war für Hannah Arendt der Selbstmord der letzte Ausweg, um noch frei sein zu können; dagegen erscheint er den Islamisten als letzte Möglichkeit des Kampfes, Selbstmord also als Waffe, eine Waffe übrigens, die auch schon die japanischen Kamikazeflieger eingesetzt hatten. Wie verzweifelt oder indoktriniert muss ein Mensch sein, dass er bereit ist, den eigenen Tod gegen andere einzusetzen?"

Müller dozierte, als ob er ein Gelehrter wäre. Meine Tics hatten darüber aufgehört. Mir kam die Situation nun sogar komisch vor und ich musste lachen. Müller blickte mich irritiert an. „Sind Sie Geheimdienstagent oder Professor?" fragte ich ihn.

„Ich habe Arabistik studiert. Sie haben recht, ich wollte einmal als Historiker arbeiten. Aber ich erhielt keine Stelle, fuhr mehrere Jahre lang Taxi. Doch hauptsächlich lebten wir vom Gehalt meiner Frau, die im Ballettcorps an der Oper tanzt. Als unser Sohn auf die Welt kam, kümmerte ich mich meistens um ihn. Doch dann wurde ich vom Verfassungsschutz angeworben, da ich Arabisch spreche. Jetzt habe ich kaum noch Zeit für Lasse." Müller erzählte so viel über sich, dass ich mehr über ihn als er über mich wusste.

„Komisch," sagte ich, „Sie reden ständig über sich und sollten doch eigentlich mich verhören." Er lächelte. „Vielleicht weiß ich schon genug über Sie."

„Oder Sie haben endlich eingesehen, dass ich der Falsche bin und Sie sich geirrt haben."

„Jedenfalls bleiben wir in Kontakt." Er gab mir seine Visitenkarte. „Ich komme Sie das eine oder andere Mal besuchen. Sie werden mich so schnell nicht mehr los." Er sagte das in einem freundschaftlich-vertraulichen Ton. Doch ich war mir nicht sicher, ob es nicht auch eine Drohung war. Er würde mich observieren. Da war ich mir sicher. Er würde alles über Ahmet wissen wollen und herausfinden, wie wir geflohen waren. Für uns war es eine Verzweiflungstat, einen Schlepper teuer zu bezahlen und sich in ein überladenes Schlauchboot zu setzen. Hier dagegen galt es als Verbrechen, las ich in den Zeitungen. Man müsse den Schleppern das Handwerk leben, schrieben sie. Wer Geld hatte, um sie zu bezahlen, konnte keine so große Not haben, unterstellten sie. Aber wer sonst würde den Flüchtlingen helfen, über das Mittelmeer zu kommen?

Auf unserer Überfahrt herrschte ein rauer Wind. Die Wellen schlugen hoch. Aber das Schlauchboot fuhr trotzdem, und die Gebühr hatten wir schon eine Woche zuvor bezahlt. „Wenn ihr nicht einsteigt, verliert ihr euer Geld. Bezahlt ist bezahlt,“ hatte der Türke gesagt. Er machte viel Geld mit uns. Ahmet war mutiger als ich. Er stieg zuerst ein. In dem Boot waren etwa dreißig Personen. Tief sank es ins Wasser ein. Ahmet klammerte sich an mir fest, während ich am Rand saß und eines der Taue hielt. Doch der Seegang wurde immer stärker. Vor einer besonders hohen Welle drehte der Mann am Außenbordmotor, ein Flüchtling wie wir, das Boot scharf zur Seite. Ein Junge, der wie ich auf dem Rand saß, wurde ins Wasser geschleudert. Wir sahen ihn zappeln und schließlich war er weg. Ein Kind schrie und lief quer durch das Boot. Seine Mutter hatte es nicht mehr halten können. Ich konnte seinen Arm gerade noch erwischen und drückte es an mich. Um meine Angst zu vergessen, begann ich, gegen das Tosen des Sturmes anzusingen. Wir hatten Glück und saßen im hinteren Teil des Schlauchbootes. Manchmal richtete sich der Bug hoch auf, so dass das Boot in der Mitte einknickte und sich dort das Wasser sammelte. Eine Frau vorne schlug panisch mit Füßen und Händen um sich und achtete dabei nicht auf ihre kleine Tochter. Für einen kurzen Augenblick vergaß die Frau, sie festzuhalten, so dass sie über die Seitenwulst hinaus in den Tod rutschte. Als immer mehr Insassen sich ängstlich hin- und herdrehten, mit den Händen und Beinen einen Halt suchten und das Boot deshalb schlingerte und unterzugehen drohte, schrie Ahmet laut: „Ruhe!“ Plötzlich hielten sie still, saßen zitternd, heulend und durchnässt in der Gummiwanne, die sich immer mehr mit Wasser füllte. Wenigstens ließ in diesem Moment der Sturm nach. Mittlerweile reichte uns das Wasser bis zum Bauchnabel. Keiner konnte schwimmen. Da formte Ahmet beide Hände zu einer

Art Löffel, schaufelte in größter Geschwindigkeit das Wasser über Bord und forderte die anderen auf, das gleiche zu tun. Ich nahm aus meinem Rucksack einen Blechteller und schlug mit dem Knauf meines Messers den Rhythmus der Dabke, wurde immer schneller und lauter. Angefeuert von Ahmet folgten die Menschen im Boot meinem Rhythmus, dachten nicht mehr ans Ertrinken, vergaßen ihre Angst und beförderten das Wasser schneller hinaus als es hineinlief. Schließlich sahen wir unter dem Rand der dunklen Wolken die Sonne aufgehen, sahen die Küste, den hellen Streifen des Sandstrandes und unser Boot erreichte das Land gerade noch, bevor es gesunken wäre.

War es falsch, dass wir unser Leben für die Flucht aufs Spiel gesetzt hatten? War das ein Irrtum?

Ich las immer wieder Ahmets zweite E-Mail, die inzwischen auf meinem Smartphone erschien. Doch ich war mir sicher, dass es kein Irrtum war, weder für mich noch für Ahmet. Auch ihm war die Flucht nach Deutschland gelungen. Auch er hatte Hoffnung, durfte in seinem Beruf arbeiten, verdiente sogar Geld und konnte so seinen Eltern helfen. Ich würde bald einen Klavierabend geben, vielleicht Karriere machen.

Es gab also auf der Welt bessere Orte als die Hölle, aus der wir geflohen waren.

6

„Rufe nie wieder an!“

Seid Schöttlburgs Sommerfest war ich wie besessen von der Frage, ob Salome Amal war. Ich sehnte mich danach, dass sie es wäre, und gleichzeitig hatte ich davor Angst. Das Bild, wie sie auf dem Boden liegend ihren Niqab und ihre Bluse auszog, sich langsam erhob, ihren Bauch und ihre Brüste im Rhythmus der Klezmerband verführerisch schwingen ließ, nur von dem blauen, mit goldenen Stickereien verzierten BH und einem knappen Höschen bekleidet, - dieses Bild erregte mich, als ob Amal nicht meine Schwester, sondern ein Sexidol wäre, das ich begehrte.

Das Bild machte mir auch Angst. Wenn der Anblick deiner Schwester dich erregt, sagte eine Stimme in mir, dann stimmt etwas nicht, dann hat sie sich verändert und ist nicht mehr deine Schwester. Sie ist eine Nutte, bedroht den Ruf deiner Familie, ist nicht mehr die Tochter deiner Mutter und deines Vaters, kann sich nicht mehr zu Hause sehen lassen. Sie wird gesteinigt, wenn nicht du, ihr Bruder, sie zuvor umbringst.

Aber dann redete ich mir ein, dass sie eigentlich noch genauso tanzte wie damals, als wir bei Hochzeiten auftraten. Freilich war sie jetzt eine Frau, während sie damals ihren BH mit Watte ausgestopft hatte. Und schon damals schrien die Männer vor Begeisterung und Mahdi Al Sur, der lüsterne alte Mann, wollte sie heiraten, obwohl sie noch ein Kind war. War sie nicht dieselbe geblieben?

Wenn Salome Amal war, dann änderte das alles. Dann gab es Amal wirklich und sie war nicht mehr nur ein Traum. Doch dann musste ich unbedingt wissen, wer sie wirklich war. Ich musste mit Salome Bonnet sprechen. Aber es war unmöglich, ihre Adresse zu erhalten. Gruber zu fragen, wagte ich nicht. Er misstraute mir wie allen Fremden. Schöttlburg, der mich zwar immer vor anderen Leuten wegen meines Fingers bemitleidete, ließ sich auf kein persönliches Gespräch ein. Er war ein professioneller Politiker: Wenn es um seine Popularität ging, also wenn Publikum da war, gab er sich menschlich, ansonsten verhielt er sich kalt. Ihn konnte ich keinesfalls nach Salome fragen. Doch auch Gutekunst, der mein väterlicher Freund war, da war ich mir ganz sicher, hatte immer eine neue Ausrede, wenn ich ihn um Salomes Adresse bat. Es schien aussichtslos.

Dann bekam ich doch noch meine Chance. Wieder einmal probten Gutekunst und Maria Garcia zusammen, und ich musste umblättern. Sie sang Schuberts *Fremd bin ich eingezogen, fremd zieh ich wieder aus.* Sie sang das mit so viel Gefühl, dass ich vor Heimweh hätte weinen können. Diese Verse passten nicht nur auf mein Leben, sondern auch auf ihres. Auch sie schien nicht glücklich zu sein. Ich spürte neben Gutekunst am Klavier sitzend, dass zwischen den beiden etwas zerbrochen war: *Was soll ich länger weilen, dass man mich trieb' hinaus, lass irre Hunde heulen vor ihres Herren Haus.* Maria gab jedem Ton einen anderen Klang, sie färbte die klagenden Halbtöne voller Schmerz, umspielte die Töne mit Nebentönen. Es war herzzerreißend. So gut hatte ich sie noch nie singen gehört.

Doch Gutekunst unterbrach sie streng: „So könnte man vielleicht Haremsgesänge im Sultanspalast von Granada, aber nicht Schubertlieder beim Festival in München singen." Er forderte sie auf, nochmals zu beginnen.

Aber sie erwiderte: „Ich bin genauso eine Künstlerin wie du und nicht deine Sklavin. So wie ich singe, wird das Publikum fasziniert sein. Kunst ist keine akademische Professorenveranstaltung." Sie sagte das trotzig, mit zitternder Stimme. Ich spürte, wie sehr sie sich zusammenriss, um nicht weinen zu müssen. Doch vergeblich.

Gutekunst stand vom Klavier auf, legte seine Hand auf ihre Schulter, sagte mit einer weichen, väterlichen Stimme: „Es wird schon. Vertraue mir. Halte deine spanische Sinnlichkeit etwas zurück, spare sie für mich auf, fasziniere das Publikum mit deiner himmlischen Kunst und mich mit deiner sexy Stimme voller Bebungen und Schwingungen."

Gerade als er ihren Busen streichelte und sie auf den Mund küssen wollte, stieß sie mit ihrem Knie gegen sein Geschlecht. Er schrie laut auf. Sie warf die Noten auf den Boden, ging stolz aus dem Konzertsaal hinaus, drehte sich vor der Türe kurz um und sagte: „Suche dir eine andere Musik- und Sexsklavin.“

Gutekunst stand ziemlich niedergeschlagen da und sprach mehr mit sich als mit mir: „Ich habe es doch nur gut gemeint. Sie ist zu empfindlich. Ihr fehlen Bescheidenheit und Demut. So wird man kein großer Künstler, Mehmet.“ Ich spürte, wie sich in mir eine ungeheure Spannung zusammenballte, was immer passierte, wenn ich Falsches sah und erlebte. „Du hast unsere Küsse und das andere nie gesehen. Mehmet, versprichst du mir das?“

Ich nickte zustimmend und kämpfte gegen mein Tourette an. Ich durfte nicht daran denken, dass er mich aufforderte, wegzusehen, also zu lügen. Ich musste mich ganz auf die Chance konzentrieren, an Salomes Adresse zu kommen.

„Ich habe ein Problem,“ sagte ich mit möglichst fester Stimme. „Ich muss wissen, ob Salome meine verschollene Schwester ist. Bitte verstehen Sie das. Bitte geben Sie mir ihre Telefonnummer. Ich muss sie anrufen.“

Meine innere Spannung ließ nach, was mich überraschte. Diese Krankheit ließ sich also täuschen.

Gutekunst war für einige Sekunden sprachlos, gab sich dann aber ganz als verständnisvoller, väterlicher Freund, suchte im Kontaktprogramm seines Smartphones ihren Namen und zeigte mir den Eintrag. Er kannte sie tatsächlich nur unter dem Namen Salome Bonnet. Ich notierte mir ihre Daten und war etwas verunsichert. Ich hatte gehofft, dass unser Familienname dabeistünde. Gutekunst streichelte sanft meine Schulter. „Eigentlich darf ich dir die Nummer nicht geben. Immerhin könntest du Dummheiten machen. Aber du bist vernünftig. Ich vertraue dir, Mehmet.“

Auf einmal wirkte Gutekunst alt und unsicher. Er hatte wohl nicht damit gerechnet, dass Maria ihn verlassen würde. Ich wusste nicht, wen ich mehr bedauern sollte, sie oder ihn. Doch vor allem war ich eine Illusion ärmer: Zu glauben, dass Künstler, die so wunderbare Musik wie die Mozarts oder Schuberts spielen oder singen können, auch großherzige und vernünftige Menschen wären, war wohl ein Irrtum. Stattdessen bedeutete Musik für sie Karriere, Geld, Ruhm, Macht und Unterwerfung.

Am nächsten Tag ging ich im Englischen Garten spazieren. Ich hatte es nicht mehr im Flüchtlingslager ausgehalten. Doch ich wollte auch nicht im Festivalhaus Klavier spielen. Draußen war es an diesem Maitag einfach zu schön. Die Sonne strahlte. Das Gelb der ersten Forsythienblüten leuchtete auf. Vom Monopteros aus sah ich die Kuppel der Theatinerkirche im gleißenden Licht leuchten. Für einige Augenblicke empfand ich Freude. Doch dann fühlte ich mich wieder fremd und fehl am Platz. Ich starrte auf mein Smartphone und hatte die Nummer Salomes vor Augen, die mir Gutekunst gegeben hatte. Doch ich hatte Angst, sie zu wählen.

Da erschien eine E-Mail von Ahmet auf dem Display. Er schrieb voller Glück: „Ich habe eine Stelle als Schneider! In meinem alten Beruf! Ich kann arbeiten wie einst in Kabul.“ Er wollte Geld sparen und schon bald ein eigenes Geschäft in Köln eröffnen. *Ghubars Maßanzüge* wollte er es nennen. Er war stolz, nun bald in eine eigene Wohnung ziehen zu können, die ihm seine Chefin angeboten hatte. „Sie müssen mir die Aufenthaltsgenehmigung geben,“ war er sich sicher. „Ich verdiene ja jetzt mein eigenes Geld.“

Sein Glück ermutigte mich. Ich setzte mich auf eine Bank. An den Zweigen einer Kastanie neben mir schlüpften die ersten Blätter aus den Knospen. Dieses frühe Grün war schöner als tausend noch so bunte Blumen. Die ersten Schmetterlinge flogen wie leuchtende Edelsteine durch das Gegenlicht. Auch summten schon einige Bienen. Ich wiederholte x-mal, was ich nun am Telefon sagen würde. Schließlich wählte ich Salomes Nummer. Eine Frauenstimme meldete sich, ohne ihren Namen zu nennen. Ich versuchte es mit Englisch, fragte, ob sie Salome wäre und in München bei Schöttlburgs Sommerfest getanzt hätte. „What do you want?“ Die Nummer stimmte also. Ich erklärte, dass ich der Pianist sei, der damals gespielt hatte. „This crazy fellow,“ lachte sie. Auch ich lachte, aber sicherlich hörte es sich gequält an, doch ich fasste Mut: „Are you Amal?“ Ich wechselte ins Arabische, erzählte von meiner Flucht, von den Eltern, dass ich Pianist wäre und dass ich mich nach meiner Schwester sehnen würde.

„Ich bin nicht diejenige, die du suchst,“ sagte sie leise und in einem Arabisch mit französischem Akzent. „Rufe nie wieder an.“

„Aber wir werden uns bald sehen. Du wirst beim Brückenfestival tanzen.“

„Merke dir eines: Wir kennen uns nicht.“

Sie legte auf. Ich fühlte mich vor den Kopf gestoßen, wählte sofort wieder die Nummer. Doch nun hörte ich eine andere Stimme: „Never call again.“ Als ich es nochmals versuchte, hob niemand mehr ab.

Enttäuscht drehte ich einige Runden im Englischen Garten. Der Frühling erschien mir nun aufdringlich. Die Sonne machte mir Kopfweh. Ich fühlte mich unfrei, entwurzelt und allein gelassen. Nicht einmal meine Schwester wollte sich zu mir bekennen. Nur die Musik war mir geblieben. Ich ging zum Festivalhaus, schloss mich im Konzertsaal ein und spielte bis zum Abend auf dem Flügel alles, was mir einfiel: Beethovens Trauermarsch, die Songs der Beatles, auch Skrjabin und Rachmaninov. Zweimal kam Gaby herein, brachte mir Café und etwas Kuchen. Doch ich spielte ohne Unterbrechung weiter und bemerkte kaum, dass sie mit Handzeichen ihre Begeisterung ausdrückte. Ich war ganz in meiner Musik versunken und hatte die Welt vergessen. Alles verschwand hinter einem Strom von Tönen, dem Spiel der Rhythmen und den Spannungen der Akkorde. Irgendwann rief Gaby herein, dass sie jetzt Feierabend machen würde. Ich solle das Licht ausmachen und abschließen, wenn ich ginge. Da begann ich, über syrische Lieder und Tänze zu improvisieren. Ich hatte plötzlich eine wahnsinnige Sehnsucht nach den früheren Zeiten, sah meinen Vater vor mir, empfand mein Klavierspiel als Verrat, spürte die Begrenzung dieses Instruments, das keine Vierteltöne und nur Melodien aus starr berechneten Ganz- und Halbtönen spielen kann. Jetzt hätte ich gerne einen Oud gehabt, hätte die Maqams gespielt, die in unserer Familie von Generation zu Generation weitergegeben wurden und die bald vergessen sein würden, wenn ich weiterhin nur Klavier, diese Musikmaschine, wie mein Vater es genannt hatte, spielen würde. Irgendwann war ich erschöpft und stand auf.

Vor mir sah ich Ahmet, wie er schimpfend das heruntergekommene Hotel verließ, in das uns einige besorgte und freundliche junge Frauen brachten, nachdem sie uns am Strand von Kos aufgefischt und aus dem Wasser gezogen hatten. Er wollte nicht in dem alten und verrotteten Haus bleiben, in dem der Verputz von den Wänden bröckelte, der Gestank aus dem verstopften Klo durch alle Zimmer drang und nachts, während er auf einer ungewaschenen Decke schlief, Kakerlaken an ihm vorbeihuschten. Da konnten die Flüchtlingshelferinnen aus Deutschland und England noch so freundlich und hilfsbereit sein. Ahmet blieb keine Nacht länger, zog mit mir weiter durch die kleine Küstenstadt. Wir fühlten die Blicke der Touristen auf uns gerichtet. Sie beobachteten uns wie eine Tierart, zu der man Distanz halten musste, da sie ansteckende Krankheiten verbreiten könnte. Wenn wir in ihre Augen sahen, schauten sie an uns vorbei, als ob wir gar nicht existierten, sondern nur der strahlend blaue Himmel, die weißen Segeljachten, die nächste Eisdiele oder der Souvenirshop. Und sie hielten es für ihr gutes Recht, uns zu übersehen, denn sie hatten für ihren Urlaub viel Geld bezahlt. So gingen wir durch dieses Ferienparadies wie Geister, an die niemand glauben wollte.

Ich folgte Ahmet, und er tat so, als ob er wüsste, was er suchte. Wir kamen an einer Strandbar vorbei. Rote, gelbe und blaue Glühbirnen bildeten eine Girlande um die Sonnenschirme. Blumentöpfe mit Oleander, kleine Palmen und Olivenbäumchen standen zwischen den Tischen. Hier ein Glas Wasser trinken und einen gegrillten Fisch essen wie die zahlreichen Touristen! Das wäre der Himmel! Ich sah das Keyboard, an dem niemand saß, schaltete es an, als ob ich das jeden Mittag hier täte, und begann zu improvisieren. Ich spielte Melodien aus amerikanischen Filmen, die ich in Damaskus gesehen hatte, und die, so hoffte ich, die Touristen hier auch kennen würden. Immerhin klatschten die Gäste des Restaurants begeistert, als ich eine kleine Pause einlegte. Auch den Kellnern schien es zu gefallen, zumal immer mehr Leute vor der Bar stehen blieben und viele sich hineinsetzten. Mit der Zeit beherrschte ich das Keyboard immer besser, entlockte ihm ein ganzes Orchester, Trompeten, Flöten, ja sogar die Schalmei, den Oud und die Trommel. Dann gab ich Ahmet, der es sich auf einem Hocker bequem gemacht hatte, ein Zeichen: Er solle nicht mit seinen Händen Wasser einschaufeln wie auf dem Boot, sondern Geld einsammeln. Die Gäste gaben ihm viele Geldstücke und Scheine. Ich hatte schon die Hoffnung, dass wir so vielleicht in wenigen Tagen genügend Geld einnehmen könnten, um ein Schiffsticket zum Festland zu kaufen. Doch dann stand auf einmal ein großer Mann hinter Ahmet, packte ihn unter der Schulter und trug ihn wie einen räudigen Hund aus dem Garten des Restaurants hinaus. Er schleifte ihn über die Steine und den Kies zum Meer hinunter, als ob er ein Sack mit Abfall wäre. Da hörte ich mitten im Stück auf und rannte zum Strand, wo ich die Schürfwunden an Ahmets Arm und seinen Beinen mit einem schmutzigen Taschentuch verband, da ich nichts anderes finden konnte.

Zwei Flüchtlinge gingen über die Uferpromenade von Kos, Mehmet, der Klavierspieler und sein Freund Ahmet, der Schneider. Beide trugen zerrissene Kleidung, voller Flecken, stanken nach Schweiß, Meersalz und Tang. Ahmet humpelte, hatte Schnittwunden im Gesicht und einen blutenden Arm, von dem mein Notverband schon wieder abgefallen war. Ich hielt ihn an seinem gesunden Arm, damit er nicht fiel. Wir strebten ans Ende der Promenade. Ich trug ein kleines Zelt und eine Einkaufstüte mit zwei neuen Hemden, Hosen und Unterhosen. Das Geld, das Ahmet nach dem Hinauswurf geblieben war, hatte gerade gereicht. Am Ende der Uferpromenade, wo es kaum noch Touristen gab, bauten wir unser Zelt auf, eines unter vielen. Hier konnten wir erstmals seit Wochen einigermaßen gut schlafen. Wie neugeboren kamen wir uns in den gestern gekauften T-Shirts und Hosen vor. Die alte Kleidung wuschen wir im Meer.

Um Ahmet eine Wundsalbe und Verbandszeugs kaufen zu können, bettelten wir an der Uferpromenade. Dabei stellte er seine offenen Wunden zur Schau. Ich sang Lieder aus Damaskus und Aleppo und klatschte dazu den Rhythmus mit den Händen. Ich sang, als ob ich ein Konzert geben würde und kein Bettler wäre. Auf einen Pappkarton, den wir in einem Abfalleimer gefunden hatten, schrieb ich: „My friend needs medicine. Please help. Thank you!“ Die meisten gingen vorbei, als ob wir unsichtbar wären. Doch nach einiger Zeit bildete sich eine kleine Menschentraube. Das Geld, das sie in den zerfetzten Strohhut, der an den Strand gespült worden war, hineinwarfen, reichte nicht nur für die Apotheke, sondern auch für gebratene Kartoffeln und Fisch. Wir saßen vor unserem Zelt und genossen jeden Bissen. Ich schaute Ahmet an und lächelte, wollte ihm damit sagen: „Alles wird gut.“ Doch er erwiderte: „Es ist entwürdigend,“ und schwieg.

Wir hingen gerade unsere Wäsche zum Trocknen an den Zeltstangen auf, als ein älterer Herr in einem eleganten, grauen Anzug mich auf Englisch anredete. Er habe mich Klavier spielen gehört und würde in seinem Hotel einen Pianisten brauchen. Wir könnten dort leben, auch für Ahmet würde er eine Arbeit finden, er habe viele Hosen, die weiter gemacht werden müssten. Dabei zeigte er lachend auf seinen wohl gerundeten Bauch. Er würde uns in einer halben Stunde mit dem Auto abholen. Doch nach einer Stunde kam noch immer kein Auto. Enttäuscht saßen wir mit dem in einem Sack verstauten, abgebauten Zelt am Straßenrand. Schließlich tauchte eine schwarze Limousine auf und nahm uns mit. Im Hotel erhielt ich einen schicken blauen Anzug mit Fliege und spielte an einem weißen Flügel. Es war wie in einem Film. Wir verbrachten fast einen Monat dort. Doch irgendjemand meldete der Polizei, dass wir illegal arbeiten würden. Wir wurden ins Lager gebracht. Der Hotelbesitzer erreichte schließlich, dass wir Kos verlassen durften. Er schenkte uns die Tickets für die Schiffreise.

Als wir auf der Reling standen und zurückblickten, dankte Ahmet Allah, dass wir von Kos wegkamen. „So geschämt wie hier habe ich mich noch nie. Ich kam mir wie ein Bettler, noch schlimmer, wie ein Straßenköter vor, und dann dieses Hotel mit diesen reichen, verwöhnten Menschen, die nachts besoffen waren, diese Nutten, die dicht umarmt und geküsst haben, während du am Klavier irgendwelche Schlager zum Besten gabst."

„Aber wir haben gut gelebt."

„Es war widerwärtig. Da bin ich lieber tot." Ahmet blickte an mir vorbei hinaus auf das Meer, als ob er etwas sehen könnte, was mir verborgen war.

Draußen wurde es dunkel. Ich ging die Leopoldstraße hinunter vorbei an den Straßenkünstlern, die am Trottoir neben ihren Gemälden auf Käufer warteten.

In einer Bar trank ich ein Bier und unterhielt mich mit einem jungen Mann. Unter seiner Lederjacke trug er ein schwarzes T-Shirt, auf das ein Foto mit wenig bekleideten, Gitarre und Schlagzeug spielenden Frauen aufgedruckt war. Nach einem Whiskey, zu dem er mich eingeladen hatte, löste sich die Verspannung in meinem Kopf. Es war der erste Whiskey meines Lebens.

Der Mann fragte: „Hast du Lust, auf ein Konzert mitzukommen? Ich habe eine Karte übrig. Ist eine bekannte Rockband. Kennst du *Frauensturm*?" Als ich verneinte, sagte er: „Dann wird es Zeit." Dabei zeigt er auf sein T-Shirt: „Eine ziemlich scharfe Band."

Ich war noch nie auf einem Rockkonzert gewesen. Auf YouTube erschien mir diese Musik meistens zu laut, zu simpel und zu martialisch. Auch hatte sie für mich den Charakter des Verbotenen, seitdem meine Schwester wegen ihres Auftritts bei den *True Prophets* von einer Todesfatwa verfolgt wurde. Aber heute wollte ich es wissen. Du kannst nicht immer in der gleichen Suppe schwimmen, sagte ich mir. Vielleicht gibt es da Musiker, die nicht so wie die klassischen sind, die freier, mit mehr Freude, kreativer und lebendiger spielen?

Der Mann sagte: „Ich bin Bastian." Er gab mir die Hand.

„Mehmet," antwortete ich.

Er stutzte für einen Augenblick. „Kein Deutscher?"

„Nein, aus Syrien."

„Das hätte ich nicht vermutet. Du sprichst perfekt deutsch. Aber macht nichts. Willst du trotzdem mit? *Frauensturm* ist eine Rechtsrock-Band."

Ich dachte, es würde schon nicht so schlimm werden. „Warum nicht?"

„Du gehst problemlos als Deutscher durch," musterte er mich. „Aber sage nicht deinen Namen, wenn dich jemand fragt. Wie wäre: Michi? Und wenn es jemand noch genauer wissen will: Michael Maier?"

Als ich einverstanden war, meinte er, darauf müssen wir einen trinken und bestellte ein Bier. Dabei erzählte er, er sei Metal-Fan. Das würde er sich nicht nehmen lassen, auch wenn seine feinsinnige Familie dagegen wäre. Dass ich Pianist war, überraschte ihn.

„Wie ist das in Syrien möglich?" Ohne eine Antwort auf seine Frage abzuwarten, erzählte er, dass seine Familie von der Klassik herkomme, seine Eltern nur diese Musik gelten lassen würden und über seine Faulheit beim Klavierüben enttäuscht waren. Vor mir bezeugte er höchste Achtung. „Respekt," sagte er anerkennend und fügte hinzu, die Klassik wäre die wahre deutsche Musik, wäre unsere Kultur, und dass ich mich ihr widmen würde, wäre sehr verdienstvoll. Aber ebenso *Frauen-*

sturm wäre richtig Deutsch. Er sei gespannt, was ich dazu sagen würde.

„Warum ist Mozart deutsch?" wollte ich wissen.

„Er gehört zu unserer Kultur."

„Aber in Deutschland kennen ihn nur wenige Menschen. In Damaskus habe ich gedacht, dass hier fast jeder irgendetwas von Mozart singt oder spielt oder vor sich hin pfeift. Mittlerweile glaube ich, dass er bei Japanern und Chinesen beliebter ist."

„Aber die haben kein Gefühl für diese Musik. Nur Menschen aus Deutschland oder Österreich können Mozart richtig spielen."

„Woher weißt du das?"

„So sagen zum Beispiel meine Eltern. Aber ich kenne mich da nicht aus." Er klopfte mir kameradschaftlich auf die Schulter und bemerkte, dass ich über seine Deutschtümelei ziemlich bestürzt war: „Vielleicht war das auch nur Blödsinn, was ich gesagt habe, und im Grunde ist es mir völlig egal, ob Mozarts Musik deutsch oder nicht deutsch ist. Hauptsache sie klingt gut, was ich allerdings bezweifle. Auf mich jedenfalls wirkt sie langweilig. Du wirst sehen, *Frauensturm* ist viel cooler."

Wir bezahlten und gingen zur U-Bahn-Station.

In der Konzerthalle drängten sich etwa 800 Menschen. Sie hoben im Rhythmus des Schlagzeugs ihre Arme mit geballter Faust nach oben. Der Scheinwerfer warf über ihre Köpfe hinweg die Farben Schwarz, Rot, Gold an die Wand. Auf der Bühne spielte die Vorband, die *Bösen Mädchen*. Ihre Musik klang fröstelnd kalt. Die Sängerin trug Hotpants, schwarze Stiefel und sonst nichts. Während sie sang, schlug sie dem einzigen männlichen Mitglied der Band, dem E-Gitarristen, im Rhythmus des Schlagzeugs mit einem Ledergürtel auf die Backe. Ihr Song handelte von Liebe und Gewalt. Sie war, erklärte Bastian, früher eine Domina gewesen. Doch die Männer im Publikum ließen sich von der Bühnenaktion nicht sonderlich beeindrucken. Sie saugten an ihren Bierflaschen. Dagegen versuchten die Frauen die Bewegungen der Tänzerinnen nachzuahmen, die sich zur Dominaszene wie Roboterfiguren mechanisch mit abrupten Pausen und einem plötzlichen, schnellen Marschieren bewegten.

Mir war das alles fremd. Die Frauen strahlten, obwohl sie fast nackt waren, keine Sinnlichkeit aus, wirkten kalt, aggressiv und beherrschend. Dazu das Schlagzeug, das starr wie eine Maschine die Rhythmen einhämmerte. Mich erinnerte das eher an eine Fabrik als an Musik. Es war unmenschlich laut. Meine Ohren schmerzten.

Ein lautes „Prost" riss mich aus meinen Gedanken. Ich bemerkte ein paar Männer in meiner Umgebung, die sich zutranken. Manche trugen einen Anzug, viele ein weißes Hemd und Jeans, einige auch einen Trachtenjanker. Bastian bemerkte ironisch und musste schreien, damit ich ihn verstand: „Das sind Korpsstudenten. Die machen auf jugendlich und modern. Aber es klappt noch nicht so ganz."

Ein junger Mann im Anzug und mit locker gebundener Krawatte führte uns zur Bar. „Zum ersten Mal hier?" Er hatte einen Schmiss im Gesicht und erklärte, dass er die Songs der *Bösen Mädchen* für geschmacklos, aber doch ganz reizend hielte, dies aber nichts mit deutscher Kultur zu tun hätte, da jegliche Tiefe fehlen würde. Er gab uns seine Visitenkarte: „Wir müssen uns unbedingt einmal an einem ruhigeren Ort treffen, wo man besser über solche Dinge sprechen kann." Auf der Karte stand der Name Wilhelm Neuber; Student der Jurisprudenz war darunter in gotischen Buchstaben vermerkt. Dann gingen Bastian und ich wieder nach vorne zur Bühne.

Nun trat endlich *Frauensturm* auf. Die fünf Musikerinnen trugen lange schwarze Ledermäntel. Die Schlagzeugerin trommelte einen martialisch wirkenden Marschrhythmus auf ihren Drums, und der Star des Abends, die Sängerin Ada Heil rappte: „Deutschland schafft sich ab." Die E-Gitarre fetzte rockige Klänge hinein und die Geigerin spielte eine arabische Melodie mit der übermäßigen Sekunde. Dabei schwoll der Sound der Band zu einer großen, Panik erregenden Klanglawine an. Dazu warf der Videoprojektor Bilder von Rauschgiftsüchtigen, Bettlern, Gewaltopfern, heruntergekommenen Plattenbauten, maroden Kirchen, explodierenden Bomben und einem Zug von Flüchtlingen, der so bedrohlich wirkte, als wären diese Eroberer, an die Leinwand. Die Menschen um mich bewegten sich in einer Mischung aus Tanz und Marsch. Einige hoben ihren Arm zum „Sieg-Heil"-Gruß, andere taten so, als ob sie ein Gewehr in der Hand hätten und zielten auf den Flüchtlingszug im Film. Das konnte ich nicht mehr ansehen. Ich drückte die Augen zu und wandte mich zum Ausgang.

Doch Bastian hielt mir seine Bierflasche hin und ich musste mit ihm anstoßen. Plötzlich spürte ich die innere Spannung, mit der sich bei mir immer ein Touretteanfall ankündigte, und ich musste mich unwillkürlich im Marschrhythmus des Schlagzeugs bewegen, freilich übertrieben in einem Stechschritt und dabei hob und senkte ich die Arme zum Hitlergruß, allerdings sowohl den linken als auch den rechten Arm, was wahrscheinlich ziemlich komisch wirkte. Dies führte dazu, dass mich ein älterer Herr, an dessen Jackett zahlreiche Orden hingen, anschrie: „Still gestanden. So besoffen kann man doch gar nicht sein, dass man nicht weiß, dass der Hitlergruß nur mit dem rechten Arm gemacht wird." Als ich ihm arabische Schimpfwörter entgegenzischte, drehte er sich kopfschüttelnd um. Da die Musik sehr laut war, bekam sonst niemand meinen Touretteanfall mit, und da meine Tics mich zu Bewegungen führten, die sich, abgesehen vom Hitlergruß, kaum von den anderen unterschieden, fiel ich niemand anderem auf.

Während meiner Tics sah ich den Bosnier mit der Kalaschnikow vor mir. Nachdem wir bei Gevgelija die mazedonische Grenze mit gefälschten Pässen, die uns zwei Goldstücke gekostet hatten, glücklich durchschritten hatten und ratlos dastanden, redete er uns an und versprach eine sichere Reise bis Österreich. Ich gebe zu, Österreich klang gut. Ich dachte an Mozart, an Klaviere, die es dort sicherlich reichlich geben würde, und an musikliebende Menschen. Aber dennoch, mir machte der Mann Angst. Er sprach zackig wie ein Feldwebel. „Wenn einer es schafft, dann er," sagte Ahmet. Er hatte in Afghanistan von Kindesbeinen an nur Krieg erlebt. Deshalb beeindruckten ihn wohl Menschen, die wie Soldaten aussahen. Der Mann mit der Kalaschnikow gab seinen Namen nicht preis. Er war fast zwei Meter groß, mit einem strengen Blick und stechenden Augen. Vielleicht ein Bosnier. So nannten wir ihn jedenfalls. Er führte uns und etwa zehn weitere Flüchtlinge einige Kilometer durch die Felder vor Gevgelija zu einer Scheune, ließ uns hinein, gab uns Brot und Wasser, verriegelte die Hütte und versprach, morgen früh wieder zu kommen.

Doch der Mann kam erst am übernächsten Tag. Das Brot war längst gegessen und das Wasser verbraucht. Er holte einen Flüchtling nach dem anderen in seinen SUV und verlangte von ihm 3.000 Dollar. „Dann bist du alle Sorgen los, setzt dich in den Zug und steigst zwölf Stunden später in München aus." Vor dem SUV standen seine Männer mit Kalaschnikows im Anschlag. Wir beteuerten, dass uns nur noch einige Dollars geblieben waren, suchten sie in unseren Hosentaschen, zeigten sie ihm und er nahm sie als Anzahlung, wie er sagte. Dann verlangte er, dass wir unsere Eltern anriefen und sie um Geld anbettelten. Er mischte sich in unsere Telefongespräche ein und sagte, wir würden sterben, wenn wir nicht das Geld bezahlen. Unsere Eltern forderte er auf, alles zu verkaufen, was sie hatten, um das Leben ihrer Söhne zu retten. „Oder ist es euch nichts wert?" Ahmets Vater überwies das geforderte Geld. Er war ein guter Mann. Auch meine Eltern zahlten, so viel ihnen möglich war.

Wenige Tage später brachte uns der Bosnier in einen Güterwagen, der auf einem Abstellgleis am Bahnhof stand. Wir erhielten etwas zu essen und trinken. Andere Flüchtlinge kamen hinzu, bis der Wagen so voll war, dass wir eng aneinandergedrückt gerade noch stehen konnten. Es war stock finster, der Wagon hatte keine Fenster, und doch waren wir voller Hoffnung. Irgendwann in der Nacht bewegte sich der Wagen, wurde auf ein anderes Gleis geschoben, an einen Zug angekoppelt und wir fuhren los. Wie erleichtert waren wir! Doch schon nach etwa einer Stunde blieb der Zug stehen und rührte sich nicht mehr vom Fleck.

Ahmet war wütend. Er trommelte gegen die Blechwand, schrie, drohte, und hatte doch gar nichts, womit er drohen konnte. Draußen hörte uns niemand. Dann sank er in sich zusammen. Verrat, nichts als Verrat, klagte er. Er begann, die Geschichte seines Vaters zu erzählen, wie so oft während unserer Reise: Wie dieser in Deutschland studierte, nach Afghanistan zurückkehrte, in Kunduz Lehrer für Deutsch und Englisch wurde, die Zeit der Taliban überstand und glücklich war, dass die Deutschen, von denen er seit seiner Studienzeit schwärmte, in die Stadt kamen und halfen, das Land wieder aufzubauen. Wie er den deutschen Soldaten als Dolmetscher aushalf, wenn Streitigkeiten geschlichtet werden mussten, auch mit Abgesandten der Taliban. Und wie die Deutschen ihn nach dem Abzug ihrer Armee schutzlos zurückließen. Weil er als Kollaborateur betrachtet wurde, tauchten eines Nachts zwei Talibankämpfer vor seinem Haus auf. Ahmets Vater verriegelte die Fensterläden und schloss sich mit seiner Familie im Keller ein. Obwohl sie damals nicht die Tür aufbrachen, wusste er, dass es höchste Zeit zu fliehen war. Er verscherbelte seinen Besitz viel zu billig und zog mit seiner Familie nach Kabul, wo er hoffte, unerkannt weiterleben zu können.

Ahmet erzählte mir diese Geschichte immer wieder. Doch trotz des Verrats der Deutschen hatte ihm sein Vater geraten, nach Deutschland zu gehen. „Dort sind gute Menschen,“ hatte er gesagt.

Vielleicht waren die Menschen in Deutschland wirklich gut. Hier in Mazedonien jedenfalls wurden wir verraten. Für 3.000 Dollar auf ein Abstellgleis geschoben. Selbst ich, der Musiker, verstummte. In einer solch bösen Welt sind keine Lieder mehr möglich, musste ich mir eingestehen.

Als die Luft in dem Wagon immer schlechter wurde, immer mehr Menschen dort ihre Notdurft zu unseren Füßen verrichten mussten, auch wenn sie sich noch so schämten, als es wegen der Sonne, die draußen auf das Blech brannte, immer schärfer stank, sprang Ahmet auf, schlug an die Blechwand und forderte alle anderen auf, es ebenso zu tun und dabei zu schreien, so laut wir konnten. Es entstand ein Höllenlärm. Dann sanken wir in uns zusammen und lauschten, ob uns jemand gehört hatte. Wir wiederholten diesen Höllenlärm jede Stunde, einen Tag lang, bis wir nicht mehr konnten. Schließlich sagte Ahmet, dass es sich in einer solchen Welt nicht mehr lohnte zu leben, und fügte bitter hinzu, dass allerdings ein Selbstmord nicht notwendig wäre, wir würden sowieso bald vor Hitze, Hunger, Durst und Gestank sterben.

Einige Stunden später klopfte es an die Tür. Wir klopften zurück. Als sich die Tür des Wagons öffnete, erblickten wir einen Bauern, der uns gehört hatte. Geschockt von unserem Anblick ließ er uns hinaustreten. Er führte uns zu seinem Hof, gab uns Brot zu essen und Wasser zu trinken und ließ uns eine Nacht bei sich schlafen. Wir fühlten uns für kurze Zeit wie im Paradies.

Doch schon am nächsten Morgen schickte er uns fort, beteuerte, zu arm zu sein, um uns als Gäste länger zu bewirten. Ahmed und ich gingen zu Fuß mit vielen anderen weiter, übernachteten im Freien, trotzten der Kälte und der Nässe, wenn es tagelang regnete, erreichten Belgrad, wo wir bettelten, und zogen dann zur ungarischen Grenze, wo wir plötzlich vor einem hohen Stacheldrahtzaun standen. Ahmet schlüpfte gerade noch durch die Eingangsschleuse. Auf mich richtete einer der Grenzsoldaten sein Gewehr. Ich rannte davon und suchte Deckung hinter einer Schäferhütte. Als ich zurückschaute, sah ich, wie sie ihn abführten.

Auf der Videoleinwand war nun eine Schlange von Flüchtlingen zu sehen, so wie wir damals zur ungarischen Grenze gingen, bevor Ahmet und ich voneinander getrennt wurden. Dazu sang Ada Heil: „Wir kämpfen gegen die unbewaffnete Invasion Europas.“ Nun erschienen auf der Leinwand Menschen, die bettelten, überfüllte Krankenhäuser, Kinder, die hungerten. Ada Heil schrie in einem rasend schnellen Sprechgesang einzelne Worte heraus: „Armut in Deutschland – zu wenig Krankenhäuser – Arbeitslosigkeit – Kinderlosigkeit, dann immer als Refrain: Flüchtlinge mit unzähligen Babys, die alles bekommen, was den Menschen in Deutschland fehlt.“

Plötzlich schwieg das Schlagzeug, die E-Gitarren spielten wohlklingende Harfenakkorde und die Violine eine an Bach erinnernde Melodie. Ada Heil beschwor die Schönheit der Heimat mit ihren Wäldern, Seen und Bergen und die Freiheit, so leben zu können, wie man wollte: „nicht mit Hidschab, sondern offenem Haar - nicht mit gespenstisch wirkender schwarzer Abaya, sondern frei und glücklich in Minirock und beim Baden im Bikini oder oben ohne.“ Die Band wechselte zu Walzerrhythmen, zu denen einige Paare engverschlungen tanzten. Doch die meisten standen nur herum, ließen ihren Kopf, ihre Arme oder ihren ganzen Oberkörper im Rhythmus des Schlagzeugs kreisen.

Bastian und ich gingen wieder zur Bar, setzten uns auf zwei der wenigen Hocker und stellte die Flaschen vor uns hin. „Ada Heil singt doch toll,“ bemerkte Bastian. Als ich nichts sagte, fügte er entschuldigend hinzu: „Auf den Text musst du nicht so genau achten. Der spielt keine Rolle.“

Ich wusste nicht, was ich antworten sollte. Es war jedenfalls nicht meine Musik.

„Hat dich die Bühnenshow verletzt? Du darfst das nicht persönlich nehmen. Du bist ja gebildet. Aber die meisten Flüchtlinge gehören nicht hierher.“ Bastian musste schreien, damit ich ihn verstand.

Ich stieß mit meiner Flasche an die seinige. Ich wollte ihm

etwas entgegnen. Aber ich hätte auch schreien müssen und er hätte doch nur jedes dritte Wort verstanden. Erstmals in meinem Leben verzweifelte ich an der Musik. Diese ins Gigantische verstärkten Melodien, Klänge und Rhythmen waren undurchdringlich. Sie hatten eine mark- und beinerschütternde Gewalt, die jeden Widerstand aussichtslos machte. Wenn Papa den Flügel eine Musikmaschine nannte, was hätte er hier gesagt? Es war Ohrenfolter, Folter für meine Gefühle und mein Gehirn. Ich hätte weggehen müssen. Doch Bastian schlug schon wieder klirrend seine Bierflasche an die meinige und prostete mir zu. Dieses Anstoßen war wie ein Ritual der Freundschaft und Verbrüderung. Auch andere stießen mit mir an. Wenn meine Flasche leer war, brachte Bastian eine neue. Irgendwann achtete ich nicht mehr auf die Texte und die Musik. Ich hatte das Gefühl, dass meine Knochen und mein Schädel mit denen der anderen zu einem riesigen und gewaltigen Resonanzkörper zusammenwuchsen und die Musik auf einmal wie ein Rausch wirkte, dem man sich hingeben musste und von dem man nicht mehr genug bekommen konnte. Ich meinte, durch diese gewaltige Musik mit den anderen, auch wenn sie noch so anders dachten, zu einer großen Gemeinschaft zu verschmelzen, zu der sogar ich, der Flüchtling, nun gehörte. Dass die anderen nicht wussten, dass ich ein Flüchtling war, und höchst überrascht wären, wenn sie es erfahren würden, erfüllte mich mit Schadenfreude. Einige Sekunden lang beherrschte mich die Idee, wie einfach es für mich jetzt wäre, eine Bombe zu werfen. Die Explosion der Bombe würde anfangs kaum auffallen, da sie auch nicht lauter als das Schlagzeug wäre. Schließlich hörte ich das Klirren der Bierflaschen nur noch ganz fern, so betrunken war ich und so laut war es. Wir alle waren besoffen von Bier und Schnaps, von groovenden E-Gitarren und pochenden Schlagzeugrhythmen, die durch Mark und Bein gingen und unsere Gehirne ausschalteten. Du musst in diesem Strom mitschwimmen, dich den Rhythmen hingeben, sagte ich mir. Fortgehen war jetzt unmöglich. Ich konnte Bastian nicht allein lassen. Das wäre unhöflich, sagte mir ein dumpfes Gefühl. Dieses Konzert war unanständig. Aber ich hatte Angst, allein zu sein, nicht mehr dazu zu gehören, wenn ich jetzt ginge.

„Kolossal", schrie ein Mann neben uns. Als wir ihn anschauten, beschwerte er sich: „Was starrt ihr mich so an?"

„Woher hast du den Schmiss?" fragte Bastian.

„Das solltest du aber wissen. Was bist du für einer?"

„Ein Fan."

„Kein Korpsstudent?"

„Nein, warum auch?"

„Dann bist du hier fehl am Platz. Heute sind wir mit unseren alten Herren hier. Ganz exklusiv." Als er dies sagte, rutschte er vom Barhocker herunter, konnte sich aber gerade noch auf den Füßen halten und kletterte mühsam wieder hinauf, was ihm ziemlich schwerfiel, da er nicht nur betrunken, sondern auch nicht allzu groß war. Wieder oben angekommen, erklärte er, dass Rockkonzerte eigentlich kulturlos seien, so kulturlos wie McDonald's. Doch Ada Heil und ihre Band müsse man einfach erlebt haben. Das wäre die Musik, die modern und doch deutsch wäre. Das wären die Klänge der Zukunft, mächtig, mitreißend, voller Stärke und Freiheit; die Liedtexte würden kein Blatt vor den Mund nehmen, einem die Augen öffnen und Mut machen, weiterzukämpfen. Er erzählte, dass er Korpsstudent der Isaria sei, der angesehensten Münchner Verbindung, dass sich die alten Herren bestens amüsierten, auch, jetzt lachte er, über die Oben-Ohne-Frauen der Vorband. „Wir müssen die deutsche Kultur verteidigen," schrie er, nahm einen kräftigen Schluck aus seiner Flasche, verlor das Gleichgewicht und fiel nun wirklich auf den Boden. Doch er war nicht so besoffen, dass ihm nicht die lachenden Gesichter der um ihn herumstehenden Konzertbesucher entgangen wären. Wütend richtete er sich auf: „Wir zeigen es den ausländischen Kanaken! Wie vor wenigen Tagen, als wir den Salafisten mit seinem Obststand hochgehen ließen. Das war eine Warnung an alle: macht euch vom Acker oder wir machen es." Dabei richtete er sich noch einmal auf, dann fiel er in sich zusammen und blieb auf dem Boden liegen. Seine Hose war nass vom verschütteten Bier.

Plötzlich stand der junge Mann von vorhin, der uns seine Visitenkarte gegeben hatte, neben uns. „Er ist betrunken. Vergesst, was er gesagt hat." Er drängte uns, mit ihm in den Vorraum zu gehen. Dort war es etwas leiser. Mehrmals beteuerte er: „Wir lehnen jede Gewalt ab. Keiner von uns würde eine Bombe werfen, schon gar nicht auf einen türkischen Gemüsehändler." Er zündete sich eine Zigarette an, bot uns auch eine an. Bastian war Nichtraucher. Ich ließ mir eine anzünden. „Wir sind gewaltlos; das müsst ihr mir glauben. Aber es muss doch erlaubt sein, dass wir uns über die Reinhaltung Deutschlands Gedanken machen und wir eine ethnopluralistische Vielfalt anstelle des kulturellen Einheitsbreis anstreben."

Ich sagte, dass ich auch gegen kulturellen Einheitsbrei sei, dass es mir beispielsweise nicht gefallen würde, wie die Sängerin gerade jetzt von einem Bachchoral zu amerikanischem Rap gewechselt sei. Das wäre ein unzusammenhängendes Stilmischmasch.

Er schaute mich überrascht an: „Übertreibst du es jetzt nicht mit der Reinhaltung Deutschlands? Wir können uns nicht vollkommen abkapseln. Rap ist eine moderne Kunstform und wie ihn Ada Heil ins Deutsche umformt, ist genial." Bastian nickte bestätigend.

Ich sagte, ich sei Pianist und hätte höhere Ansprüche.

„Du bist zu elitär," meinte er. „Aber schön, dass du musikalisch bist. Kommt doch einmal zu uns. Wir bereiten gerade einen Flashmob vor, mit dem wir das Brückenfestival, diesen Ethnoquatsch, aufmischen wollen. Je mehr mitmachen, umso besser." Er gab uns einen Flyer mit den Terminen und der Adresse und wünschte noch viel Spaß.

Wir gingen zurück in die Konzerthalle. Ada Heil und die Band hatten inzwischen ihre Ledermäntel ausgezogen. Darunter trugen sie kurze Röcke und weiße Trachtenblusen mit bunten Stickereien. Adas Stimme erschien mir jetzt etwas angenehmer, hatte ein erotisierendes Timbre und wirkte auch bei den lautesten Stellen nicht beherrschend, besaß vielmehr immer noch eine gewisse Weichheit. Vom Alkohol benebelt gingen Bastian und ich immer weiter nach vorn. „Ich öffne Euch die Augen,“ sang Ada in einem Rap-Rhythmus, der auch mir gefiel. Ohne dass ich es eigentlich wollte, tanzte ich mit. Es war ein gutes Gefühl, so mit den anderen zu verschmelzen. Den schnell gesprochenen Texten der Sängerin konnten die vom Bier träge gewordenen Gehirne sicher kaum mehr folgen, auch nicht das meinige. Ich achtete nicht mehr auf die Worte, ließ mich vom Rhythmus treiben und in einen Rausch versetzen, der mich alles um mich vergessen ließ. War das nicht dasselbe wie zu Hause in Damaskus bei unseren Festen, die wir freilich ohne Alkohol feierten? Und kam es nicht allein auf diesen Rausch an?

Erst um vier Uhr morgens erreichte ich das Flüchtlingsheim und fiel in mein Bett. Ich weiß nicht, wie ich den Weg zurück geschafft hatte. Noch nie hatte ich so viel Alkohol getrunken. Die ganze Nacht über verfolgte mich ein schrecklicher Gedanken: Du hast böse Musik gehört, hast mit Menschen gesoffen, die dich verachten und vertreiben wollen, hast dich in denselben Rausch versetzen lassen wie die anderen und bist nicht fortgegangen. Ist Musik gar nicht so gut, wie du denkst? Verführt sie zum Bösen? Ich kam mir schäbig vor.

„Aufwachen!“ rief jemand viel zu laut und schüttelte mich nicht gerade sanft. Ich blinzelte, sah geblendet vom allzu hellen und grellen Licht Müller, den Geheimdienstmann. Er ließ nicht locker. „Wir machen eine kleine Spazierfahrt, müssen reden.“ Als ich meine Augen wieder schloss, schlug er mit seinen Schuhen laut gegen das Bettgestell. „Mann, reißen Sie sich zusammen.“

Ich drehte mich zur Seite und flüsterte: „Fuck you“. Ja, ich kann auch unfreundlich sein. Der Schlaf ist heilig, vor allem, wenn man einen Rausch hat.

Nach einigen Minuten quälte mich seine Stimme erneut. „Ich habe für Sie ein Frühstück geholt."

Wie liebenswürdig! Ich konnte den Kaffee riechen. „Das ist meine Rettung," dankte ich, setzte mich langsam auf und trank einen Schluck. Ich hatte fürchterliche Kopfschmerzen.

Schließlich saßen wir in seinem BMW. Er fuhr aus München hinaus, wählte irgendeine Landstraße. „Im Auto können wir ungestört reden," meinte er. Wir sahen Wälder und Wiesen, in der Ferne die hohen Berge. Müller hatte eine CD mit einem Klavierkonzert von Mozart eingelegt. Wir sprachen nichts. Das wäre für mich auch viel zu anstrengend gewesen. Ich spürte noch immer einen stechenden Schmerz in meinem Kopf. Doch nach einiger Zeit lenkten mich die Musik und die am Auto vorbeifliegende heitere Vorgebirgslandschaft von meinem Kater ab und ich wäre eingenickt, wenn Müller nicht ziemlich sanft, aber heimtückisch gefragt hätte: „Denkst du, dass Salome deine Schwester ist?" Es hätte mich misstrauisch machen müssen, dass er nun auf einmal das vertrauliche Du benutzte. Doch ich war viel zu müde dazu.

„Ich weiß es nicht," stöhnte ich.

„Aber sie hat gesagt: ‚Rufe mich nie wieder an', und als du vom baldigen Treffen beim Brückenfestival gesprochen hast, flehte sie dich an, sie zu vergessen. So eine Aufforderung setzt doch voraus, dass ihr euch kennt."

„Mag sein. Aber ich weiß es erst, wenn ich sie sehe."

„Was hast du dann vor?"

„Ich weiß es nicht."

„Warum weißt du das nicht? Etwa weil du an die Fatwa denkst, weil dir eigentlich auferlegt ist, die Ehre deiner Familie zu retten und sie umzubringen?"

„Ich kann niemanden töten, schon gar nicht meine Schwester," schrie ich und war plötzlich hell wach. „Woher wissen Sie überhaupt, dass ich mit Salome telefoniert habe? Ihr hört mein Telefon ab. Bin ich hier in einem freien Land oder in einem Polizeistaat?"

„Ich muss dich überwachen, ich muss herausfinden, ob du ein Gefährder bist. Bei uns sind Ehrenmorde verboten."

„Sie haben keine Ahnung. Ich liebe meine Schwester."

„Was machst du, wenn du sie beim Festival triffst?"

„Dumme Frage. Ich werde sie umarmen. Wir werden unser Wiedersehen feiern."

Er schaute mich prüfend an. „Und was bedeutet das gestern Nacht? Warum bist du zu dem Rechtsrockkonzert gegangen?"

„Mir war danach. Ich brauchte etwas, das mich ablenkte. Aber was geht Sie das an? Kann ich nicht machen, was ich will?"

„Angenommen, du wärst ein Islamist. Du kannst dich perfekt anpassen, da du akzentfrei Deutsch sprichst, dich in klassischer Musik besser als die meisten Deutschen auskennst. Du könntest dich in diese Kreise hineinschleichen, sie auskundschaften und eine Bombe legen."

„Mann, was denken Sie? Ich bin vor den Islamisten geflohen. Sie haben mir mein Klavier zertrümmert und versucht, meinen Finger abzuhacken. Das ist doch alles ganz anders, als Sie vermuten. Bei dem Rockkonzert habe ich an der Bar einen getroffen, der sich damit brüstete, er und seine Leute hätten die Bombe am Gemüsestand hoch gehen lassen. Der Mann sagte lallend etwas von einem salafistischen Türken, dessen Obststand sie, wer auch immer, hochgehen ließen. Er schrie mir zu: ‚Das war eine Warnung an alle: macht euch vom Acker oder wir machen es.' Aber ich weiß nicht, ob das etwas zu bedeuten hat. Er hatte jedenfalls viel mehr getrunken als ich."

Müller schwieg ziemlich lange. Er schien über etwas nachzudenken.

Ich fragte, ob man denn dies alles so ernst nehmen müsse. Das wäre doch nur ein Rockkonzert. Die Leute hätten sich nur ein wenig exaltiert benommen. Wir hätten gefeiert und es wäre lustig gewesen, selbst für mich, obwohl sie eigentlich gegen Flüchtlinge waren, aber merkwürdigerweise mich für einen von ihnen hielten, so dass ich sogar zur Probe eines Flashmobs eingeladen worden wäre, mit dem sie das Brückenfestival stören wollten.

Müller fuhr schweigsam nach München zurück. Als die Vororte auftauchten und die hügelig beschwingte Landschaft in triste Architektur überging, redete er endlich wieder: „Vielleicht sollte ich dir vertrauen und wir finden etwas heraus, was eine Sensation wäre. Du gehst zu der Flashmobprobe. Dazu musst du diesen Bastian mitnehmen. Das wäre am unauffälligsten. Ihr singt einfach mit, schaut euch um und hört gut zu."

5

Heisenbergs Unschärferelation

Mehmet, ich habe alles Vertrauen in diese Welt verloren. Von meinem Onkel erhielt ich heute diesen Brief. Lies selbst:

„Wir haben gestern die Hochzeit deines Cousins Samir gefeiert, sind aus dem Festsaal hinausgegangen, um das Brautpaar zu empfangen, das in einem mit Blumen geschmückten Mercedes heranfuhr. Als wir zum Wagen gingen, um die Türen zu öffnen und dein Vater den Recorder anschaltete und das alte Hochzeitslied „Ahesta boro" spielen ließ, als wir anfingen, mitzusingen und Ibrahim auf der Rahmentrommel sanft und langsam den Rhythmus schlug, sahen wir ein silbrig glänzendes Flugzeug, das behäbig am Himmel flog. Ich ahnte, was dies bedeutete, dachte aber, es wird uns schon nicht aufs Korn nehmen, ich wollte auch nicht die Freude verderben, nicht das Fest stören. ‚Geh langsam, mein lieber Mond,' sang die Stimme des von uns so verehrten Sängers Ahmad Wali aus dem scheppernden Lautsprecher und die Violinen umschmiegten sie weich und sinnlich. Jetzt sahen auch die anderen die Drohne. Sie fassten Braut und Bräutigam am Arm, um sie möglichst schnell in den Saal zu bringen. ‚Lass die Sonne vergessen, im Osten aufzugehen, da ich heute Nacht mit meiner Geliebten zusammen bin,' sang Ahmad Wali. Bei diesen Versen hörten wir ein pfeifendes Geräusch, die Leute schrien und alle versuchten in panischer Angst den Festsaal zu erreichen. Doch gerade das war das Verderben. Die Rakete schlug in das Gebäude ein und tötete mindestens zwanzig Menschen. Nur die wenigsten überlebten. Darunter war ich. Wir hatten es nicht bis zur Tür geschafft und waren im Freien geblieben. Ahmet, glaube mir, ich wäre lieber tot. Ich habe meine Frau und meine Kinder verloren. Das zerbricht mir das Herz. Deinen Vater und deine Mutter haben wir noch nicht gefunden. Wir rechnen mit dem Schlimmsten. Bewahre ihr Andenken, bleibe stark und sei ein würdiger Sohn: Räche uns an diesen heimtückischen Schurken!"

Mehmet, als ich dies gelesen hatte, brannten meine Augen, als ob Salzsäure in sie hineingelaufen wäre, und konnten doch nicht weinen. Mir ist eiskalt und zugleich glühe ich. Ich fühle mich so fremd wie noch nie.

Dein Bruder Ahmet.

Ich saß im Künstlerzimmer des Konzerthauses und las Ahmets E-Mail immer wieder, stellte mir vor, wie es ist, wenn eine ferngelenkte Drohne, ohne Pilot über dich fliegt und eine Rakete abschießt, wie vielleicht im tausende Kilometer entfernten Ramstein auf dem Computermonitor Menschen zu sehen sind, die in ein Haus stürmen, und ein Offizier den Befehl erhält, den Knopf zu drücken, damit eine Rakete mit einem Lichtblitz herabstürzt und das Haus zertrümmert. Er sieht, dass er getroffen hat, hört nicht die Angstschreie der Menschen, sieht nicht die Toten, die unter den Mauern vergraben sind, und meldet seinem Kommandanten, dass die Attacke erfolgreich war. Danach trinkt er vielleicht einen Espresso und geht am Abend möglicherweise mit seiner Freundin auf ein Klavierkonzert, wie ich es heute geben werde. Sollte ich hier überhaupt einen Klavierabend geben? War das nicht ein Verrat an den Menschen, zu denen ich gehörte und die gefangen waren im höllischen Labyrinth ihres Schicksals? Zu Hause in Afghanistan oder Damaskus wurden sie heimtückisch ermordet und wenn sie nach Deutschland geflohen waren, konnte es passieren, dass Rechtsradikale Bomben auf sie warfen.

Ich spürte wieder diese grausame Spannung in mir. Alles schien sich zusammenzuziehen, alle Muskeln schmerzten, die Augen brannten und konnten doch nicht weinen. Ich ging zur Bühne, öffnete die Türe einen Spalt und beobachtete das Publikum, das gerade in den Saal strömte. Am Eingang stand Gaby, begrüßte einen jeden mit ihrer ansteckenden Fröhlichkeit, wies auf die Möglichkeit hin, etwas zu spenden, um mich und die Meinen zu unterstützen. Ich sah, wie die meisten einen Schein in den Korb legten. Gaby hatte den kleinen Saal des Festivalgebäudes gewählt; denn sie rechnete nicht mit allzu vielen Zuhörern. Wer in München kannte schon Mehmet Aziz? Doch überraschenderweise gab es bald nur noch wenige freie Plätze. Als Pianist aus Damaskus, der bei der Revolution mit Beethovens Musik seine Mitstreiter für den Kampf um Freiheit angestachelt, den Islamisten getrotzt, in zerbombten Straßen gespielt hatte und dem von den Islamisten ein Finger abgehackt worden war, war ich angekündigt worden. Diese PR hatte offenbar gewirkt. Der Saal war fast ausverkauft.

Ich sah Müller mit seiner Frau, wie sie ihren Platz suchten. Sie war schlank wie ein Strich und bewegte sich federnd und leicht, als ob sie schwerelos wäre. Als die beiden ihre Stühle gefunden hatten, kuschelte sie sich an ihn. Gaby hatte mir erzählt, wer sich alles angemeldet hatte, und ich überlegte, ob die älteren Herren und Damen vielleicht Klavierprofessoren und Dozenten der Hochschule wären. Doch auch viele junge Leute kamen, wahrscheinlich Studenten. Sicherlich hatte Gutekunst für mich Werbung gemacht. Ich erkannte auch meinen syrischen Arzt, der vor wenigen Wochen die Arbeitserlaubnis erhalten hatte. Unübersehbar waren einige türkische Geschäftsleute mit ihren Familien, vermutlich Fans von Fazil Say. Im Gegensatz zu den Hochschulleuten in Jeans und T-Shirts trugen sie elegante Anzüge, Krawatten, ihre Frauen Abendkleider und Schmuck. Direkt vor dem Podium saßen einige junge Leute, vermutlich Studenten, in Sakko und Krawatte, obwohl sie eigentlich viel zu jung dafür waren. Der hinter ihnen sitzende Müller fotografierte sie ziemlich auffällig mit seinem Smartphone und verrenkte sich zu komisch wirkenden Positionen, um sie nicht nur von hinten, sondern auch im Profil abzubilden. Ob er gegen sie einen Verdacht hegte? Seine Frau amüsierte sich jedenfalls.

Während ich die Menschen im Saal beobachtete, musste ich immer noch an die Drohne denken, spürte eine schreckliche Wut und wie sich mein Magen immer mehr zusammenzog, so dass bald die ersten Tics ausbrechen würden. Ich musste unbedingt auftreten. Zu spielen war meine einzige Rettung.

Endlich wurde das Licht abgedunkelt, Gutekunst trat mit

schwungvollen Schritten auf das Podium, begrüßte die Zuhörer und stellte mich vor. Er appellierte dabei für meinen Geschmack etwas allzu sehr an das Mitleid. Doch er motivierte das Publikum zu einem herzlichen Beifall, als ich mich verbeugte. Sofort begann ich zu spielen, um den Tics zuvorzukommen, und es funktionierte tatsächlich. Als die ersten Akkorde erklangen, war ich auf einmal völlig entspannt. Da war nur noch die Musik. Alles andere konnte ich vergessen. Ich begann, ohne darüber nachzudenken, mit Chopins Marche Funèbre, obwohl auf dem Programmzettel Mozarts A-Dur-Sonate vermerkt war. Als der düstere Schlussakkord verklang und die Menschen klatschen wollten, sagte ich: „Entschuldigen Sie bitte, dass ich Chopins Trauermarsch an den Anfang gesetzt habe, aber ich konnte nicht anders, nach dem gestrigen Unglück. Da niemand darüber berichtet hat, es in keiner Zeitung steht und nicht im Fernsehen vorkam, sage ich es Ihnen: Die Familie meines besten Freundes wurde bei einer Hochzeitsfeier in Afghanistan ermordet. Stellen Sie sich vor, das würde hier heute Abend passieren: Sie stehen vor dem Konzert im Freien, trinken vielleicht ein Glas Wein oder rauchen eine Zigarette. Dabei sehen Sie ein merkwürdiges Flugzeug am Himmel, das ganz langsam fliegt und dessen Rotoren ein pfeifendes Geräusch von sich geben, das immer näherkommt. Schließlich bleibt dieses Flugzeug über Ihnen stehen. Sie erkennen, dass es eine Drohne ohne einen Piloten ist. Sie stürzen in den Saal herein, um sich in Sicherheit zu bringen und haben doch die Hoffnung, dass dieser merkwürdige Himmelskörper weiterfliegt. Dann sitzen sie hier im Saal, das Konzert beginnt und plötzlich erbebt der Boden, auf dem sie sitzen, die Decke stürzt herunter und sie hören eine schreckliche Explosion, bevor alles zu Ende ist. So erging es der afghanischen Familie meines Freundes bei einer Hochzeitsfeier nahe Kabul. Für diese Menschen und die anderen Opfer des Drohnenkrieges spielte ich Chopins Marche Funèbre."

Als nächstes wählte ich Beethovens As-Dur-Sonate mit

dem Trauermarsch. Ich spielte sie so zerrissen zwischen Hoffnung und Verzweiflung wie damals in Damaskus.

Eines Tages hatten wir nur noch einen Sack Mehl. Den anderen im Viertel ging es nicht besser. Uns war klar, dass bald unser ganzes Stadtviertel verhungern würde. Doch niemand half uns. Die Welt hatte uns offenbar vergessen. Wir fühlten uns eingesperrt, dem Tod preisgegeben und verlassen. Wenn die Lampe aufleuchtete, was bedeutete, dass wir wieder einmal für kurze Zeit mit Strom versorgt wurden, rannten wir zum Fernseher und schalteten ihn ein; denn wir waren begierig auf Nachrichten, auch wenn es zumeist nur schlechte waren. Damals sahen wir Menschen in den benachbarten Stadtvierteln, nur wenige Kilometer entfernt von uns, die in Cafés saßen, sich lachend unterhielten, im Basar volle Regale mit Obst und Gemüse. Die Glücklichen führten ein normales Leben. Ich gönnte diesen Menschen ihr Glück. Doch dass wir hier nahe dem Hungertod waren und sich niemand darum kümmerte, schockierte mich. Ich spürte ein Stechen im Magen. Es schnürte mir die Gurgel zu. Ich verließ unser Kellerloch, ging über die Straße zu unserer Werkstatt, sperrte die Türe auf, entfernte die Bretter, mit denen wir die Schaufenster verbarrikadiert hatten, öffnete die Fenster, setzte mich ans Klavier, spielte den Trauermarsch aus Beethovens As-Dur-Sonate. Die Akkorde, die dort die Melodie unterbrechen, ihren Fluss erstarren lassen, wurden unter meinen Händen zu dissonanten Clustern. Es war eine schreckliche Musik, die ich auf die Trümmerstraße hinausschrie. Die Straße, auf der früher ein wildes Verkehrschaos mit dem Gebrumme der Motoren, dem Hupen und Bremsenquietschen geherrscht hatte, diese verlassene, unheimliche Geisterstraße war jetzt mein Konzertsaal. Nach einiger Zeit bemerkte ich einige Kinder, die mich zuerst ängstlich, dann mit staunenden Augen und einem leisen Lächeln durch das Fenster beobachteten. Ich dachte: „Unsere Werkstatt ist dein letzter Konzertsaal.“ Ich wollte nur noch an meinem Klavier sitzen und spielen, bis in den Tod.

Doch dann sah ich, wie bewaffnete Männer ihre Gewehre im Anschlag die Werkstatt betraten. Sie rissen mich vom Klavierhocker herunter. Ich lag auf dem Boden und sie richteten ihre Waffen auf mich. Währenddessen schlugen zwei andere Kämpfer mit ihren Waffen auf das Klavier, bis das Holz brach und die Saiten mit einem lauten, explosionsartigen Krach rissen. Ich bekam einen Tourrette-Anfall, schlug mir unwillkürlich an die Stirn und schrie Schimpfwörter wie „Arschlöcher", „Idioten" und noch schlimmere, was sie so reizte, dass sie mit ihren Stiefeln auf mich traten. Schließlich lag ich fast ohnmächtig da, und sie glaubten, ich wäre tot. Einer sagte: „Schneide ihm seine Finger ab, dann spielt er nie wieder!"

Dann hörte ich einige Schüsse. Sie wurden nervös, sprachen aufgeregt in ihr Funkgerät, erhielten offenbar einen Befehl, verließen in größter Eile die Werkstatt.

Ahmet trug mich nach Hause, verband zusammen mit meiner Mutter die Wunden.

Die Bilder meiner zerstörten Heimatstadt bedrängten mich, wurden immer gegenwärtiger und mir war, als ob ich nicht hier in einem Münchner Konzertsaal, sondern in den Ruinen unseres Viertels in Damaskus spielen würde. Ich betonte die Gegensätze in Beethovens Sonate so extrem wie möglich, spielte die schnellen Läufe in einem halsbrecherischen Tempo, die dissonanten Akkorde grell, die Akzente wie Schläge und die lyrischen Melodien wie einen Traum. Dabei versuchte ich, die Menschen im Publikum anzuschauen. Neugierig wie ich war, hatte ich mir schon als kleiner Junge angewöhnt, das Publikum zu beobachten, wenn ich sang oder auf einem Instrument spielte. Heute blieb mein Blick meistens an Gaby oder Müller und seiner Frau hängen, die die Hand ihres Mannes suchte und festdrückte. Gaby stand ganz hinten im Saal. Ihre Augen waren auf mich gerichtet. Sie hatte einen ernsten, aber irgendwie auch stolzen Gesichtsausdruck, als wollte sie sagen: „Zeig es ihnen." Auch die jungen Leute in der ersten Reihe, die Müller fotografiert hatte, hörten jetzt aufmerksam zu.

Als letztes Stück spielte ich Mozarts A-Dur-Sonate. Den Siciliano des ersten Variationssatzes versah ich mit einem ziemlich schnellen, tänzerischen Rhythmus, der Müllers Frau dazu anregte, ihre Beine zu bewegen, als ob sie gleich lostanzen wollte. Sie flüsterte ihm etwas ins Ohr und er lachte. Ich spürte, wie sich die Spannung im Publikum gelöst hatte. Den Saal erfüllte nun eine heitere Stimmung. Das Alla Turca des letzten Satzes gelang mir gut. Trotz des gelähmten kleinen Fingers perlten die Läufe in einem rasenden Tempo und erstrahlten die vollgriffigen Akkorde mit der Fülle eines Orchesters. Am Schluss von Mozarts Komposition hörte ich nicht auf, sondern führte die Melodien weiter, improvisierte, wanderte von seiner Türkenmelodie hinüber zu syrischen und arabischen Liedern. Dazu trommelte ich mit der linken Hand fremdartige Rhythmen auf das Klavier, das nun fast wie ein Oud oder eine Tabla klang.

Gaby schwang ihre Hüften im Rhythmus der Musik. Müllers Frau erhob sich von ihrem Sitz, begann im Stehen zu tanzen und forderte ihren Mann auf, mitzumachen. Er sträubte sich einige Zeit dagegen. Doch dann stand auch er auf und schließlich war fast der ganze Saal vereint im Rhythmus der Dabke. Ich fühlte mich wie zu Hause in Damaskus.

Der Beifall war grandios. Ich spielte drei Zugaben. Als ich aus dem Künstlerzimmer herauskam, drückte mir Gaby ein Glas Sekt in die Hand. Unsere Gläser klirrten, und ich war einfach nur glücklich. Ich umarmte sie, spürte ihren Körper und empfand eine wunderbare Wonne. Sie war überrascht, dass ich spontan ihren Mund mit meinen Lippen berührte. Doch sie ließ es für einige Sekunden geschehen, schloss dabei ihre Augen, hielt voller Hingabe still und genoss diesen Kuss, der eine Ewigkeit hätte dauern können. Ich glaubte zu spüren, dass auch sie glücklich war. Doch meine Gefühle verwirrten mich. Da waren nicht nur Dankbarkeit, sondern auch Liebe, Sehnsucht. Sie war für mich wie eine Mutter, aber sie erschien mir auch schön und begehrenswert. Wie oft hatte ich nachts von ihr geträumt. Nun lag sie in meinen Armen. Doch dann drückte sie mich sanft von sich weg.

Erst jetzt bemerkte ich die anderen, die uns umringten und mich beglückwünschen wollten. In ihren Blicken sah ich eine gewisse Verwunderung. Ich fühlte mich entblößt, meine Liebe zu Gaby war entweiht und ich ziemlich verlegen.

Gutekunst klopfte mir auf die Schulter: „Gut gemacht.“ Das schien mir eine erstaunlich positive Reaktion, wenn ich an seine Kritik an Maria dachte.

Eine mittelalte Frau, die sich als Klavierlehrerin vorstellte, schüttelte mir die Hand. „Dass Sie mit ihrem malträtierten Finger so virtuos spielen, ist grandios.“ Sie wollte ihn genau ansehen, prüfte, ob das oberste Glied tatsächlich gelähmt war und wie es sich bewegen ließ. „Gut, dass der Finger krumm geblieben ist. So hat er fast die richtige Haltung. Aber können Sie ihn auch strecken?“ Das ging leider nicht, zeigte ich ihr. „Den Finger eines Pianisten so zu verstümmeln, ist ein kulturloses Verbrechen.“

„Aber es klappte doch ganz gut,“ erwiderte ich.

„Ich würde Ihnen Dehnübungen empfehlen. So wie Sie heute Abend gespielt haben, können Sie keine Karriere machen.“ Sie ließ meine Hand los und bot an, mir zu helfen. Später könnten wir uns darüber genauer unterhalten, meinte sie.

Ein jüngerer Mann gratulierte begeistert. „Großartig! Das war der beste Klavierabend, den ich seit langer Zeit hörte. Wie Sie Klassik mit Weltmusik verbinden! Vor allem, Sie können improvisieren. Dazu ist heute fast kein Klassik-Musiker imstande. Geben Sie mir Ihre Adresse. Ich bin Konzertagent. Ich bringe Sie groß heraus.“

Dagegen war ein älterer Herr ziemlich entrüstet: „Sie können Klavier spielen junger Mann. Das steht außer Frage. Aber bleiben Sie bei den syrischen Tänzen und lassen Sie Mozart und Beethoven in Frieden. Um deren Musik richtig zu spielen, muss man hier aufgewachsen sein. Sie spielen nur die Töne, ohne den Geist zu verstehen. Dafür können Sie nichts. Das ist schon klar. Aber Sie werden es auch nie lernen. Damit muss man schon in frühester Jugend anfangen. Aber dennoch, eine beachtliche Leistung in Anbetracht dessen, was Sie durchgemacht haben.“ Als er sich umgedreht hatte und wegging, flüsterte mir Gaby zu, dass er der berühmte Professor Hellwig sei, der eine ganze Generation von Meisterpianisten hervorgebracht hätte.

Plötzlich umarmte mich ein ziemlich rundlicher Mann und küsste mich auf die Wange. Auf Arabisch sagte er: „Ich habe deinen Vater gekannt, war bei ihm in der Lehre und habe bei ihm einige Ouds gekauft, als ich Syrien verlassen musste. Spielst du noch auf dem Oud?“ Als ich verneinte, schimpfte er: „Das ist auch dein Instrument, nicht nur das Klavier. Ich habe dich gehört, wie du als kleiner Junge auf dem Oud gespielt hast. Du warst damals schon erstaunlich gut.“

„Ich bin jetzt Pianist,“ erwiderte ich.

„Ich schenke dir einen Oud. Aber du musst versprechen, darauf zu spielen. Ich habe ein Geschäft für orientalische Musikinstrumente.“ Er gab mir seine Visitenkarte.

Auch Müller war gekommen, um mir zu gratulieren. „Gut gemacht,“ sagte er mit einem ironischen Unterton.

„Nein, mehr als das,“ unterbrach ihn seine Frau. „Das war ein Konzert, das existenziell berührte. Was mussten Sie alles durchmachen. So intensiv habe ich die Musik von Mozart und Beethoven schon lange nicht mehr gehört. Lassen Sie sich nicht zerbrechen. Bleiben Sie Ihrer inneren Stimme treu.“

Ungeduldig wartete Müller, bis sie ausgeredet hatte: „Ich muss mit Ihnen sprechen.“

„Passen Sie auf, dass er sie nicht anwirbt. Denken Sie immer daran, dass Sie Musiker sind,“ lachte seine Frau.

„Mein Schatz, darum geht es nicht.“ Müller nahm sie am Arm und führte sie weg. Mir rief er noch zu: „Ich komme morgen bei Ihnen vorbei.“ Er blickte mich scharf an, und ich hatte das Gefühl, mich in Acht nehmen zu müssen.

Damals auf der Straße hatte er auf mich wie ein Bürokrat gewirkt. Neben seiner Frau erschien er noch blasser. Sie zog in ihrem weißen Hosenanzug alle Blicke auf sich und bewegte sich mit einer erstaunlichen Eleganz. Doch das Merkwürdige war, dass es so schien, als würde er gerne in ihrem Schatten stehen. War das seine Geheimdiensttaktik?

Ich blickte den beiden nach, als sie durch das Foyer zum Ausgang gingen, trank noch ein Bier und genoss ein Glücksgefühl, wie ich es seit Damaskus nicht mehr erlebt hatte.

Am nächsten Tag rief mich Müller an und nannte ein türkisches Restaurant als Treffpunkt. Es war ein sonniger Frühlingstag. Das frische Grün der jungen Blätter leuchtete im Gegenlicht der Abendsonne. Die Stadt war licht und heiter. Mich erfüllte noch immer das Hochgefühl, mein erstes Konzert seit meiner Flucht gegeben zu haben. Ich hörte noch immer den Beifall und sah die Menschen, wie sie meiner Musik lauschten und am Schluss im Rhythmus der Dabke tanzten. Mir war gelungen, die Grenzen zwischen mir und dem Publikum einzureißen. Die Menschen im Saal atmeten gemeinsam, bewegten sich gemeinsam und empfanden gemeinsam. Das war die Macht meiner Musik. Was konnte es Schöneres geben?

Das Restaurant besaß einen gemütlichen Biergarten. Doch Müller hatte darauf bestanden, dass wir innen essen. Der Kellner führte mich nach hinten, in eine Ecke, zu der fast kein Licht gelangte. Dass Müller dort bereits saß, erkannte ich erst, als ich vor seinem Tisch stand.

„Gut getarnt," begrüßte ich ihn. „Ihr Deutschen schaut immer so verzweifelt, als ob die Welt untergehen würde. Dabei lebt ihr im Paradies, während ich aus der Hölle komme."

„Paradies?" runzelte er die Stirn.

„Jetzt schauen Sie, als ob eine Bombe geplatzt und ich daran schuld wäre. Lachen Sie doch einmal. Mann, heute ist ein so schöner Tag. Man muss jede Sekunde genießen. Das Leben ist wie Musik. Für einige Augenblicke hebt sie dich in den

Himmel, dann verstummt sie, und du lebst wieder in der Hölle. Doch dieser Abend heute ist wie Musik." Ich begann die Melodie des Vogelfängers aus der Zauberflöte zu pfeifen und alle möglichen Grimassen zu schneiden, bis Müller endlich lächelte.

„Wir sagen du. Ich bin Daniel." Er gab mir die Hand, erzählte, dass er den Tag mit Recherchen am Computer verbracht und entdeckt hätte, dass Bastian aus einer Lehrerfamilie stammte, sein Großvater aus Schlesien vertrieben worden war und sein Vater sich in der Schlesischen Landsmannschaft als Vorsitzender einer Ortsgruppe engagierte, dass Neubers Großvater im Zweiten Weltkrieg als Offizier in Russland gefallen war, sein Vater Berufssoldat wurde und nun eine Sicherheitsfirma leitete. Nur über den Studenten, der sich mit dem Bombenattentat auf den Obsthändler gebrüstet hatte, hätte er nichts herausfinden können. Aber interessant sei auch, dass der Vater der Rocksängerin Ada Heil, Eberhard von Schöpsmark, dem preußischen Adel angehörte, nach der Wende das alte, heruntergekommene Schloss seiner Familie zurückerhalten und heute dort einen Verlag für rechtsnationale Schriften betrieb. „Möglicherweise sind wir einem rechtsradikalen Netzwerk auf der Spur, Mehmet! Du musst mir helfen, es aufzudecken."

Er lud mich zu einem hervorragenden Essen ein. Als Vorspeise gab es Auberginenpüree und mit Käse gefüllte Blätterteigstäbchen, als Hauptspeise Lammeintopf.

Während des Essens redete er von seiner Familie: „Eigentlich sollte ich an diesem Abend auf Lasse aufpassen, da Miriam für das Ballett trainieren wollte. Sie war deshalb ziemlich verärgert, dass ich nicht zum Abendessen blieb, stand an der Tür und drückte Lasse an sich. ‚Mama fährt mit mir Fahrrad,' rief er fröhlich. Ich habe den Eindruck, dass die beiden immer mehr zusammenwachsen, während sie mir fremder werden. Schuldgefühle gegenüber Frauen hatte ich schon immer, schon damals, als ich noch aufs Gymnasium ging und mit meinem Vater zusammen abends im Fernsehen politische Magazine anschaute, während Mama die Wäsche bügelte.“

Ich wusste nicht, was ich sagen sollte. Warum breitete er seine Eheprobleme vor mir aus, obwohl wir uns kaum kannten und er mich noch vor kurzem für einen Terroristen gehalten hatte? Doch schließlich ließ ich mich in ein privates Gespräch verwickeln, sagte, dass es bei uns anders gewesen wäre, dass Mama immer in der Küche war, wenn sie nicht gerade in den Suk zum Einkaufen ging, dass es immer nach Knoblauch, Zwiebeln und Gewürzen roch und wir uns auf das Abendessen freuten. Denn besser als Mama konnte niemand kochen. Müller meinte wehmütig: „So war es früher auch bei uns,“ und wechselte unvermittelt das Thema: „Merkwürdig, dass die Burschenschaftler dir vertrauen, dich sogar einluden, bei ihrer Aktion mitzumachen. Vermutlich imponierte ihnen, dass du dich besser in deutscher Musikkultur auskennst als sie selbst. Mehmet, diese Chance müssen wir nutzen.“

„Wie deine Frau sagte: ich bin Musiker und kein Spitzel. Ich will mich da nicht hineinziehen lassen.“

Müller trank sein Bierglas leer und bestellte ein neues. „Mir geht es um Wahrheit. Ich glaube nichts, bevor ich nicht alle Quellen überprüft habe. Miriam erregte sich, als ich ihr von Ahmets letzter Mail erzählte: ‚Unschuldige Menschen werden von einer amerikanischen Drohne getötet.‘ Sie hätte wahrscheinlich volles Verständnis, wenn Ahmet zu einem Selbstmordattentäter würde. Vielleicht hat sie recht. Aber in meinem Beruf muss man ein Mann ohne Eigenschaften sein. Mitleid, Partei für jemanden zu ergreifen, Wut und Empörung zu zeigen wie Miriam, ist da unprofessionell. Das kann eine Künstlerin wie sie tun, aber nicht ich. Dann nämlich verlässt man sich auf Emotionen, macht Fehler. Als erstes überprüfte ich also, ob dieser Drohnenanschlag überhaupt stattgefunden hatte. Ich rief dazu einen Kollegen des Auslandsgeheimdienstes an, Sigi Feld. Er hat ebenso Arabistik studiert, im selben Jahr wie ich promoviert, war auch arbeitslos gewesen, folgte meinem Beispiel und ging zum Staatsschutz, obwohl er als Student unseren jetzigen Job verurteilt hätte. Feld benötigte nicht viel Zeit, um die Bestätigung für diesen vielfachen Mord an Zivilisten zu finden. ‚Eine scheußliche Sache,' sagte er. ‚Mit der Drohnenjagd hat Obama angefangen. Man sollte ihm den Friedensnobelpreis aberkennen.' Ich hatte keine Lust auf politische Diskussionen, dankte und überlegte, was dies für meinen Fall bedeutete."

Sobald Müller zu sprechen anfing, achtete er nicht mehr auf sein Gegenüber. Er aß und redete, und ich schwieg, genoss das Essen und hörte zu.

„Ein Anruf Oberths, meines Chefs, riss mich aus meinen Gedanken. Er wartete auf mich mit einigen anderen Kollegen, darunter unserer IT-Spezialistin Irmgard Lang, in seinem Büro und fragte mich, ob wir genug Informationen hätten, um dich und Ahmet festnehmen zu lassen und abschieben zu können. Er wollte endlich Action, wie er das immer nennt, wohl wissend, dass es beim Innenminister gut ankommt, wenn er eine erfolgreiche Abschiebung bewirkt hat. Mein Kollege Ortler pflichtete ihm bei: ‚Es ist ganz klar: die beiden sind eine drohende Gefahr, der eine wegen seiner Schwester, bei der er die Familienehre retten muss, und der andere, da er so verzweifelt ist, dass er einen Selbstmordanschlag durchführen wird.'

Ich entgegnete, dass wir Ahmet auf jeden Fall überwachen sollten. Aber ihn deshalb zu verhaften, wäre voreilig. Immerhin hätte er in seiner vorletzten E-Mail glücklich und stolz über seine Stelle als Schneider und seinen Plan berichtet, Geld für ein eigenes Geschäft anzusparen. Auch dass du ein Gefährder sein könntest, sei nicht bewiesen. Vielmehr träfe das Gegenteil zu. Du wärst ein Opfer des islamistischen Terrors, ein aufgeklärter Mensch, der sich in unserer Kultur, zumindest in der klassischen Musik, besser auskennt als die meisten Deutschen. Oberth gähnte während meines Vortrags mehrmals gelangweilt und unterhielt sich flüsternd mit Ortler und Olafson. Nur Irmgard nickte zustimmend.

Oberth wechselte das Thema und sagte grinsend, dass der Bombenanschlag am Obststand vor einigen Tagen kurz vor der Aufklärung stünde. ‚Ortler und Olafson sind nämlich erfreulicherweise effizienter als du.' Dann forderte er die beiden auf, zu berichten. Ortler wollte herausgefunden haben, dass der Obsthändler ein Alewit war, dass dessen Frau aber aus einer sunnitischen Familie stammte und er sie gegen den Willen ihrer Familie geheiratet habe, weshalb sich die Familie seiner Frau gekränkt gefühlt und die Bombe gelegt hätte. Oberth lobte meine Kollegen. Doch als ich fragte, ob es Beweise gäbe, musste er eingestehen: ‚Nicht direkt. Aber immerhin arbeitete die Frau gerade an diesem Tag nicht, obwohl sie sonst immer gemeinsam mit ihrem Mann die Kunden bediente. Auch ist sie nicht auffindbar, genauso wenig wie ihre Familie. Wir haben sie zur Fahndung ausgeschrieben.'

‚Ich gratuliere zur Anwendung der Heisenbergschen Quantentheorie auf unsere Wirklichkeit!'

Entgeistert blickten sie mich an. Aus ihren Gesichtern las ich so etwas wie Mitleid mit einem offenbar überintelligenten und deshalb wirklichkeitsfremden Akademiker.

Oberth blickte ostentativ auf seine Uhr: ‚Was soll das jetzt? Ich habe keine Zeit für Abschweifungen in die Physik.'

‚Die Quanten sind in der Physik die kleinsten Teilchen. In der Gesellschaft sind es die Individuen. Wir sind die Beobachter und die Art unserer Beobachtung ändert die Gesellschaft. Ihr zieht es beispielsweise vor, diesen Bombenanschlag als innertürkische Sache zu bewerten. Dadurch wird die Gesellschaft in ihrem Vorurteil bestärkt, dass Mohammedaner gewalttätig, kriminell und gefährlich sind. Würden wir aber meinen Standpunkt als Beobachter einnehmen, dass möglicherweise Rechtsradikale den Terroranschlag verübt haben, würden die Türken ganz anders dastehen, wären Opfer und nicht Täter und die deutsche Gesellschaft wäre keineswegs besser als die muslimische, vielleicht sogar schlimmer.'

Oberth war wütend. Er verlangte, dass ich jetzt endlich aufhören sollte mit meinem Gerede über Heisenberg, dass ich mich in Verschwörungstheorien versteigen und Fake News verbreiten würde. ‚Wir sind eine objektiv arbeitende Behörde.‘

‚Das sagst du nach der jahrelangen Vertuschung des Nationalsozialistischen Untergrunds?‘ lachte ich. ‚Wenn du dich weigerst, der rechtsradikalen Spur nachzugehen, bist du es, der Fake News verbreitet.‘

‚Gibt es denn eine Spur?‘ Oberth wirkte etwas verunsichert und war bereit zuzuhören. Ich berichtete, was du mir erzählt hast.

Oberth schwieg eine Ewigkeit lang. Das tat er immer, wenn er als Chef seine Autorität beweisen musste. Manchmal schwieg er über eine Woche, was die Abteilung zutiefst verunsicherte, da jeder die Schuld bei sich suchte.

Doch schließlich erweiterte er meinen Auftrag. Ich bin nun nicht nur für das Brückenfestival verantwortlich, sondern auch für die Identitären. Oberth unterstellte mir weitere Mitarbeiter, verlangte wöchentlich einen Bericht und eine sofortige Benachrichtigung bei besonderen Entwicklungen.

Jetzt bist du im Bilde, Mehmet. Du musst mit mir zusammenarbeiten. Nur ich kann dich schützen. Andernfalls wird Oberth sicherlich einen Vorwand finden, dich und Ahmet abschieben zu lassen.“

Müller hatte nicht nur viel geredet, sondern auch schnell gegessen. Jedenfalls waren wir beide fast gleichzeitig mit unserem Lammeintopf fertig. War Müller wirklich mein Freund, wie er vorgab? Was bedeutete sein vertrauliches Benehmen? Würde er tatsächlich etwas geben Oberth unternehmen, um mich und Ahmet vor einer Abschiebung zu schützen? Oder erfand er Oberths Drohungen, um mich auf seine Seite zu ziehen? Wie er in der dunklen Ecke des Restaurants saß mit seinem blauen, karierten Hemd, seiner schwarzen Jeans und seinem grauen Gesicht, zumeist an mir vorbeischauend, die Eingangstüre im Blick, als ob er jemanden erwarten würde, dies alles war etwas unheimlich, aber zugleich auch komisch wie in einem schlechten Agentenfilm.

„Du musst unbedingt noch eine Nachspeise essen. Baklava

mit Walnüssen ist ein Gedicht.“ Er bestellte das Dessert, ohne meine Antwort abzuwarten.

„Warum treffen wir uns in einem türkischen Restaurant?“ fragte ich.

„Lass dies meine Sorge sein.“

„Ich weiß nicht, ob ich dir trauen kann. Es gibt in Tausendundeine Nacht die Geschichte von dem Kaufmann, der Datteln aß, die Kerne achtlos wegwarf und von einem Geist beschuldigt wurde, er habe damit seinen Sohn getötet. So kommt ihr mir hier vor: Seid ihr auch solche Geister? Ihr beschuldigt Ahmet und mich, Verbrechen zu begehen, von denen wir nichts ahnen. Allein schon über die Grenze zu fahren, machte uns illegal. Wenn unsereins eine Schwester hat, die von einer Fatwa verfolgt wird, dann beschuldigt ihr uns, dass wir sie umbringen werden. Wenn eure Soldaten eine Familie mit einer Drohne auslöschen, haltet ihr das nicht für euer Verbrechen; nein, es wird in euren Augen zu unserem Verbrechen, da ihr euch sicher seid, dass ein Verwandter der Überlebenden, nämlich Ahmet, ein Selbstmordattentat verüben wird. Im Märchen tötet der Geist schließlich den Kaufmann. Wird es für mich und Ahmet auch so ausgehen?“

Müller lächelte und sagte, dass die Märchen aus Tausendundeine Nacht und Goethes Westöstlicher Diwan letztlich der Grund waren, dass er Orientalistik studiert hätte. Er würde unsere Kultur hochschätzen. Aber diese Märchen hätten nichts mit der heutigen Realität zu tun. Es gebe eben Gesetze und die würden zum Beispiel den Grenzübertritt regeln. Auch gebe es das Kriegsrecht und der Drohnenkrieg wäre eine Antwort auf den Terrorismus. „Wir leben hier in einem Rechtsstaat, Mehmet.“

Rechtsstaat?“ lachte ich. „Gesetze sind menschengemacht und entsprechen nicht immer dem Recht. Das weiß ich aus Syrien nur allzu gut. Auch dort gibt es Gesetze und viele sind unmenschlich.“

„Aber wir haben hier eine Demokratie.“

„Und damit ist alles gut, zum Beispiel, dass Tausende Flüchtlinge im Mittelmeer sterben?“

Müller wirkte verärgert. Ich sah ihm sein Misstrauen an. Vielleicht überlegte er gerade, ob er mich nicht doch falsch eingeschätzt hatte.

Doch dann gab er mir recht: „Mehmet, ich bin ganz deiner Meinung. Auch eine Demokratie kann Fehler machen. Wenn zum Beispiel die Mehrheit gegen Fremde ist, werden fremdenfeindliche Gesetze beschlossen, auch wenn diese letztlich unmenschlich sind. Um solche Entwicklungen zu verhindern, könntest du jetzt etwas tun. Du könntest helfen, die identitären Studenten zu entlarven. Dazu müssten wir die wirklichen Täter des Bombenattentats finden. Deshalb bitte ich dich, zur Flashmob-Probe zu gehen. Vielleicht entdecken wir so die Spur zu den rechtsradikalen Bombenlegern.“

„Warum eigentlich nicht?“ überlegte ich laut. „Der Kampf gegen Machtarroganz und Unmenschlichkeit geht weiter, nicht nur daheim in Damaskus, sondern auch hier. Es gibt kein gelobtes Land der Freiheit.“

Müller nahm ein Stück Baklava und nickte zustimmend: „Allein, dass ihre Theorien von deutscher Leitkultur durch dich wiederlegt werden, muss dich doch mit Genugtuung erfüllen: die Korpsstudenten bei dem Rockkonzert hielten dich für einen Deutschen, da du dich besser in dem, was sie für deutsche Musikkultur halten, auskennst als sie, obwohl du ein Syrer bist.“

Mich erfüllte ein Hochgefühl wie nach dem Konzert. Ich kann es, jubelte es in mir. Ich schaffe es! Aber ich ließ Müller nicht so einfach davonkommen: „Die Bespitzelung der Flashmobprobe ist für mich nicht ungefährlich. Das musst du zugeben. Ich verlange eine Gegenleistung.“ Ich war überrascht. So selbstbewusst kannte ich mich noch nicht. „Im Gegenzug findest du heraus, ob Salome wirklich meine Schwester ist. Ich will wissen, wo, wie und von was sie lebt, was für ein Mensch sie ist. Das dürfte für dich doch kein Problem sein.“

Müller trank seinen Espresso aus und fragte mich, warum

ich das unbedingt wissen wolle. „Würde es dich nicht interessieren, wenn du deine Schwester seit Jahren nicht mehr gesehen hast?“

„Es könnte aber auch sein, dass du die Fatwa planst.“

„Ich liebe meine Schwester.“

„Aber vielleicht ist dir die Ehre deiner Familie wichtiger.“

„Du kennst meine Familie nicht.“

Ich begann mit meiner rechten Hand, an meinem Ohrläppchen zu zupfen, wiederholte diesen Satz ständig, allerdings immer unverständlicher, bis es nur noch ein Genuschel war. Schon nach wenigen Sekunden war dieser Tic vorüber und ich lächelte wieder. „Sind wir uns einig?“ fragte ich.

„Ja, wenn du keine dummen Sachen machst.“

Wir gaben uns die Hand.

„Zur Flashmob-Probe werde ich dich in meinem Wagen abholen. Sie ist übermorgen. Es wird schon gut gehen.“ Müller umarmte mich freundschaftlich. Ich hatte das Gefühl, dass er es ehrlich meinte.

Müller hupte pünktlich vor dem Flüchtlingsheim, fuhr mit mir einige Straßen weiter und hielt dann in einer kleinen Gasse, um mich zu instruieren. „Du heißt Michael Maier, bist Pianist und Klavierlehrer, hast auf der Hochschule bei Professor Gutekunst studiert. Ich glaube, diese Identität ist von der deinigen nicht so weit entfernt. So kannst du dich gut hineinleben und machst auch keine Fehler. Aber immer merken: Dein Name ist Michael Maier. Vergiss Mehmet. Für alle Fälle hast du den Personalausweis. Die dort angegebene Adresse gibt es wirklich. Hier hast du den Schlüssel für diese Wohnung, falls es hart auf hart kommt.“

„Ich habe eine neue Identität! Ist das die Integration, wie ihr sie euch in Wirklichkeit vorstellt?“ lachte ich.

Müller ging darauf nicht ein. Er parkte sein Auto am Englischen Garten. „Die letzten Meter gehen wir.“ Wir durchquerten den Park. Dabei schärfte er mir ein, dass ich mir die Teilnehmer der Flashmobprobe genau anschauen sollte, dass ihm vor allem der Student, der sich mit dem Bombenattentat gebrüstet hatte, wichtig war. „Wenn du ihn siehst, musst du ihn mit deinem Smartphone fotografieren, musst dich mit ihm unterhalten, musst versuchen, seinen Namen herauszufinden.“

„Wenn es mit der Pianistenkarriere nicht klappt, werde ich Spion.“ Ihn irritierte, dass ich die Aktion nicht allzu ernst nahm. Er schärfte mir ein, dass ich keinen Fehler machen dürfe.

„Ich bin perfekt. Du hast mich doch beim Konzert gehört. Hast du einem Fehler bemerkt?“ Als er verneinte, lästerte ich: „Wenn man einen Fehler nicht hört, dann ist es auch keiner.“ Immer wenn ich aufgeregt bin, werde ich übermütig.

Wir waren gerade am Eisbach angelangt, als er mir ein kleines Funkmikrophon in die Hand drückte und mich bat, es an meiner Unterhose innen anzuknipsen. „Zwei Autos mit Leuten von uns sind in nächster Nähe zur Villa der Burschenschaft platziert. Dort können wir alles mithören und auch eingreifen, falls du in Gefahr bist.“

Ich starrte für einen kurzen Moment auf zwei nackt sich sonnende Frauen. „Hier liegen sie einfach da, bei uns wären sie schon längst von der Polizei abgeführt worden. Diese Schamlosigkeit ist sogar für mich etwas fremd. Da müsst ihr mich noch etwas integrieren.“

Müller überhörte dies und fragte, ob ich das mit dem Mikrophon verstanden hätte.

„Ja, Mann, mach dich doch etwas lockerer. Wer islamistische Rebellen, Assads Geheimdienst, eine Fahrt im Schlauchboot über das vom Sturm aufgewühlte Mittelmeer und die Flucht durch den Balkan überstanden hat, wird diese Flashmobprobe auch noch bewältigen.“

Müllers Nervosität ließ etwas nach. Er gab mir ein Handy, das der Dienst auf den Namen Michael Maier eingerichtet hatte, und nahm mir das meinige ab. Nun wirkte er ein wenig entspannter und redete sogar über etwas anderes als über unsere Aktion: „Als ich noch studierte, sonnte ich mich mit Miriam oft am Eisbach. Wir kühlten uns immer wieder in seinem frischen Wasser und schwammen einige Meter. Wir genossen diese paradiesische Freizügigkeit und Lebensfreude, dieses Gefühl der Unbeschwertheit, der Befreiung aus jeglicher Enge."

Ich schaute ihn verwundert an: „Sind diese Frauen alle zu haben? Sind das so etwas wie Huren?"

„Keineswegs, Du hast antiquierte Vorstellungen. Es gibt nichts schöneres, als nackt in der freien Natur zu sein."

Wir gingen bis zum hinteren Teil des Englischen Gartens, wo wir in eine Straße mit alten Jugendstilhäusern einbogen. Schon bald erreichten wir die Villa der Burschenschaft Isaria. Müller zeigte mir die beiden Autos: in dem einen saßen seine Kollegen vom Verfassungsschutz, im anderen vier Kriminalbeamte. „Wir können sofort einschreiten, wenn es gefährlich wird," beruhigte er mich. Dann ließ er mich allein weitergehen.

Ich trat durch die mit Blumenornamenten geschmückte schmiedeeiserne Gartentüre ein und stand einige Sekunden unschlüssig vor der Jugendstilvilla. Die Rundbögen an den Fenstern und der kleine Turm gaben ihr den Charakter einer mittelalterlichen Burg, und das große Walmdach, die schwarz gefärbten Dachbalken und Fensterrahmen fügten eine rustikal oberbayerische Note hinzu. Die Villa stand in einem Garten mit einer das Haus überragenden Rotbuche und von englischem Rasen umgebenen Rosenbeeten, dahinter Gebüsch, unter dem Bärlauch und erste Maiglöckchen blühten. Ich hörte Sprechgesang und Trommelschläge. Sie übten wohl schon den Flashmob, dachte ich, und drückte auf die Klingel.

Ein kahlköpfiger, mit einem blauweiß karierten Hemd bekleideter Mann erschien und reichte mir zur Begrüßung die Hand. „Michael Maier?"

Ich nickte und versuchte einen Small Talk: „Schöner Maitag, heute. Endlich ist es etwas wärmer geworden."

Doch der Mann ging darauf nicht ein. „Dein Freund Bastian ist schon da," sagte er. Dann tastete er mich ab. Ich war erleichtert, dass er nur ziemlich oberflächlich vorging und das

Mikrophon übersah: „Die Treppe hoch, einfach die Tür öffnen und du stehst im großen Saal."

Neuber begrüßte mich mit seiner schneidend hellen Stimme: „Na endlich. Wir dachten schon, du hättest es dir anders überlegt. Das ist der zweite Neue: Michi Maier, herzlich willkommen!"

Die Teilnehmer des Workshops trampelten zur Begrüßung mit ihren Füßen auf den Parkettboden.

„Für Freund Michi wiederhole ich es nochmals. So darf ich dich doch nennen?" Er wartete meine Antwort nicht ab. „Wir gehen zum Brückenfestival, völlig unauffällig, am besten in Jeans, T-Shirts, wenn ihr wollt, auch in Stiefeln, aber bitte nichts Extremes. Keiner darf merken, wer wir sind. Erst wenn ich meinen Arm hebe, beginnen wir. Ihr klopft dann mit einem Löffel, den ihr bitte mitnehmt, auf Eure Bierflasche den Rhythmus, den Ada jetzt vormacht." Die Sängerin schlug nun auf einer Trommel den Marschrhythmus: da – dada – da – da, den wir anschließend nachahmten. Ada korrigierte die Betonung und tadelte einige Teilnehmer, dass sie zu schnell waren. Nach einigen Wiederholungen war sie zufrieden. Dann befahl Neuber: „Jetzt deklamiert ihr in diesem Rhythmus die folgenden Worte: *Wir verteidigen unsere Kultur, unsere Heimat, unsere Tradition.*" Er sprach überzeugend, fast wie ein guter Schauspieler. „Am Anfang müsst ihr diese Worte ganz langsam, mit vielen Pausen sprechen." Er machte es vor und ließ es uns nachmachen. „Ja, gut so, und nun etwas schneller und lauter." Einige kamen ins Straucheln und es ging durcheinander. Doch schließlich klappte es. Wir ließen diesen Satz anschwellen, dass er wie eine gewaltig anwachsende Welle wirkte. Auch mit anderen Sätzen probten wir es: *Wir sind gegen die One-World-Propaganda! - Wir kämpfen gegen den Austausch unseres Staatsvolkes! - Die Fremden sollen zurück: Remigration ist das Gebot der Stunde!*

„Das wird der geilste Flashmob aller Zeiten!" lobte Neuber. Wir machten nun eine Pause, gingen zu den am Rand aufgestellten Bierkästen und erfrischten uns. Ich stieß mit meinem Nachbar an, trank einen Schluck und wandte mich zur Türe. Doch der Mann, der mich anfangs hereingelassen hatte, fragte mich: „Willst du schon weg?“ Ich vermutete, dass er der Hausmeister war und fragte ihn: „Wo geht’s zum Pinkeln?“

„Da lang. Aber du hast doch noch gar nichts getrunken.“

Ich stieg die Treppe hinauf, fand das Klo. Danach öffnete ich eine der Türen und stand in einer Bibliothek. Mit leiser Stimme sprach ich wie in einem Selbstgespräch und hoffte, dass es Müller über das Funkmikrophon mitbekam: „Bildbände über Rembrandt, Dürer, Caspar David Friedrich, Arnold Böcklin, Gesamtausgaben von Goethe, Schiller, Hegel, Alfred Rosenbergs *Mythos des 20. Jahrhunderts*, Oswald Spenglers *Untergang des Abendlandes*, Hitlers *Mein Kampf*, Thilo Sarrazins *Deutschland schafft sich ab*, auf dem Lesetisch die neuesten Ausgaben der *Jungen Freiheit* und von *Compact*.“ Zur Sicherheit fotografierte ich die Buchtitel mit meinem Smartphone.

Plötzlich schlug mir jemand auf den Kopf, so dass ich ohnmächtig niedersank. Als ich wieder aufwachte, lag ich auf einem Sofa in der Bibliothek. Neuber stand über mir und sagte vorwurfsvoll: „Du spionierst uns aus.“ Ich hörte seine Stimme wie von weit her, wollte etwas sagen, konnte es aber nicht. „Du hast mich enttäuscht. Ehrlich, das hätte ich von dir nicht gedacht.“ Ich brachte einige Laute heraus. Von der Tür hörte ich Adas Stimme: „Warum hast du ihn niedergeschlagen? Der Mann ist ja bewusstlos.“

„Er hat in der Bibliothek herumspioniert,“ sagte der kahlköpfige Hausmeister.

„Und wenn er sich einfach nur für Bücher interessiert?“ fragte Ada.

„Aber er hat die Titel mit seinem Handy fotografiert,“ rechtfertigte sich der Kahlköpfige.

„Ja und? Vielleicht will er die Bücher lesen und kann sich nicht alle Titel auswendig merken.“

Ada beugte sich über mich und schien ehrlich besorgt:

„Geht es dir besser?“ Nun brachte ich ein undeutliches „ja“ heraus.

„Hast du Kopfweh?“ Sie sagte, dass sie Kaffee holen ginge. Als sie wiederkam und ich einen Schluck trank, kam ich wieder zu Bewusstsein. „Einige Jungs sind immer so schnell gewalttätig. Das hasse ich,“ sagte sie.

Die schneidige Stimme Neubers tauchte wieder auf. „Na, wieder wach? Das war ja ein ganz schön starker Schlag.“

„Bibliotheken kann ich nicht widerstehen,“ sagte ich mit einem reumütigen Unterton.

„Aber du hättest fragen müssen. In die Bibliothek dürfen nur die Mitglieder der Isaria.“

„Das konnte er nicht wissen,“ mischte sich Ada ein.

„Aber warum hast du fotografiert?“

„Ich hatte nichts zum Schreiben.“

Neuber schüttelte den Kopf. „Ich weiß nicht, ob wir dir trauen können.“

„Ich bürge für ihn,“ erwiderte Ada trotzig.

„Wenn du dich da mal nicht übernimmst.“ Neuber verließ die Bibliothek und schmiss die Türe zu, kam aber schon wieder nach wenigen Minuten herein und sagte: „Ich habe Eber informiert. Er meint, wir wären leichtsinnige Idioten. Aber wenn du Michi vertraust, will er ihm eine Chance geben. Du bist eben seine Tochter.“

Dann ging die Probe weiter. Wir wiederholten nochmals alles. Neuber und Ada waren Perfektionisten. Ich staunte über die Geduld der Teilnehmer. Als die Probe schließlich zu Ende war, kam der junge Mann auf mich zu, der sich beim Rockkonzert mit dem Bombenattentat gebrüstet hatte. „Echt geil,“ sagte er. „Da werden die Gutmenschen beim Brückenfestival staunen.“

„Wird aber alles schön friedlich, oder?“ fragte ich.

„Täusche dich da nicht. Der Flashmob dient nur zur Ablenkung der Sicherheitsleute. Aber das wissen nur wenige,“ flüsterte er geheimnisvoll.

„Du machst mich neugierig.“

„Alles andere ist geheim.“

„Klar, doch.“

„Vielleicht weihe ich dich ein, wenn wir uns besser kennen.“

„Wie erreiche ich dich?“

„Ich gebe dir meine Karte.“ Karl Zara, Student der Volkswirtschaft stand darauf in gotischen Buchstaben.

„Danke, ich rufe dich an.“

Als wir aus der Villa hinaustraten, hatten einige noch Bierflaschen in der Hand. Der Hausmeister schimpfte, dass sie ihm die leeren Flaschen unbedingt zurückgeben müssten. Ich ging zusammen mit Bastian und Karl Zara zur U-Bahnstation.

Vor der Flüchtlingsunterkunft stand schon Müllers BMW. Er öffnete die Tür und forderte mich auf einzusteigen. Sie hatten alles mitgehört und waren zufrieden mit den Informationen. Vor allem freute sich Müller, dass ich Zaras Visitenkarte hatte. „Das ist der Mann, der sich bei dem Rockkonzert mit dem Bombenattentat auf den Gemüsehändler gebrüstet hat,“ sagte ich nicht ohne Stolz.

Den Abend verbrachte ich im Flüchtlingsheim. Es war das erste Mal seit langem, dass ich nicht durch München streifte. Je mehr Menschen dieser Stadt ich kennen lernte, desto fremder erschien sie mir. Irgendwie gehörte ich doch mehr zu Joe, Maria, Jossuf, Abdul und Kadir, wenn wir auch noch so zusammengewürfelt und uns einander fremd waren. Ich lud sie zu einem Bier ein. Joe hatte Reis mit Tomaten und kleinen Leberstückchen gekocht und scharf mit Chili gewürzt. Auch wenn seine afrikanische Küche für mich ungewohnt war, langte ich tüchtig zu, was ihn freute. Gegen uns muss also die deutsche Kultur verteidigt werden, dachte ich. Alpha und Melody tobten durch den Gang und protestierten, als Joe und Maria sie ins Bett brachten. Yossuf bekam, wohl begünstigt durch den Alkohol, wieder einen seiner Tobsuchtsanfälle, weil die Kinder die angeblich für ihn so wichtige Nachtruhe störten, und Abdul machte sich Vorwürfe, dass er sich von mir zu einem Bier hatte verleiten lassen. Kaum war Kadir im Bett, schnarchte er schon. Da leuchtete eine Push-Nachricht auf meinem Smartphone auf. Ich las Ahmets neue E-Mail.

Bruder, meine Zeit läuft ab. Gestern traf der Brief mit der Ablehnung meines Asylantrags ein. Spätestens in dreißig Tagen muss ich Deutschland verlassen haben. Dann war alles umsonst. Auch unsere gemeinsame Flucht. Aber noch immer hoffe ich. Meine Chefin hat einen Brief an den zuständigen Abgeordneten geschrieben, in dem sie sich beschwerte, dass sie mich ausgebildet habe, dass ich nun einer ihrer wichtigsten Mitarbeiter sei, sie nicht auf mich verzichten könne und es überhaupt ein Irrsinn wäre, Menschen wie mich aus dem Land zu werfen. Sie hat Proteste angekündigt, eine Demonstration. Meine Pflegeeltern haben einen Rechtsanwalt engagiert, den teuersten und besten, wie sie mir versicherten. Er würde beweisen, dass meine Abschiebung inhuman sei. Aber meine Chefin und meine Gasteltern sagten auch mit bedauerndem Blick, dass sie gegen die Gesetze nichts machen könnten. Deutschland wäre ein Rechtsstaat.

Mehmet, ich hoffe, aber eigentlich bin ich verzweifelt. Die Menschen sind hier meistens freundlich und nett. Doch sie begreifen nichts, da ihr Leben noch nie bedroht wurde, da sie ihren Wohlstand so gewöhnt sind, dass sie sich etwas anderes gar nicht vorstellen können. Wenn es so weit kommt, werden sie mir nicht helfen, werden bedauernd, traurig und protestierend zuschauen, wie ich abgeholt werde.

Werde ich dasselbe wie mein Freund Siar tun, wenn sie mitten in der Nacht kommen? Bei ihm klingelten sie gegen halb zwei Sturm, klopften an der Tür, klopften immer lauter, drohten, das Schloss aufzubrechen, falls er nicht öffnete. Er ließ sie schließlich herein, und sie baten ihn freundlich, seinen Koffer zu packen, ein paar Sachen zu suchen und dann mit ihnen zu gehen. Seine Frau Afsahne schrieb mir später aus Kabul, dass er sich geweigert habe, mit ihnen zu gehen. Entsetzt schrien die Kinder, als sie von einer Polizistin aus dem Schlaf geweckt wurden. Afsahne bekam einen Heulanfall. Siar nahm das Küchenmesser, ging auf den Polizisten los, der zurückwich und seine Pistole zog. Inzwischen hatten sich die Türen der anderen Wohnungen geöffnet. Die Nachbarn waren gute Menschen, schrieb Afsahne, hatten ihnen viel geholfen, ihnen Kinderkleidung, Küchenutensilien, sogar den Fernseher geschenkt. Aber jetzt schauten sie nur zu, sprachlos. Nach wenigen Augenblicken schlossen sie wieder ihre Türen, konnten und wollten es wohl nicht ansehen. Dann stürmten mehrere Polizisten die Treppe hoch, umzingelten Siar und sagten, er solle aufgeben, ihm würde nichts passieren. Inzwischen hatte die Polizistin ein Tuch in Afsahnes Mund gestopft, damit sie nicht mehr schreien konnte. Einer der Beamten ging auf Siar los, wollte ihn blitzschnell mit seiner trainierten Kampftechnik überwältigen. Doch Siar war schneller, stieß sich das Messer in die Halsschlagader, und das Blut spritzte zur Decke. Zwar versuchten die Polizisten, ihn zu retten. Doch er verblutete. Die Kinder hörten auf zu schreien, starrten nur noch stumm auf ihren leblosen Vater. Sie würden das sicher ihr ganzes Leben lang nie vergessen, schreibt Afsahne. Sie wurden in ein Abschiebezentrum gebracht und mit anderen Afghanen zwei Tage später nach Kabul geflogen. Jetzt lebt sie mit ihren Kindern auf der Straße.

Bruder, das ist also die Humanität der Christen. Sie ist nichts anders als eine Maske. Hier in diesem Land ist vieles maskiert. Das fängt schon bei dem Wort „Abschiebung" an. In Wirklichkeit ist es eine Form von Deportation.

Dein Bruder Ahmet

4

Mi hats dawischt, der Himmel brennt.

Während der folgenden Tage konnte mich nichts aus meiner Niedergeschlagenheit herausholen. Alles, so schien mir, ging schief. Unsere ganze Existenz war falsch. Wir konnten uns noch so anstrengen. Dennoch hatten wir keine Chance. So wie Ahmet. Er war, davon bin ich überzeugt, der beste Schneider Kabuls, hatte hier trotzdem nochmals eine Ausbildung gemacht, war erfolgreich, wurde von seiner Chefin geschätzt und jetzt sollte er abgeschoben werden. Vorbei die Hoffnung auf ein eigenes Geschäft, auf eigenen Verdienst, auf ein wenig Wohlstand, auf Rettung von Vater und Mutter aus Kabul, auf ein Leben in Sicherheit und Freiheit. Ich kannte Ahmet allzu gut. Seit seiner Geburt lebt er im Krieg. Er wird jetzt denken, dass auch hier Krieg herrscht. Er wird kämpfen. Das war klar. Sein Leben hatte er schon oft riskiert. Wie oft hatte er mir während unserer Flucht durch Mazedonien und Serbien erzählt, wie er seine Schwester vor den Taliban gerettet hatte, so sehr nagte die Geschichte an ihm. Jeden Morgen brachte er sie zur Schule und holte sie am Abend wieder ab, um sie zu beschützen. Eines Tages trat ihnen ein Mann mit dunklem Turban und schwarzem Bart in den Weg und wollte Liah mitnehmen. Ahmet stellte ihm ein Bein und rannte weg. Als dieser ihnen folgte, griff Ahmet nach einem faustgroßen Stein, zielte und traf den Mann am Kopf. Dieser blieb regungslos liegen, und Liah war gerettet. So war Ahmet. Er kämpfte, auch wenn es aussichtslos war. Wenige Tage später klopften mitten in der Nacht Männer an die Tür. Er hatte gerade noch Zeit, aus einem der Fenster hinauszuspringen. Sie brachen die Türe ein, schlugen Vater und Mutter nieder und nahmen Liah mit. Ahmets kühner Steinwurf hatte also nichts genützt. Er hatte nur alles noch schlimmer gemacht. Er musste aus Kabul fliehen, der Vater erlitt einen Herzinfarkt und die Mutter hatte wochenlang Heulanfälle.

Waren wir nicht dazu verdammt, Verlierer zu sein? Das dachte ich, als ich im Büro des Konzertagenten den Vertrag unterzeichnete. Es war ein heller Raum mit Möbeln aus Leder und Stahl, Konzertplakaten an den Wänden und einer freundlichen Assistentin, die mir einen Espresso reichte. Der Agent erklärte mir die Klauseln und versprach einen Vorschuss, den er ab dem nächsten Monat überweisen würde.

„Du kannst dir schon einmal eine Wohnung suchen. Jetzt beginnt für dich die internationale Karriere."

Als ich ihn ungläubig anschaute, zeigte er mir den Entwurf eines Werbeprospekts. „Der Trümmerpianist aus Damaskus", stand dort in großen Buchstaben. „Die Islamisten haben seinen Finger abgeschnitten. Aber er spielt dennoch brillanter als die meisten anderen seine einzigartigen Programme aus Klassik, Weltmusik und Improvisation."

Eigentlich hätte ich mich freuen müssen. Doch ich fragte: „Warum schreibt ihr nichts über Mozart und Beethoven, über Freiheit, Aufklärung und Revolution?"

„Das wollen die Leute nicht wissen. Die wollen einfach einen angenehmen Abend."

Was sollte ich darauf sagen? Ich hatte ein mulmiges Gefühl. Wenn ich nun spiele, wird das keinesfalls so wie damals in Damaskus sein, als wir für Freiheit kämpften, dachte ich. Doch wollte ich überhaupt so Musik spielen? Nur um gesättigten Menschen einen Vorwand zu bieten, sich einen schönen Abend machen zu können, in der Pause ein Glas Sekt zu trinken und danach in einem schicken Restaurant zu speisen? Ich dachte an Salome, die fast nackt getanzt hatte. Würde ich mich dann nicht auch prostituieren vor einem Publikum, das zwar unsere exotischen Geschichten, seien sie so schrecklich wie in meinem Fall oder so erotisch wie Salomes orientalischer Tanz, goutierte, aber gleichgültig gegenüber Fremdenhass, Abschiebungen und Rechtsradikalen war?

Eigentlich hätte ich jetzt Luftsprünge machen müssen. Ich hatte erreicht, wovon ich träumte. Doch ich konnte mich nicht freuen.

Im Flüchtlingsheim lag ein Brief auf dem Tisch. Er war ohne Absender. Als ich den Umschlag öffnete, erkannte ich Ahmets Schrift. Die kunstvollen Ornamente arabischer Buchstaben tanzten auf dem Papier, als ob sie die heiße Wüstensonne anstrahlte. Ich bekam Heimweh und hatte zugleich Angst. Diese Schrift war mir vertraut und fremd, so vertraut und fremd wie das Land, aus dem ich geflohen war.

„Wenn sie an meiner Türe klopfen, werden sie mich nicht finden," schrieb Ahmet trotzig, ganz der afghanische Krieger. Er kehrte wieder in seine alte Welt zurück, wo alles eindeutig in Gut und Böse, in Freund und Feind geteilt war, wo es entweder Hass oder Liebe gab, wo die Worte glühend wie Wüstenblumen einen tödlichen Reigen tanzten. Er verlangte von mir, ihm zu folgen: „Mehmet, als du damals deinen Vater enttäuscht hast und Pianist wurdest, begingst du das erste Mal Verrat an deiner Familie und deinem Land. Verrate deine Familie nicht noch einmal. Noch ist es nicht zu spät, den richtigen Weg einzuschlagen. Du kannst alles wieder gut machen. Überlege es dir bei unserer Freundschaft, bei unserer brüderlichen Liebe, zum Andenken, wie wir während unserer Flucht füreinander da waren: Kämpfe für eine bessere Welt. Komm zu uns. Du findest mich in der Salaf-Moschee in Köln." Ahmet erzählte in seinem Brief von seinen neuen Freunden, die ihn jeden Tag besuchten, die bei einem Glas süßen Tees stundenlang mit ihm redeten, die ihm Essen und Medizin brachten, als er krank vor Angst war, nach Afghanistan abgeschoben zu werden. Er lobte ihre Klugheit: „Abbas ist Informatiker, Ziad Elektroingenieur. Sie durchschauen das Spiel und wissen, dass der Dschihad der einzige Weg ist. Das ist meine neue Heimat." Er schrieb, dass wir auf Mohammed, den Gesandten Gottes hören müssten, dass nur durch dessen Autorität die Welt besser würde und dass die Ungläubigen durch den Dschihad besiegt werden müssten, damit die Scharia überall auf der Erde gültig wäre. Dann würde keine Ungerechtigkeit mehr herrschen. Dann würde dieser Sumpf, durch den wir jetzt gingen, ausgetrocknet. Er wollte ein

Märtyrer werden und gab sich sicher, dafür in den Himmel zu kommen: „Wenn ich mein Leben im Kampf für den Dschihad opfere, war es wenigstens etwas wert."

Ich war ganz anders als Ahmet, und trotzdem blieb er mein Freund. Damals auf der Hochschule in Damaskus fühlte ich mich nicht als Araber oder als Muslim. Nein, in der ganzen Welt fühlte ich mich zu Hause, zumindest wenn es ein Klavier gab und ich darauf spielen konnte. „Du verleugnest deine Wurzeln," warf mir Papa vor. Doch ich lachte ihn aus: „Das verstehst du nicht. Die Welt hat sich verändert." Ich zeigte ihm YouTube-Videos, auf denen türkische, südamerikanische oder chinesische Pianisten klassische Musik in Konzertsälen auf der ganzen Welt spielten. „Papa, ich will nicht mein ganzes Leben lang nur bei Hochzeiten in Damaskus auftreten." Er war verletzt über meinen jugendlichen Hochmut, wünschte mir aber dennoch Glück. Dabei wirkte sein Gesicht traurig, was gar nicht zu ihm passte; denn meistens erheiterte er nicht nur uns, sondern ganze Hochzeitgesellschaften mit seinem fröhlichen Wesen. „Ich habe es nie so weit gebracht, in einem Konzertsaal aufzutreten oder gar im Ausland," sagte er, als er mir die Dollarnoten für meine Flucht gab. „Du wirst es schaffen," lächelte er, und dieses Lächeln war zugleich voller Hoffnung und Melancholie. „Aber du musst aufpassen, dass du nicht den Boden unter den Füßen verlierst." Er streichelte zärtlich meinen Kopf.

Jetzt hatte ich das Gefühl, dass mir der Boden unter den Füßen weggezogen wurde. Es war merkwürdig, immer öfter ertappte ich mich dabei, das Wort *wir* zu benutzen. *Wir* Syrer, *wir* Araber dachte ich nun häufig. Früher war ich gar nicht auf die Idee gekommen, dass es etwas Besonderes wäre, ein Syrer zu sein. Es war mir eher lästig. Lieber wäre ich ein Engländer, Franzose oder Deutscher gewesen. Ich glaubte, alle Länder wären im Grunde gleich und es wäre völlig egal, wo ich meinen Kaffee trinke. Doch jetzt spürte ich, dass ich anders war. Ich war kein

Deutscher. Ich war in Damaskus aufgewachsen. Hier in München war ich ein Fremder. Dabei verdrängte ich, dass ich mich auch in Syrien fremd gefühlt hatte. Vielleicht verleitete mich mein Heimweh dazu, mich als Araber zu fühlen, was ich früher abgelehnt hatte. Auch erschien mir die Freiheit des Lebens im Westen unheimlich.

Ich suchte nach einem Halt, nach einer festen, geordneten Welt. So anders Ada und ihre Freunde waren, so sehr sie gegen Flüchtlinge wie mich hetzten, mir imponierte daran etwas, wahrscheinlich, dass sie klar zwischen Freund und Feind trennten. Das erinnerte mich an zu Hause. Vielleicht war ich doch kein Weltbürger, zweifelte ich an meinen früheren Vorstellungen und Hoffnungen. Nachts konnte ich nicht mehr schlafen. Merkwürdige, arabisch sprechende Stimmen redeten mir ein, ich wäre ein Verräter, da ich Amal nicht tötete, oder ich träumte, wie Ahmet mit einem Bombengürtel in einem Raum voller Menschen stand und mich aufforderte, dasselbe zu tun. Was war richtig? War hier in dieser Welt überhaupt ein richtiges Leben möglich?

Ich wollte mit jemanden sprechen, der mich verstand. Zwischen den Noten von Beethoven fand ich die Visitenkarte des syrischen Instrumentenhändlers, der sich bei meinem Konzert vorgestellt hatte. Ibrahim, so sein Name, hatte angedeutet, dass er meinen Vater kannte und sogar mich einmal als kleinen Jungen gesehen hatte. Vielleicht konnte ich ihn um Rat fragen. Er wusste zumindest, wie es hier in Deutschland ist und wie es in Syrien war. Ich suchte *Ibrahims Musikladen* im Münchner Westend und bog in eine Straße mit alten Häusern und altmodischen Läden ein, einige sogar mit Schildern in arabischer Schrift. In einer Parkanlage spielten Kinder. Ich hörte arabische Worte. Dann stand ich vor dem unscheinbaren Schaufenster, das lange nicht mehr geputzt worden war. Im Innern sah ich an den Wänden hängend und auf den Tischen liegend unzählige Musikinstrumente: Flöten, Nays, Trommeln verschiedenster

Art: Tablas, Darbukas, aber auch Lauten, Ouds, Geigen, Rebabs, Zumas und vieles mehr. Als ich die Türe öffnete, kam mir etwas Staub entgegen. Ibrahim umarmte mich zur Begrüßung. Er trug einen grauen Dreitagebart, hatte kurz geschorene Haare und sein schwarzes Hemd war weit geöffnet. „Du siehst müde aus," sagte er. Wir setzten uns an einen kleinen Tisch, der umgeben von schweren Holzregalen in einer dunklen Nische stand. Ibrahim bot mir Kaffee, Pistazien und Oliven an. Von einem der Tische nahm er einen Oud und spielte darauf. „Den schenke ich dir. Dein Vater baute ihn vor etwa zwanzig Jahren. Damals war ich sein Lehrling. Als ich 2001 fliehen musste, gab er mir das Instrument. Jetzt gehört es dir." Er legte es in meinen Schoß und blickte mich erwartungsvoll an: „Los, fang schon an, auch wenn es ungewohnt ist." Ich zupfte einige Töne, ließ meine Finger laufen und ohne, dass ich nachdachte, erinnerten sie sich an die Melodien und Rhythmen, die ich auf den Hochzeiten spielte. „Bravo," ermunterte mich Ibrahim. „Es ist noch alles da, ob du willst oder nicht."

Während ich auf dem Oud spielte, sah ich unsere Wohnung, Mama und Papa und Amal, die schönen Perserteppiche auf dem Boden, die Blumen, die Mutter immer frisch vom Markt holte und kunstvoll auf die Vasen verteilte. Das beruhigte mich ein wenig. Doch das Gefühl der Angst und Beklemmung wich auch jetzt nicht. „Mehmet, dir geht es nicht gut. Das sehe ich dir an." Ibrahim packte meinen Arm. Ich fühlte seine warmen Hände, seine Kraft und das gab mir ein wenig Mut. Ich erzählte ihm alles, von Ahmet, von Salome, von Müller und den Identitären. Ibrahim hörte ruhig zu. Dann schwiegen wir lange.

Schließlich sagte er: „Du musst dich selbst erkennen, musst wissen, wer du bist. Bist du ein Krieger wie Ahmet? Nein. Bist du ein engstirniger Moslem? Nein. Bist du ein Spitzel? Nein. Aber was bist du? Was willst du? Und du musst erkennen, woher du kommst, wo du jetzt bist und wo du hin willst. Deine Herkunft kann dir niemand nehmen: die Freude deines Vaters an seinen Instrumenten, die Güte deiner Mutter, die Musik deiner

Vorfahren. Was das für ein Land ist, in dem du jetzt lebst, musst du selbst erkunden. Ich betreibe diesen Laden schon über fünfzehn Jahre lang. Rechtsradikale haben das Schaufenster schon oft mit ihren Parolen beschmiert. Manchmal kam auch ein Salafist vorbei und beschimpfte mich als Ungläubigen. Doch die meisten freuen sich, hier Musikinstrumente zu finden, die es sonst nirgends in München gibt. Diese Instrumente erzählen davon, dass fast die ganze Musik hier im Norden aus dem Orient kommt. Diese Geige stammt zwar aus Mittenwald, aber sie hätte es nicht gegeben, wenn nicht im Mittelalter die arabische Rabāb von Kreuzrittern oder Händlern hierhergebracht und gespielt worden wäre. Oder nimm die Laute."

Er legte eine Renaissancelaute neben den Oud.

„Jeder sieht, dass sie vom Oud abstammt. Was ich dir damit sagen will: Glaube nicht, dass uns der Westen überlegen wäre. Er hat vieles von uns, zum Beispiel auch die Mathematik. Wir müssen stolz sein und wir dürfen nicht stehen bleiben. Wir müssen etwas Neues machen und Neues entsteht nur aus dem Dialog, nicht aus dem Krieg, nicht aus engstirnigen Glaubensrichtungen und Ideologien, ganz gleich, ob es die Islamisten oder die Rechtsradikalen sind. Du hast hier die Freiheit, deinen neuen Weg zu gehen. Du solltest dabei aus deiner Kindheitsliebe zum Oud und deiner Virtuosität auf dem Klavier etwas machen, was nur du kannst."

„Aber was ist, wenn Salome wirklich Amal ist?"

„Nach dem, was ich dir gesagt habe, kannst du die Antwort leicht finden," antwortete er lachend und meinte, ich sollte nicht so viel nachdenken, sollte einfach das beste machen aus dem, was sich mir bot. Zum Abschied drückte er mich nochmal an sich und lud mich ein, wieder zu kommen. Ich trug den Oud vorsichtig nach Hause und spielte tagelang darauf. Oft hörten mir die anderen zu. Ich erinnerte mich an immer mehr Melodien meiner Kindheit, fasste den Mut, zu improvisieren und gewann langsam wieder meine frühere Behändigkeit.

Alpha und Melody setzten sich vor mich auf den Boden,

lauschten meinem Spiel und vergaßen, zu streiten. Abdul und Kadir starrten nicht mehr stundenlang regungslos an die Decke. Bisweilen konnten sie sogar ihren Mund zu einem Lächeln öffnen. Und Yossuf schimpfte nicht mehr über das Chaos in den Toiletten.

Der Oud erinnerte mich an meine Kindheit und Jugend, die freilich oft ein Gefängnis war, aus dem ich zusammen mit Ahmet ausbrach. Die Musik von Mozart und Beethoven hatte mir dabei mit ihrem Klang der Freiheit, Klarheit und Vernunft geholfen. In diesen Wochen begann ich, meine eigene Musik zu suchen. Ich spielte unsere arabischen Melodien auf dem Klavier, improvisierte darüber, erfand dazu Klänge, schlug unsere Rhythmen auf die Tasten, als wäre das Klavier eine Tabla, stimmte einzelne Saiten um einen Viertelton tiefer und es entstand eine faszinierende neue Musik. Ich versuchte, eine Brücke zwischen dem Klavier und unserem Oud zu schlagen und etwas Neues zu finden. Dabei wurde mir eines bewusst: Die Melodien und Rhythmen unserer Musik sind viel schattierungsreicher, vielseitiger und individueller als die der westlichen Musik. Sie sind nicht einem Grundton oder einem Grundakkord unterworfen, wie etwa dem C-Dur, und keinem starren Metrum wie dem Viervierteltakt. Wir gehorchen nicht dem Diktat der Notenschrift, sondern improvisieren, spielen bei jedem Konzert dieselbe Musik immer anders. Das ist wahre Freiheit!

Bach, Mozart und Beethoven, und alle die anderen westlichen Komponisten erfanden Klänge, Akkorde, eine Mehrstimmigkeit, die viele Stimmen zu einem Ganzen vereint. Sie konstruierten große Klanggebäude, Sonaten, Symphonien, Opern aus unzähligen Melodien und Motiven. Sie vereinigten in ihrer Musik Vernunft und Gefühl, Individualität und Gemeinschaft.

Beides miteinander zu verbinden, unseren Reichtum an Melodien und Rhythmen, unsere Freude an der Improvisation mit den großen, mehrstimmigen Klanggebäuden der Europäer, das war mein Traum, das wäre etwas Neues und die Zukunft.

Wenn ich auf meinen Instrumenten spielte, fühlte ich mich glücklich, spürte, dass alles möglich ist. Aber wenn die Instrumente schwiegen, war ich wieder einsam und wusste nicht, wohin ich gehörte. Dann umgab mich ein merkwürdiger Nebel. Mozarts Musik ist klar und hell, und ich dachte, das Land, wo sie komponiert wurde, wäre auch klar und hell. Aber das war nicht der Fall. Vielmehr erschien es verworren. Nichts ist ganz gut oder böse, auch nicht die Menschen, die Musik machten. Die Grenzen waren verwischt. Was war gut, was war böse? Ich wusste es nicht mehr. Sollte ich Ibrahim fragen? Nein, er würde nur sagen, dass ich es selbst herausfinden müsse.

Eines Morgens zeigte mir Abdul im Internet ein Foto, auf dem zu sehen war, wie ich Gaby Schönfeld nach dem Konzert küsste. „Triebgesteuerter Muslim küsst deutsche Gutmenschin", stand darunter. Ich forschte ein wenig nach und fand heraus, dass es auf einer rechtsnationalen Seite gepostet worden war. Kadir und Abdul machten ihre Witze. Ich wurde sogar ein wenig rot. Doch weiter dachte ich nicht darüber nach.

Dann rief Müller an. „Wir müssen uns sprechen", sagte er hektisch. „Bist du da? Dann komm runter." Vom Fenster aus sah ich seinen Wagen. Ich steckte Ahmets Brief ein.

Auch Müller hatte das Foto entdeckt. „Das könnte unsere Ermittlung zunichtemachen. Wenn Neuber es sieht, ist es vorbei." Er schrie mich an, als ob ich an dem Foto schuld wäre: „Warum hast du sie auch so ostentativ geküsst? Musste das sein? Immerhin war ihr Mann dabei!"

„Ich liebe sie." Er war über diese Antwort sichtlich überrascht. „Hast du mit ihr ein Verhältnis?"

„Was geht dich das an?" Ich schwieg, da ich mir selbst nicht im Klaren war: Was war das für eine Liebe? Gaby verdankte ich so viel. Ohne sie wäre der Klavierabend nicht zustande gekommen. Deshalb hatte ich sie nach dem Konzert umarmt. Das war einem Impuls der Dankbarkeit geschuldet. Doch dann fühlte ich einen Drang, gegen den ich ohnmächtig war. Als wir kurz darauf an der Bar saßen und jeder ein Glas Champagner trank, flüsterte sie mir zu: „Schön, dass du eine alte Frau wie mich so leidenschaftlich umarmst." Ich wusste nicht, was ich entgegnen sollte, und so plauderten wir noch etwas über das Konzert und meine Mitbewohner im Flüchtlingsheim. Beim Verlassen der Bar klopfte ihr Mann, der sich später zu uns gesellt hatte, freundschaftlich auf meine Schulter und gratulierte mir. „Er ist eben ein Künstler," hörte ich ihn sagen, nachdem wir uns verabschiedet hatten.

Ich sagte und hoffte, das Thema damit zu beenden: „Es ist die Liebe zu einem Engel. Menschen wie ich brauchen einen Engel."

„Immerhin haben sie nicht deinen Namen und den von Gaby Schönfeld veröffentlicht. Aber wenn Neuber oder einer der anderen Flashmobleute das sehen, werden sie dich erkennen. Das heißt, du bist draußen. Ich kann dich nicht mehr hinschicken. Das wäre zu gefährlich."

„Aus mit der Agentenkarriere?"

„Du nimmst das zu leicht. Ich werde nachforschen und versuchen herauszufinden, wer das Foto veröffentlicht hat. Ich habe da so meinen Verdacht."

„Denkst du, dass es die jungen Leute in der ersten Reihe waren, die du fotografiert hast?"

„Möglich." Müller fuhr von der Autobahn und wollte offenbar umkehren. Da bat ich ihn, das Auto irgendwo zu parken, wo wir ein wenig reden könnten. Er schaute mich überrascht an.

Er hielt an einer Raststätte. Ich erzählte ihm, dass ich nach dem Besuch bei Ibrahim nicht mehr an Ahmets Brief gedacht hätte, zu sehr vom Spiel auf dem Oud erfüllt war. Doch gestern hätte ich den Brief erneut gelesen und dabei wäre mir erst aufgefallen, dass er keinen Absender hatte. Deshalb vermutete ich, dass Ahmet bereits untergetaucht war. Ich hatte Angst um ihn und wollte ihn vor einer schlimmen Tat bewahren. Ich bat Müller, mir dabei zu helfen.

Er las den Brief und wie immer, wenn ich ihn mit etwas überraschte, schwieg er einige Zeit lang. Wahrscheinlich war er sich unschlüssig, was zu tun wäre. Denn zunächst redete er nicht über den Brief, sondern über seine Recherchen. Er hatte herausgefunden, dass Karl Zara aus Dresden stammte, dass dessen Vater nach der Wende bis zu seinem frühen Tod arbeitslos gewesen war. Karl hatte das Abitur auf einer Abendschule nachgeholt und studierte nun Wirtschaftswissenschaften. Er war Aktivist der Identitären Bewegung und postete häufig auf Facebook und Instagram.

Doch mich interessierte eigentlich Salome. Müller wich meinen drängenden Fragen aus, sagte erst, sie sei ein schwieriger Fall. Doch dann erzählte er mehr. Amal habe in Schottland auf einem Bauernhof gelebt. Er konnte den Farmer finden, der sie aufgenommen hatte. Dieser berichtete ihm bei einem längeren Telefongespräch, dass sie sich liebevoll um die Schafe und Rinder gekümmert habe, oft auf dem Quad zu den Weiden hinausgefahren sei und am Wochenende geholfen hätte, Käse herzustellen. Das Tanzen sei ihre große Leidenschaft gewesen. Sogar die schottischen Tänze habe sie in kürzester Zeit gelernt und bei Festen oft mitgetanzt. Offenbar fühlte sie sich wohl dort und die Leute mochten sie. Sie sei eine gute Schülerin gewesen. Doch nach ihrem recht guten Schulabschluss verließ sie den Bauernhof und ging nach London. Dort war es schwieriger, Informationen über sie zu erhalten. Offenbar hatte ihr Nathan Baruch einige Adressen gegeben. Sie lebte bei Rockmusikern, tanzte in Clubs und wurde in der Szene ziemlich schnell bekannt. Schon mit knapp neunzehn erhielt sie Engagements in ganz Europa. Bei einem Auftritt in Paris lernte sie die Journalistin Françoise Bonnet kennen. Sie heirateten im vergangenen Sommer. Ich schaute ihn ungläubig an. Das wollte ich nicht glauben.

„Ja, sie ist lesbisch." Ohne jeglichen Übergang kam Müller auf Ahmets Brief zurück und sagte: „Jetzt weiß ich, was ich tun muss. Wir müssen nach Köln fahren, Ahmet suchen und ihn vor seiner Dummheit bewahren. Du bist der Einzige, der ihn kennt. Du musst mir helfen. Sonst passiert etwas Schreckliches."

Ich sollte Ahmet ihm ausliefern? War ich dann nicht doch der Verräter? „Nein, ich fahre nicht mit," weigerte ich mich.

„Du musst. Sonst nehme ich dich auf der Stelle fest." Er fuhr los, telefonierte mit seinen Leuten und befahl, dass sie alles für die Suchaktion vorbereiten sollten. Beim Flüchtlingsheim ließ er mich aussteigen, damit ich meine Sachen einpacken konnte. Dieses Mal blieb er nicht im Auto sitzen, sondern ging mit mir hoch in das Zimmer. Abdul und Kadir wirkten ziemlich eingeschüchtert, als sie seine Pistole am Gürtel sahen. Dann fuhren wir zu seinem Büro, wo Müller sich von einer Assistentin einen Aktenkoffer bringen ließ.

Gerade als er nach Köln starten wollte, klingelte sein Handy. Er schaute auf das Display und fluchte. Dann hörte er ziemlich lange schweigend zu, sagte nur immer wieder „Ja" oder „o.k." und fragte schließlich: „Was ist mit Mehmet? Er sitzt neben mir." Nachdem er aufgelegt hatte, sagte er zu mir: „Ich muss noch dringend zu einer Besprechung. Danach fahren wir nach Köln."

Müller bog in den Hof der Schöttlburg-Brauerei ein. „Ich könnte dich mit Handschellen arretieren. Aber ich vertraue dir. Warte auf mich. Es dauert höchstens eine halbe Stunde. Du kannst so lange Musik hören." Im Handschuhfach lagen CDs von Mozart, Beethoven und Brahms. Ich öffnete das Fenster. Doch die Luft draußen war auch nicht besser als im Wagen. Es roch süßlich nach Malz. Ich beobachtete durch eine breite Glasscheibe eine chinesische Besuchergruppe, die den riesigen kupfernen Braukessel bestaunte und legte die Brahmsplatte in den CD-Spieler. Aber ich konnte mich nicht auf die Musik konzentrieren. Ich stieg aus, vertrat mir die Füße, sah zu, wie Lastwagen zum Be- und Entladen vorfuhren, blickte hinauf zum Büroturm und hatte das Gefühl, ausgestoßen zu sein, gerade gut genug, um als Spion Ahmet, meinen Freund, zu verraten.

Dann erkannte ich auf dem Parkplatz Gutekunsts Porsche. Was tat der denn hier? Müllers Besprechung handelte also vom Festival, dachte ich, und mich packte eine unwiderstehliche Neugierde. Ohne viel nachzudenken, betrat ich das Bürogebäude, schaute mich ein wenig um, ging durch einen Hintereingang ins Treppenhaus und fand am Aufzug ein Schild, auf dem die Abteilungen und Stockwerke vermerkt waren. Ganz oben, im zwölften Stock stand *Geschäftsführung*. Dorthin fuhr ich. Mich erwartete ein menschenleerer Gang, den ich auf gut Glück durchquerte. Zu einem Raum mit der Aufschrift *Archiv* stand die Türe offen. Ich ging hinein, hörte Stimmen und fand eine weitere Türe, die ein wenig geöffnet war. Durch diesen Spalt sah ich Schöttlburg am Fenster stehen und telefonieren, und an einem Besprechungstisch Gutekunst, Gruber, Müller und einen mir unbekannten Mann sitzen.

Schöttlburg beendete das Telefonat und begrüßte mit Handschlag und einem herzlichen „Grüß Gott“ die „beiden Herren vom Verfassungsschutz, den Oberth Michael und Müller Daniel“, um ihnen sofort wieder den Rücken zuzukehren und aus dem riesigen Glasfenster hinauszusehen: „Schauen's, dieser Blick von oben auf unser München mit den Frauentürmen, dem Alten Peter, dem silbern leuchtenden Band der Isar und dahinter diese große Weite, heute zwar noch im Nebel, aber oft mit der Sicht bis zu den Bergen, das richtet mich jeden Morgen von Neuem auf. Ist das nicht schön, meine Herren? Kommen's her, genießen Sie es. Einen solchen Ausblick haben Sie sonst nirgends in München, ja ich würde sagen, auf der ganzen Welt.“

Die Herren standen auf und fühlten sich verpflichtet, diese Aussicht zu bestaunen. Nur der Michael Oberth genannte blieb eine Zeit lang sitzen, bis er sich widerwillig ebenfalls erhob. Schöttlburg erzählte langatmig, was er schon alles für München erreicht und bewegt habe: die Restaurierung der Maximilianbrücke, den Bau von Straßenunterführungen, die Erhaltung der Parks, die großzügigen Spenden für die Museen und Theater und vor allem die Weiterentwicklung der Wiesn zu einer

Weltattraktion. Überall, sagte er, habe er seinen kleinen Beitrag geleistet, die Stadt zu einem globalen Magneten zu entwickeln, der Menschen aus allen Erdteilen anzieht. „Ein wenig stolz bin ich schon, dass uns das gelungen ist. Wir sind eine Weltstadt, die sich die Gemütlichkeit eines bayerischen Dorfs bewahrt hat." Er setzte sich an den Besprechungstisch, wohin ihm die anderen folgten.

Ich hörte, wie sich von hinten Schritte näherten und versteckte mich schnell hinter der Türe. Eine ältere Frau, vermutlich Schöttlburgs Sekretärin, und eine jüngere, vielleicht eine Praktikantin, gingen durch das Archiv in den Besprechungsraum. Sie trugen zwei Tabletts, das eine mit einer großen Schüssel und einem Korb mit Brezeln, das andere mit Bierkrügen. Ich hörte, wie Schöttlburg seine Gäste zu einem Weißwurstfrühstück einlud und wie sich Müller und vor allem Oberth wehrten, schon jetzt am Vormittag Bier zu trinken. Doch Schöttlburg duldete keine Widerrede: „So machte man das früher bei uns und dabei bleibt's." Die beiden Frauen verließen den Besprechungsraum und gingen durchs Archiv, ohne die Türe, hinter der ich stand, zu schließen. Nach einiger Zeit wagte ich, wieder nach vorne zu schleichen und durch den Türspalt zu schauen.

Schöttlburg prostete allen zu, die Bierkrüge klirrten und stolz zeigte der Brauereibesitzer und frühere Minister auf die Regale an den Wänden. „Das ist mein Vermächtnis. Hier stehen zweiundfünfzig Aktenordner mit meinen Reden, die ich alle selbst geschrieben habe, und dort über hundert Ordner mit meiner Korrespondenz aus dreißig Jahren, mit allen wichtigen Zeitgenossen bis hin zum Papst, den ich schon als jungen Theologen kennenlernen durfte, und selbstverständlich auch mit den amerikanischen Präsidenten von Bush Senior bis Junior und natürlich auch mit Clinton, Obama und Trump, und, last not least, mit der Bundeskanzlerin."

Als er kurz Luft holte, fuhr Oberth dazwischen: „Herr Schöttlburg, Sie müssen den Auftritt der Bauchtänzerin absagen. Ihr Leben ist durch eine Fatwa bedroht."

Milde lächelnd antwortete Schöttlburg: „Herr Oberth, um das zu wissen, brauche ich keinen Geheimdienst. Als ich Salome im letzten Jahr zu meinem Sommerfest einlud, gab es schon die Fatwa. Damals passierte nichts, wie Ihnen Gruber, mein Cheforganisator, bestätigen kann. Schorschl, das stimmt doch?" Gruber nickte, schien aber wenig überzeugt zu sein, und als er etwas sagen wollte, fiel ihm Schöttlburg ins Wort: „Meine Herren, war's das?"

„Sie verkennen die Lage," erwiderte Oberth. „Müller, der diesen Fall übernommen hat, wird es Ihnen erklären."

Er blickte den neben ihm sitzenden Müller an, der gerade eine SMS las. Erst als eine bedrohlich wirkende Stille entstand, merkte dieser, dass alle auf ihn schauten. Müller gelang es, schnell umzuschalten, und er referierte betont sachlich, dass eine Fatwa ein islamisches Rechtsgutachten sei, das zwar eine Strafe verhängt, aber sie nicht durchsetzt, allerdings als Rechtfertigung für Mord dienen kann, wenn etwa ein Verwandter oder irgendein Islamist sich berufen fühlte, die Bauchtänzerin zu töten. Die Frage lautete nun, ob ihr Bruder, der Pianist Mehmet Aziz, Blutrache ausüben würde. Doch dieser sei als Assistent des Intendanten gut integriert, ziemlich gebildet und scheine ungläubig zu sein. Aber man könnte nie wissen, was im Inneren der Menschen vorgeht. Sein Freund Ahmet, mit dem er über das Meer geflohen war, sei ein Afghane, dessen Familie vor einigen Tagen von einer amerikanischen Drohne bei einer Hochzeitsfeier ausgelöscht worden war. Zwar wäre er auch schon gut integriert und arbeitete in seinem alten Beruf als Schneider, aber vor kurzem habe er die Mitteilung erhalten, dass er abgeschoben würde. Da könne man nie wissen, wie die Menschen reagierten. Ahmet jedenfalls sei jetzt untergetaucht und würde gesucht. Fatwas wären in ihrer Wirkung oft begrenzt. Zwar sei im berühmtesten Fall einer Todesfatwa, nämlich der von Chomeini gegen Salman Rushdie, dessen Übersetzer ermordet worden, aber nicht der Schriftsteller selbst, obwohl auf ihn ein immens hohes Kopfgeld ausgesetzt worden war und er seit einiger Zeit ohne Leibwächter lebt. Ob also die Bauchtänzerin etwas zu befürchten habe, könne man nicht genau sagen. Aber vorsichtig müsse man auf jeden Fall sein und am einfachsten wäre es sicherlich, wenn, wie von Herrn Oberth vorgeschlagen, ihr Auftritt abgesagt würde.

Während Müller dies referierte, unterhielt sich Schöttlburg ziemlich laut mit Gruber, der nicht die Meinung seines Chefs teilte. Dies irritierte offenbar Müller, weshalb er immer schneller redete.

„Ich lasse mir von keinem syrischen Scheich etwas verbieten!“ reagierte Schöttlburg auf Müllers Ausführungen. „Wo kommen wir hin, wenn wir jeder Drohung und Erpressung nachgeben? Meine Herren vom Verfassungsschutz, Sie müssen die Freiheit schützen, aber sie dürfen sie nicht abwürgen.“

„Wir könnten den Auftritt der Bauchtänzerin problemlos absagen,“ gab Gruber zu bedenken. „Das würde kaum auffallen. Wir könnten sagen, sie sei krank geworden.“

„Schorschl, rede keinen Unsinn,“ knurrte Schöttlburg und Gutekunst sagte nachdenklich: „Das würde die gesamte Festivalidee zerstören: Wo bleibt da die Brücke zwischen den Kulturen, wenn nur die israelische Band, nicht aber die arabische Tänzerin auftritt?“

„Diese kulturellen Brücken sind gut und schön, aber die Realität ist eine ganz andere: der Islam will unsere liberale Gesellschaft unterminieren. Deshalb sollten wir ihm kein öffentliches Podium geben, sollten uns auf unsere eigene Kultur konzentrieren, und die ist doch reich genug,“ entgegnete Oberth und wandte sich an Gutekunst: „Sie als der größte lebende Beethoven-Dirigent wissen dies allzu gut.“

Da fuhr Schöttlburg dazwischen: „Alles Unsinn. Die Bauchtänzerin tritt auf, auch wenn ich die GSG 9 herholen muss.“ Dann erhob er sich und öffnete ostentativ die Tür: „Meine Herren, es hat mich gefreut.“

Ich rannte schnell aus meinem Versteck hinaus auf den

Gang, sah, wie die beiden Sekretärinnen an der vorderen Türe des Besprechungsraumes standen, entdeckte eine Türe mit der Aufschrift *Treppe*, öffnete sie und lief hinunter. Dabei wurde mir klar, dass ich nicht schneller sein konnte als der Lift, betrat den Flur des nächsten Stockwerks, stellte mit Erleichterung fest, dass der Lift von unten kam und leer war, ging hinein, wählte das Erdgeschoss und wartete gespannt, ob er nach unten fahren würde. Doch zu spät, schon kam ich im zwölften Stock an, stieg aus und stand Gutekunst gegenüber, der mich verwirrt anschaute. „Bin ich froh, dass ich Sie gefunden habe,“ improvisierte ich. Mir fiel die E-Mail von Joan Okonkwo ein, die mir jetzt zu Hilfe kam: „Wir haben für das Konzert morgen den falschen Flügel bestellt. Joan besteht auf einem Bösendorfer.“ Okonkwo war ein junger rising star, der einen Klavierabend mit Werken von Brahms und des ägyptischen Komponisten Gamal Abdel-Rahim gab.

„Scheiße,“ entfuhr es Gutekunst. „Warum sagt er das so spät.“ Er schimpfte im abwärts fahrenden Aufzug, dass Joan hysterisch sei und immer vor dem Konzert Extrawünsche hätte, die so kurzfristig keineswegs zu erfüllen seien. Unten angekommen, versprach er, mit ihm zu reden, und zeigte sich überrascht, als ich ihn stehen ließ und in Müllers Wagen einstieg.

Müller brauste los und schwieg lange. Schließlich sagte er, und seine Stimme wirkte zugleich wütend und traurig: „Du hast uns belauscht.“

„So wie man die Strahlen der Sonne nicht zudecken kann, so kann man auch das Licht der Wahrheit nicht auslöschen. Ist ein arabisches Sprichwort,“ erwiderte ich.

„Ich hoffe, du bist vernünftig und bringst deine Schwester nicht um,“ sagte er mit einem Gesicht, als ob er schimmliges Brot gegessen hätte.

„Mann, ich bin kein Mörder. Warum haben wir in Damaskus damals die Revolution ausgerufen? Warum sind wir geflohen? Denk doch einfach ein wenig nach.“ Ich spürte, wie sich wieder die wahnsinnige Spannung in meinem Bauch zusammenzog. Um den Ausbruch meines Tics zu unterdrücken, dachte ich an ein anderes arabisches Sprichwort: „Gut ist, die Wahrheit zu kennen, besser ist, über Palmen zu sprechen," sah zum Fenster hinaus und sagte: „Eine fröhliche Landschaft, diese Hügel und Wälder." Auf dem Schild las ich, dass wir an Pfaffenhofen vorbeifuhren.

„Ja, der Hopfen, das Bier. Die Pflanzen sind schon fast zur Hälfte an den Seilen hochgeklettert." Müller schien froh, nicht mehr über Salome und das merkwürdige Meeting bei Schöttlburg reden zu müssen. Er schaltete Bayern Klassik ein, und wir hörten bis weit über Ingolstadt hinaus das späte C-Dur-Klavierkonzert von Mozart, das ich auswendig konnte und mit meinen Fingern auf das Armaturenbrett klopfend mitspielte.

Als es zu Ende war, schaltete Müller das Radio aus und sagte unvermittelt: „Wir haben kein Bild von Ahmet, wie er jetzt aussieht." Er nahm aus der Türablage einen Aktenordner und gab ihn mir: „Hier findest du einige Fotos von ihm. Das letzte stammt aus seiner Firma beim Weihnachtsessen. Jetzt trägt er wahrscheinlich einen Bart. Du findest einige Skizzen, wie er nun aussehen dürfte. Du kennst die für ihn typischen Bewegungen, seine Mimik. Deshalb habe ich dich mitgenommen." Dann schwieg er wieder. Er fuhr permanent auf der linken Spur, meistens hundertachtzig und auch manchmal über zweihundert. Die hohe Konzentration, die für dieses Tempo notwendig war, schien ihn anzustrengen. Ich überlegte, welche Bewegungen für Ahmet typisch waren. Er hatte leichte O-Beine. Wenn er ging, bewegte er immer die Arme mit, als ob er marschieren würde. Beim Lachen wurde sein Mund breit und man sah die Zahnlücken.

Als wir an Würzburg vorbeifuhren, fiel mir die Festung über der Stadt auf. Ich hatte sie schon auf Fotos gesehen.

„Ein Glas Wein im Juliusspital, das wär's jetzt," sagte Müller und sah mich mit einem herausfordernden Blick an: „Würdest du mittrinken? Was sagt dein Prophet?"

„Er sagte, dass im Weintrinken ein Zeichen für Leute, die Verstand haben, liegt."

„Aber du kennst auch: ‚Ihr Gläubigen! Wein, das Losspiel, Opfersteine und Lospfeile sind Gräuel und Teufelswerk?'"

„Da halte ich mich lieber an Sure 47: ‚Im Paradies wird es Ströme von Wein geben.'"

„Dann werden wir heute Abend in Köln ein Glas Wein zusammen trinken?"

„Aber Köln ist nicht das Paradies," lachte ich.

Unvermittelt fragte Müller: „Was für ein Mensch ist Ahmet?"

„Er hielt sich streng an die Regeln. Im Hotel auf Kos trank ich jeden Abend Wein. Er setzte sich zu mir, begnügte sich aber mit Wasser. Auch aß er kein Schweinefleisch, sondern nur die Kartoffeln und den Salat."

Müller schwieg wieder. Erst als wir im Stau standen, wollte er wissen, ob ich gläubig oder ungläubig sei. Er bekannte, dass er zwar Kirchensteuer zahle, aber weder glaube, dass Christus der Sohn Gottes sei, noch dass man am Freitag kein Fleisch essen dürfe.

„Ziemlich inkonsequent," sagte ich.

„Du auch." Müller lachte zum ersten Mal während der Fahrt. Wir malten uns ein reichliches Abendessen aus. Er schwärmte von Flöns, einer Blutwurst mit groben Speckstückchen und reichlich Kölsch. Ich hätte alles gegessen, so hungrig war ich. Doch wir standen noch immer im Stau.

Nachts gegen elf erreichten wir Köln. Für ein Abendessen war es zu spät. Doch Müller lud mich noch in eine Bar neben dem Hotel zu einem Bier ein.

Am nächsten Morgen regnete es. Die Türme des Doms verschwanden in den Wolken, als wir daran vorbeifuhren. Wenig später lotste uns das Navi in eine kleine Seitenstraße zu der Schneiderei, in der Ahmet gearbeitet hatte. Seine Chefin hatte etwas von einer Matrone, lachte herzlich und war elegant gekleidet. Sie führte uns durch einen großen Raum mit vielen

Nähmaschinen, an denen nur Frauen arbeiteten. Ich konnte mir Ahmet hier schwer vorstellen: Er, der stolze Krieger, als Azubi mit lauter Frauen als Vorgesetzte? Ob er sich weigerte, ihnen die Hand zu geben?

„Er war anfangs sehr schüchtern, sprach fast gar kein Wort, obwohl er nach kurzer Zeit schon ziemlich viel verstand." Seine Chefin hatte uns in ihr kleines Büro geführt. „Das war sein Gebetsteppich. Ich habe ihn von einem Urlaub in Antalya mitgebracht. Auf ihm betete er jeden Mittag, wenn die anderen ihre Brotzeit aßen." Sie hatte den kleinen Läufer an die Wand gehängt. „Nach einigen Wochen wurde er zugänglicher. Er hat dann auch etwas mehr geredet in seinem ziemlich fehlerhaften Deutsch. Bald erkannte ich, dass er ein hervorragender Schneider ist. Deshalb ließ ich ihn selbständig in diesem kleinen Raum neben meinen Büro Maßanzüge anfertigen. Dankbar nannte er mich nun Mutter und verbeugte sich vor mir. Mit den anderen Frauen machte er sogar manchmal Späße. Aber er gab uns nie die Hand. Doch wir übergingen dies. Seine Freunde waren die beiden einzigen Männer, die bei uns arbeiten: Fabian ist bei uns Mädchen für alles, repariert die Maschinen, fährt die Ware aus und übernimmt einfache Schneiderarbeiten. Bassam hilft Fabian und stellt sich gut an. Ich habe die beiden gebeten, sich um Ahmet ein wenig zu kümmern, ihn aus seiner Eigenbrötelei herauszureißen. Aber dann gab es einen gewaltigen Streit. Ahmet nannte sie Verräter und spukte ihnen ins Gesicht. Danach war es aus. Das passierte, kurz nachdem er den Brief vom BAMF erhalten hatte, dass er spätestens in dreißig Tagen Deutschland verlassen müsse. Er war dann nur noch eine Woche hier, in der er den letzten Anzug fertignähte und dem Kunden anpasste. Er weigerte sich, das Maß für weitere Anzüge zu nehmen. ‚Das wird nicht mehr fertig,' sagte er. Als ich ihn in den Arm nahm und ermutigte: ‚Wir finden schon einen Weg, dass du bleiben kannst,' sagte er traurig: ‚Mutter, du weißt besser als ich, dass das unmöglich ist.' Während er seinen letzten Anzug anpasste, ließ er sich viel Zeit, überschüttete den Kunden mit Erzählungen über Afghanistan, so dass dieser gerührt versprach, Ahmet mehrere Tausend Euro als Startkapital für eine eigene Schneiderei in Kabul zu leihen. Ahmet verbeugte sich, dankte und sagte, das sei nicht nötig; er habe jetzt etwas Besseres und Wichtigeres vor. Wie er das sagte, mit diesem ausweichenden, in die Ferne schweifenden Blick, das machte mir Angst. Am letzten Abend umarmte er mich und küsste mich auf die Wange. ‚Vielen Dank für alles, Mutter,' sagte er." Die Frau blickte Müller vorwurfsvoll an, als ob er etwas für die drohende Abschiebung könnte.

„Hat er sich in dieser Zeit radikalisiert?", fragte Müller.

Als die Frau nichts sagte, bohrte er weiter: „Gab es Anzeichen, dass er zum Islamisten wurde? Hatte er neue Freunde?"

„Dazu fragen sie besser Fabian und Bassam." Sie bot uns Kaffee an, sagte noch: „Ahmet war süchtig nach Kaffee." Dann rief sie Fabian Schwarz und Bassam Kemel herein und verabschiedete sich: „Bitte entschuldigen Sie mich. Ich muss zu einem Termin."

„Ahmet ist ein guter Kumpel," sagte Fabian. „Am Tischkicker ist er unbesiegbar."

„Sogar, wenn wir zu zweit gegen ihn spielten," redete Bassam dazwischen.

„Vor einiger Zeit aber hatte er neue Freunde, die er uns nicht vorstellte. Er wollte auch nichts mehr von uns wissen. Wir waren enttäuscht, aber auch neugierig. Deshalb schlichen wir ihm eines Abends nach. Er ging in eine Shisha-Bar. Versteckt hinter einem parkenden Lieferwagen warteten wir etwa eine Stunde. Schließlich kam er mit zwei Männern heraus. Sie hatten ungepflegte Bärte und gingen mit ihm zur Moschee. Es war gerade die Zeit für das Abendgebet. Nach etwa zwanzig Minuten kamen die drei wieder heraus und gingen zu Ahmets Wohnung, wo wir oft mit ihm Filme angeschaut oder am Computer gezockt hatten. Als er die Haustüre aufschloss, schaute er unerwartet zurück und erkannte uns. Am nächsten Tag spuckte er mir ins Gesicht, schrie: ‚Ihr seid Spitzel, schämt euch.' Von da an redete er kein Wort mehr mit uns und tat so, als ob wir Luft wären."

Müller ließ sich die Adresse von Ahmets Wohnung und der Moschee geben. Es war die Moschee, die er in seinem Brief genannt hatte. „Sie haben uns sehr geholfen," sagte Müller zum Abschied. Dabei wunderte ich mich über das *uns*. Meinte er damit etwa mich? Es war seine Ermittlung, nicht die meinige. Denn eigentlich wollte ich Ahmet keineswegs finden. Was hätte ich ihm sagen sollen, bewacht von Müller? Er hätte mir völlig zurecht nicht vertraut. Es wäre mir wie Fabian und Bassam ergangen: Er hätte mir ins Gesicht gespuckt. Und was würde Müller tun? Würde er ihn verhaften? Ich hätte es nicht mit ansehen können, wenn er meinen Freund abgeführt hätte. Als wir weiterfuhren, telefonierte Müller mit der Kriminalpolizei und bat, dass sie Beamte schicken sollten, um Ahmets Wohnung zu öffnen. Müller fand einen Parkplatz und wartete. Erstmals sah ich ihn rauchen. „Das mache ich immer nur vor einem gefährlichen Einsatz," entschuldigte er sich und bot mir eine Zigarette an. „Ist unangenehm für dich?", versuchte er es mit Mitgefühl.

Ich spürte wieder mein Tourette. „Ich glaube nicht, dass er so unvorsichtig ist, in seiner Wohnung zu sein," sagte ich nur.

Doch da war es schon zu spät. Ich konnte nichts dagegen tun, dass meine Hände abwechselnd auf das Armaturenbrett und gegen meinen Kopf trommelten, dass mein Mund nicht nur zischende und grunzende Laute, sondern auch Schreie und dann eine Kaskade von Fäkalwörtern ausspuckte, so dass Passanten vor unserem Auto stehen blieben und ein Mann sogar die Türe aufriss, da er dachte, mir helfen zu müssen. Ich stieg aus. Die frische Luft tat mir gut. In einem der Fenster des Gebäudes gegenüber sah ich ein bärtiges Gesicht, das sich an die Scheibe drückte. Es blickte zu mir herunter. Das war Ahmet. Da war ich mir sicher. Er wollte mir helfen, so wie er mir damals in Damaskus geholfen hatte. Doch dann bemerkte er Müller, den schwarzen BMW und meine Handzeichen, mit denen ich ihn aufforderte zu fliehen. Sein Gesicht verschwand, und ich war beruhigt. Ich bedankte mich bei den Passanten, die stehen geblieben waren, für ihre Hilfsbereitschaft, sagte, ich hätte einen Anfall gehabt; aber jetzt wäre er vorbei. Müller stand verlegen daneben und schaute ungeduldig auf die Uhr. „Es war ein Fehler, dich mitzunehmen. Ich wusste nicht, dass dein verdammtes Tourette so schlimm ist."

Als wir mit den Kriminalpolizisten hinauf zu Ahmets Wohnung gingen, hatte ich keinen Zweifel, dass er längst über alle Berge war. Sie läuteten mehrere Male. Dann brachen sie die Wohnungstüre auf. Ahmet hatte ein ziemlich großes Zimmer mit Küche und Bad. Auf dem Waschbecken lag die Haarbürste, die er schon bei unserer Flucht benutzt hatte, auf seinem Bett ein Kuscheltier. Von wem hatte er das? Eine alte Nähmaschine stand unter dem kleinen Tisch. Er hatte sie wohl mit seinen ersten Ersparnissen gekauft, als Grundstock für seinen Traum von *Ghubars Maßschneiderei*, die er in Köln eröffnen wollte. Ein Teller, auf dem noch etwas Humus und einige Oliven lagen, eine halb volle Dose mit Bohnen und ein Glas Tee bewiesen, dass er noch vor kurzem da gewesen war.

Ich las gerade in einem arabisch geschriebenen Flyer, als Müller ungeduldig rief: „Wir gehen." Wir rannten die Treppen hinunter zum Auto, und Müller fuhr mit quietschenden Reifen los, wobei er versuchte, die Alarmleuchte auf das Autodach zu klemmen. „Du hast mit deinem Tourette alles vermasselt. Wärst du nicht ein so armes Schwein, würde ich denken, du hättest diesen Anfall vorgetäuscht, um ihn zu warnen." Er fuhr bei Rot über einige Kreuzungen. Ich beobachtete, wie Fußgänger an einem Zebrastreifen uns erschrocken nachschauten.

„Was liest du da?" Da ich wusste, dass Müller arabisch konnte, versuchte ich gar nicht, drum herumzureden.

„Das ist ein Flyer, der zum Dschihad aufruft."

Müller gab sich Mühe, wieder freundlich zu sein und lobte mich: „Gut, dass du ihn mitgenommen hast. Das ist ein wichtiges Beweisstück. Stecke ihn in meine Aktentasche."

Er holte nun die Alarmsirene wieder vom Dach herunter,

bog langsam in die nächste Straße ein und steuerte vor einem hässlichen einstöckigen Vorbau aus Beton mit einer Glasfront und einer schlichten Glastüre einen Parkplatz an. Man hätte hier vielleicht ein türkisches Import- und Exportunternehmen vermutet, nicht aber eine Moschee, wie das kleine Schild anzeigte. „Du gehst hinein, sagst, Ahmet Ghubar habe dir in einem Brief geschrieben, dass er dich hier erwartet. Er wäre dein Freund, mit dem du aus Damaskus geflohen bist, du würdest ihn suchen. Wenn du ihn findest, rede mit ihm vernünftig, bringe ihn davon ab, Dummheiten zu machen, sage ihm, wir würden ihm helfen."

„Aber das ist doch gelogen," antwortete ich und langte mit meiner Hand an die Stirn, woraufhin Müller ängstlich fragte: „Kommt jetzt wieder dein Tourette?" Ich schüttelte den Kopf. Doch er fürchtete offenbar dennoch einen Ausbruch und tat alles, um mich zu besänftigen: „Ich werde deinem Freund helfen. Verlasse dich darauf."

Die Eingangstüre zur Moschee war nicht verschlossen. Ich ging dem Gang entlang, öffnete eine Türe und stand im Gebetssaal, der mit Perserteppichen ausgelegt war und ein wenig nach Fußschweiß roch. Die Wände schmückten Ornamente und große Schriftzeichen. Ich war seit meiner Flucht nie wieder in einer Moschee gewesen. Die Klarheit, die Ruhe, die Leere, die dieser Raum ausstrahlte, die unvermutete Schönheit in einem hässlichen Zweckbau überwältigten mich. Es war, als ob ich wieder zu Hause wäre. Ich sah mich mit Papa als kleiner Junge in die Moschee zum Gebet gehen, erinnerte mich an dieses Gefühl der Ehrfurcht und des Staunens und an den Stolz, mit meinem Vater zusammen in den vorderen Reihen beten zu dürfen, während Amal und Mama viel weiter hinten stehen mussten.

Ich verließ den Gebetsraum und folgte dem Gang, gelangte in die Cafeteria, wo einige Männer mit langen, ungepflegten Bärten saßen. „Bruder, sei gegrüßt. Was suchst du?" Sie umarmten mich, als ich auf Arabisch antwortete, und boten mir Kaffee und Pistazien an. Schließlich fragte ich sie, ob ich meinen Freund Ahmet Ghubar hier finden könne, und zeigte ihnen seinen Brief. „Er ist hier," sagte einer der Männer und führte mich eine Treppe hinunter. Ahmet würde in einem der Seminarräume den Koran studieren. „Das solltest du auch tun, Bruder," meinte er freundlich. Als ich den Raum betrat, sah ich seinen Rücken. Ahmet beugte sich über das heilige Buch und prägte sich flüsternd sprechend einzelne Suren ein. Er bemerkte uns nicht, so vertieft war er.

„Ahmet, lass dich umarmen," begrüßte ich ihn.

Er drehte sich langsam um, schien aufzutauchen aus einer ganz anderen Welt, umarmte mich, küsste meine Wange, schob mich dann aber mit einem strengen Blick zur Seite. „Er war mein Freund, war schon immer ungläubig und ist jetzt ein Verräter," sagte er zu meinem Begleiter mit leiser Stimme, und dieser rief zwei Männer herbei. Sie packten mich an der Schulter, sanft und doch kraftvoll, und führten mich hinaus. „Bruder, du musst den Weg zum Propheten zurückfinden. Dann wirst du ein glücklicher Mensch wie Ahmet." Ein Mann in einem schmutzigen Arbeitsanzug, wahrscheinlich der Hausmeister, lief uns entgegen und berichtete aufgeregt, dass ich aus einem schwarzen BMW ausgestiegen wäre, in dem ein Geheimdienstler sitze. „Der Verfassungsschutz," rief einer der Salafisten und blickte mich traurig an: „Du bist also wirklich ein Verräter." Nun herrschte eisiges Schweigen. Ich musste mich auf einen Stuhl in der Cafeteria setzen. Einer der Männer hatte ein Messer aus seiner Jacke gezogen und bedrohte mich.

Nach etwa einer Stunde kam endlich Müller zusammen mit vier Kriminalpolizisten in die Moschee. Sie zeigten uns einen Durchsuchungsbefehl. Doch Ahmet war verschwunden. Meine Bewacher gaben vor, nichts zu wissen. Ich musste einem Phantombildzeichner genaue Angaben über Ahmets Aussehen machen. Die so entstandene Zeichnung wurde mit den vorliegenden Fotos kombiniert, so dass ein Bild entstand, das sein Gesicht mit fast hundertprozentiger Ähnlichkeit zeigte. Die Kriminalpolizisten gaben eine Suchmeldung heraus. Obwohl ich überzeugt war, das richtige zu tun, Ahmet nur so von seinem tödlichen Plan abhalten zu können, schämte ich mich.

Wir fuhren noch am selben Abend zurück nach München. „Ich habe so lange gewartet, weil ich hoffte, dass du ihn überreden kannst."

„Hättest du ihm wirklich geholfen?"

„Soweit es mir möglich gewesen wäre."

„Aber was hättest du überhaupt tun können?"

„Diese Frage hat sich jetzt erübrigt."

Müller fegte über die leere Autobahn. Er verlangte, dass ich redete, damit er nicht einschlief. Ich erzählte, dass ein einflussreicher Konzertagent bei meinem Klavierabend zugehört habe und mich groß herausbringen wolle. Er plane eine CD und eine Tournee und würde mir als Vorschuss monatlich 2.000 Euro zahlen. „Nächste Woche ziehe ich in eine eigene Wohnung." Müller gratulierte mir.

Da ich schwieg, schaltete er das Autoradio ein. Konstantin Wecker hämmerte ins Klavier: „Mi hats dawischt, der Himmel brennt."

3

Teichelmauke und Beethoven

Im einstigen Salon der Jugendstilvilla am Englischen Garten probte am Abend des folgenden Tages ein gewisser Michi Maier mit einigen Dutzend Anhängern der Identitären-Bewegung den Satz „*Heimatliebe ist kein Verbrechen.*" Dieser Michi Maier war ich, Mehmet Aziz, Pianist, Flüchtling, Assistent des Intendanten und V-Mann des Verfassungsschutzes, Künstler und Spion in einem, zu seiner eigenen Sicherheit über Funkmikro und GPS Tracker mit dem in der Straße vor der Villa parkenden Auto des Geheimdienstes verbunden, in dem Daniel Müller und einige Kriminalbeamte auf mich aufpassten.

Ada klopfte den Rhythmus, korrigierte die Betonungen und steigerte das Tempo. Sie verstand etwas von Musik. Sie wurde mir immer sympathischer. Ich redete mir ein, dass das hier eine ganz normale Musikprobe sei, nicht mehr und nicht weniger, dass hier aus Sprache Rhythmus wurde und der Inhalt zweitrangig wäre. Aber auch gegen den Inhalt war nichts zu sagen. Warum sollte Heimatliebe ein Verbrechen sein?

Durch das Jugendstilfenster, in dessen oberem Drittel sogar noch die originalen farbigen Gläser die Zeiten überstanden hatten, sah ich im Gegenlicht einen Farbstrom aus Grün, Abendsonnenrot und sich ankündigendem Nachtblau. Ich war unkonzentriert, musste zurückdenken an Köln und die anstrengende Fahrt mit Müller. Mich verfolgte Ahmets Vorwurf, ein Verräter zu sein, und ich hatte das Gefühl, mich verloren zu haben. Ich sah Ahmets Rücken vor mir, hörte sein monotones Flüstern, mit dem er sich die Koran-Suren einprägte, als Neuber den nächsten Satz vorsagte: „*Ein Staat besteht aus dem Staatsgebiet, der Staatsführung und dem Staatsvolk. Wir, das Staatsvolk sind eine Kultur-, Abstammungs- und Solidargemeinschaft.*" Es dauerte ziemlich lange, bis alle diese Sätze auswendig konnten. Auch ich hatte meine Schwierigkeiten. Ich grübelte, was das alles bedeutete: Kulturgemeinschaft? Abstammungsgemeinschaft? Wie weit sollte der zurückgehen: etwa bis zu den Neandertalern? Und was machen wir mit den Genen des Homo sapiens, der aus Afrika kam? Welche Kultur war für diese Gemeinschaft ausschlaggebend: Videospiele, die Liebe zum Bier, Fußball oder Musik? In Gedanken machte ich Witze über diesen blödsinnigen Text. Ich nahm ihn nicht ernst. Ahmet hatte ich manchmal solch mittelalterliches Denken vorgeworfen, „wie im hintersten Afghanistan“, hatte ich ihn geärgert. Aber diese Menschen hier waren auch nicht weiter. Ich war verwirrt. Die anderen wahrscheinlich auch, allerdings nicht aus demselben Grund. Vielmehr erschienen ihnen die Worte zu schwierig. Sie verhaspelten sich. Neuber verlor die Geduld und nannte uns Säufernasen.

Ich schaute aus dem Fenster hinaus, wo inzwischen das bläuliche Abendrot ins Blutrot gewechselt und das lichte Grün der Büsche und Bäume zu einem bedrohlichen Schwarz geworden war. Plötzlich hatte ich Angst, dass mich einer der Identitären auf dem im Internet kursierenden Foto mit dem angeblich triebgesteuerten Muslim, der eine deutsche Gutmenschin küsst, erkennen könnte. Vor Schreck vergaß ich, den nächsten Satz mitzuskandieren: „*Wir marschieren gegen die Asyl-Erpresser, gegen die Einwanderer-Einbrecher, gegen das Invasionshochwasser, wir kämpfen für unser Volk, für unsere Heimat.*“

„Michi, du bist nicht bei der Sache,“ riss mich Neuber aus meinen Gedanken. „Oder ist dir dieser Satz zu scharf? Stehst du etwa gar nicht zu uns?“ Ich fühlte, wie ich rot wurde, entschuldigte mich, sagte, mir sei schwindelig, ich hätte heute Nacht schlecht geschlafen. Da gab mir Neuber einen Stoß in die Rippen: „Sei ein Mann! Halte diesen Satz durch, dann machen wir Brotzeit.“

Ich skandierte nun lauter als die anderen in diesem martialischen Marschrhythmus: „*Wir marschieren gegen die ASYL-ERPRESSER, gegen die EINWANDERER-EINBRECHER, gegen das INVASIONS-HOCHWASSER, wir kämpfen für unser VOLK, für unsere HEIMAT.*“ Doch dabei spürte ich, wie sich mein Magen verkrampfte, wie sich eine ungeheure Spannung in mir zusammenballte. Ich versuchte mein Tourette zu unterdrücken. Doch es gelang nicht. Plötzlich schüttelte sich mein

Körper wie nach einem Stromschlag, meine Füße schlugen auf den Boden und mein Mund schrie: „Scheiß-Asyl, Fotzen-Einwanderer, Sauinvasion, Mistvolk, Arschkriecherheimat.“ Bei den ersten beiden Worten lachten alle gehässig, auch „Sauinvasion“ fanden sie lustig, doch bei „Mistvolk“ und „Arschkriecherheimat“ entstand eine peinliche Stille.

Neuber schimpfte verärgert: „Michi, etwas mehr Ernst bitte. Das hätte ich nicht von dir...“ Doch da fiel ihm Ada ins Wort: „Der hat Tourette.“ Die meisten wussten nicht, was das ist. Doch als Ada erklärte, dass auch Mozart wahrscheinlich diese Krankheit gehabt habe, schauten sie verständnisvoll. Neuber hörte auf zu schimpfen und brachte mir ein Glas Wasser. Ich entschuldigte mich und bat sie, die Schimpfworte zu vergessen. Neuber fragte besorgt, ob wir weitermachen könnten, und bestand darauf, dass wir vor der Pause noch einmal den letzten Satz in einem wahnsinnig schnellen Rap perfekt skandierten. Es gelang endlich nach der dritten Wiederholung. Doch noch mehr erleichtert war ich, dass offenbar niemand mich auf dem Foto mit dem Kuss erkannt hatte.

Nun wurden mehrere Bierkästen, Brotkörbe und Wurstteller hereingebracht. Wir stießen mit unseren Maßkrügen an und aßen „das gute deutsche Brot“, wie es jemand fast weihevoll nannte. Ich stand am Fenster, mit Essen und Trinken beschäftigt, ärgerte mich über das Tourette, das in einem so ungünstigen Augenblick ausgebrochen war, und beobachtete Ada, wie sie im Garten stand und telefonierte. Sie war schlank, trug eine Hose mit Beintaschen im Militärlook und ein eng anliegendes T-Shirt, das fast jeden Muskel ihres durchtrainierten Körpers zeigte. Es war verrückt, aber ich fühlte mich zu ihr hingezogen.

„Wir müssen Biernachschub aus dem Keller holen. Kommst du mit?“, fragte mich Karl. Als wir die schmale Treppe hinuntergingen, flüsterte er: „Ich zeige dir etwas.“ Er zog einen Schlüssel aus seiner Hosentasche, öffnete eine der Kellertüren, schaltete das Licht an, stellte ein altes Fahrrad, dann eine kaputte, quer liegende Zimmertüre beiseite, öffnete eine Holzkiste und zeigt mir stolz den Inhalt. „Wir sind gut gerüstet,“ flüsterte er. „Zwei Maschinengewehre, Handgranaten, Pistolen und Dynamit – das wird fürs erste reichen. Aber du darfst Ada nichts sagen. Sie ist gegen Gewalt, eben eine Künstlerin.“

„Und Neuber?“

„Das ist Neubers Geheimprojekt, sozusagen parallel zum Flashmob. Mich hat er eingeweiht.“.

Plötzlich stand Ada hinter uns. Karl schloss so schnell es ging die Kiste, aber Ada bekam den Inhalt noch zu sehen. „Das hat ein Nachspiel,“ schimpfte sie. „Michi, du bist mein Zeuge.“

Karl hatte inzwischen schuldbewusst die Türe und das Fahrrad vor die Kiste gestellt und die Kellertüre zugeschlossen. Mit hängenden Schultern ging er zum Bierkeller und nahm zwei Kästen mit nach oben. Ich folgte ihm mit zwei weiteren.

Im Proberaum angelangt kam Ada auf mich zu und sagte streng: „Michi, nach der Probe fahren wir zu Eber.“

Ich verstehe bis heute nicht, warum ich ihr gehorchte. Vielleicht weil sie mir imponierte. Vielleicht auch, weil sie trotz ihrer Fremdenfeindlichkeit gegen Gewalt war. Aber vielleicht auch, weil ich ihren Vater kennen lernen wollte und herauszufinden hoffte, wer für das Bombenattentat auf den Obsthändler verantwortlich war

Die Sonne ging gerade unter, als wir München verließen. Ada fuhr unharmonisch, sprintete bei grün mit Vollgas los, so dass es mich in den Sitz hineindrückte, und trat beim nächsten Rotlicht so auf die Bremse, dass ich gegen den Gurt fiel.

Wegen dieser Fahrweise etwas nervös schaute ich immer wieder zu ihr hinüber. Im Profil wirkte ihr Gesicht noch hübscher. Sie trug lange blonde Haare, unter ihrer hohen Stirn schob sich eine keck wirkende kleine Nase hervor und darunter wölbten sich breite, weiche Lippen. Ihre Augen waren groß und wurden durch die verlängerten, mit kräftiger, schwarzer Schminke betonten Augenbrauen hervorgehoben. Doch wenn sie zu mir herüberschaute und ich sie von vorne sah, fiel mir ihr asketisch wirkendes, knöchernes Gesicht auf.

„Wilhelm wird das büßen. Mich lügt man nicht an. Ich bin gegen Gewalt. Das will ich nicht. Ich brauche das auch nicht, habe ich doch die Musik. Meine Lieder sind Hits. Millionen hören sie. Damit bewirke ich mehr als jede Gewehrkugel."

Sie und die Flashmobgruppe waren gar nicht so schlimm, dachte ich. Vielleicht hatten sie gar nichts gegen alle Flüchtlinge. Vielleicht würden sie mich sogar respektieren, wenn sie wüssten, wer ich wirklich bin. Aber ich hätte bemerken müssen, dass Ada ihre Macht subtiler ausübte, zwar ohne Waffen, aber mit einem hinterhältigen Sadismus. So amüsierte sie sich, dass ich ängstlich auf die Autos vor uns starrte, wenn sie über 200 km/h schnell fuhr. Sie näherte sich im höchsten Tempo bis auf wenige Zentimeter dem vor ihr fahrenden Auto und mokierte sich darüber, dass ich meine Füße auf den Boden presste, als ob ich bremsen wollte, und die Hände auf dem Armaturenbrett festkrallte, um den Aufprall, den ich befürchtete, abzustemmen.

„Angsthase", lachte sie. „Mit mir ist das Leben riskant. Daran musst du dich gewöhnen." Einmal bremste ein vor uns fahrendes Auto plötzlich ab und sie musste eine Vollbremsung einlegen. „Du bist ganz bleich geworden," lachte sie mich danach aus. Aber es imponierte mir dennoch, wie sie in ihrem Mercedes saß und an den anderen vorbei raste. Vielleicht, da ich schon immer geträumt hatte, einmal so schnell zu fahren. Sie wirkte hübsch und weiblich, zugleich stark wie ein Mann. „Du bist Klavierlehrer. Kann man davon überhaupt leben?" fragte sie, nachdem sie mir erzählt hatte, dass sie im Jahr über hundert Konzerte geben würde. Immer musste sie ihre Überlegenheit betonen. Dennoch fühlte ich mich zu ihr hingezogen. Vielleicht, weil sie eine klare, eindeutige und starke Haltung zeigte, auch wenn ich diese Haltung für Unsinn hielt.

„Wilhelm hat mich getäuscht. Er hat so getan, als ob ihm die Musik wichtig wäre, hat Volkslieder auswendig gelernt, sich sogar mit Bach und Beethoven beschäftigt. Doch sein Interesse für deutsche Kultur war nur oberflächlich. In Wirklichkeit ist er ein Terrorist," schimpfte sie über Neuber. „Das kann das Ende meiner Karriere bedeuten. Meine Fans lieben Lieder über Heimat, Natur, Liebe und Frieden."

Plötzlich sah ich einen älteren 5er BMW auf unsere Spur fahren, um einen Lastwagen zu überholen. Er war viel langsamer als wir. „Bremsen," schrie ich. Sie erschrak und drückte aufs Pedal, die Reifen quietschten, und sie konnte gerade noch einen Aufprall vermeiden. „Scheißkerl," rief sie und zeigte den Stinkefinger. Danach fuhr sie auf die rechte Spur und ließ den Wagen langsam dahin rollen. „Ich rede zu viel." Sie fasste mich am Arm, als wollte sie sich entschuldigen.

Nur einen Moment lang schwieg sie. „Wilhelm hat mich immer auf meinen Tourneen begleitet. Als Manager war er gut, sehr umsichtig, hat mich vor zudringlichen Fans und Presseleuten beschützt. Aber ich wollte nie von ihm abhängig sein. Ich will von keinem Mann abhängig, will selbst stark sein." Sie nahm ihre rechte Hand vom Steuer und zeigte mir ihren beachtlichen Bizeps. „Das ist hartes Training. Fast jeden Tag bin ich im Sportstudio und mindestens einmal im Monat im Schießstand."

„Schießstand? Ich dachte, du wärst gegen Gewalt?" fragte ich.

„Nur zur Verteidigung," beschwichtigte sie.

Als das Schild eines Rasthauses auftauchte, schaltete sie den rechten Blinker ein. „Ich brauche jetzt einen Kaffee." Dabei warf sie mir einen bohrenden Blick zu. „Warum vertraue ich dir eigentlich? Vielleicht weil du Tourette hast und dich jemand beschützen muss. Du wirst mich nicht hintergehen wie Neuber. Du liebst die Musik wirklich."

Sie erzählte vom Herrenhaus, das vom Verfassungsschutz und linken Extremisten bedroht würde, klagte, dass hier in Deutschland keine wirkliche Freiheit herrschte. Wer rechts und national denken würde, wie sie und ihr Vater, würde überwacht. V-Leute würden eingeschleust, Journalisten würden sich als Gesinnungsgenossen ausgeben und dann Enthüllungsgeschichten veröffentlichen. Deshalb würde das Herrenhaus streng bewacht und jeder, der es betritt, gefilzt. „Du wirst dich nackt ausziehen müssen. Dann werden sie deine Kleidung durchsuchen,“ warnte sie mich.

Auf dem Parkplatz lehnte sie sich an die Kühlerhaube ihres Sportwagens und zündete sich eine Zigarette an.

„Jetzt sieht du fast wie Marylin Monroe aus.“

Sie freute sich über mein Kompliment. „Meinst du wirklich?“

„Vielleicht müsste dein Busen etwas größer sein.“

„Ich bin kein Männerspielzeug. Wir leben im 21. Jahrhundert,“ rief sie mir nach, als ich zur Toilette ging. Dort riss ich den in meiner Unterhose eingenähten Peilsender heraus und warf ihn in den Papierkorb. Merkwürdigerweise hatte ich in diesem Augenblick keine Angst davor, nun ohne Verbindung zu Müller zu sein und deshalb auch von ihm nicht mehr geschützt werden zu können. Vielmehr fühlte es sich gut an, dem langen Arm des Verfassungsschutzes, wie es Ada genannt hatte, entkommen zu sein. Ich weiß nicht, was in mich gefahren war. Aber es reizte mich, auszubrechen.

Sie erwartete mich an der Kaffeebar des Rasthauses und hatte zwei Cappuccinos bestellt. „Ich habe dich mitgenommen, damit du Eber bestätigst, dass im Keller der Villa Waffen gelagert werden und dass Zara sagte, sie würden Neuber gehören. Mir allein würde er nicht glauben. Er nimmt seine Tochter in solchen Dingen nicht ernst. Nur wenn ich singe und vor allem wenn ich koche, lobt er mich.“

„Klingt wie früher,“ entgegnete ich.

„Dabei stimmt das überhaupt nicht. Bei den Wikingern haben die Frauen ebenso tapfer wie die Männer gekämpft. Das ist echt deutsch.“ Sie lächelte herausfordernd, als ob sie erwartete, von ihrem Vater geschimpft zu werden. „Du musst mir jetzt dein Handy geben. Reine Vorsichtsmaßnahme. Das ist besser so.“ Sie nahm die SIM-Karte heraus, warf sie ins Gebüsch und legte eine Prepaid-Karte ein. „Du sollst ja nicht ohne Handy sein. So grausam bin ich nicht.“ Dann raste sie wieder über die nächtliche Autobahn, hielt meistens nur mit einer Hand das Steuer und gestikulierte mit der andern. „Ich war schon immer ein wildes Mädchen. Großvater meinte, ich wäre deshalb eine echte deutsche Frau. Er wohnte bei uns auf dem Reiterhof, konnte am Ende nur mühsam mit seinem Rollator gehen, hatte aber dennoch eine imposante, heldenhafte Statur. Unsere Familie besaß schon vor dem Krieg diesen Gutshof, aber nach der Niederlage wurde sie vertrieben und Großvater ins Gefängnis gesperrt, da er Gauleiter gewesen war. Er wurde erst nach vier Jahren entlassen, schlug sich mit Gelegenheitsarbeiten durch und verfasste Bücher, in denen er bewies, dass nicht sechs Millionen Juden, wie immer behauptet wird, sondern nur einige Hunderttausend umgebracht worden waren, dass die Wehrmacht heldenhaft gekämpft hatte und dass den aus Pommern vertriebenen Deutschen genauso großes Unrecht wie den Juden angetan wurde. Großvater war für mich wie ein alter Druide. Abends vor dem Zubettgehen saß er in seinem Sessel, das weiße Haar hell vom Licht angeleuchtet, und erzählte so spannend alte deutsche Heldensagen, dass ich ganz ruhig dasaß, und das hieß bei mir viel, war ich doch ein temperamentvolles Kind.“

Es war nun schon nach Mitternacht. Ada redete in einem fort. Manchmal fragte sie mich etwas. Doch nie wartete sie auf die Antwort. Ich wurde immer müder, ließ sie einfach sprechen und versank in meinen Gedanken. Irgendwann schlief ich ein.

Ich spürte Adas Hand an meiner Schulter, hörte sie fröhlich sagen: „Wir sind da,“ und blinzelte in zwei grell leuchtende Scheinwerfer. Da wurden schon die Türen ihres Wagens geöffnet. „Wer kommt so früh am Morgen? Das kann nur Ada, die Nachteule sein,“ begrüßten Ada zwei Männer in weißen Unterhemden und mit tätowierten Armen. Verschlafen wie ich war, orientierte ich mich erst jetzt ein wenig. Adas Auto stand in einem gekiesten Hof, hufeisenförmig umgeben vorne vom schlossähnlichen Herrenhaus, links von einer Scheune und Garagen, rechts von einem einstöckigen Betonbau. Ada verschwand im Herrenhaus.

Mich brachten die Männer in den Betonbau, in dem sie offenbar wohnten; denn da war ein ungemachtes Bett. Es roch nach Bier und Zigaretten, und der Fernseher lief. Sie öffneten einen kleinen Raum, in dem nur zwei Stühle und ein Tisch standen. „Wir müssen deine Klamotten filzen. Ziehe alles aus. Du kannst so lange den Bademantel über dich werfen, wenn es dich stört, nackt zu sein." Ich folgte ohne Widerrede, gleichsam automatisch. Trotz des Bademantels fröstelte es mich. Ich wartete, dachte nichts, fühlte eine große Leere in meinem Gehirn, gehorchte einfach diesen muskulösen Männern mit ihren nackten Oberarmen und ekligen Unterhemden. „Alles in Ordnung," sagte nach einer ewig lang wirkenden Viertelstunde einer der beiden und legte meine Kleidung auf den Tisch. „Das Handy erhältst du, wenn du uns wieder verlässt. Sorry, das ist die Regel." Er führte mich ins Herrenhaus, zeigte mir das Gästezimmer und wünschte eine gute Nacht.

Erst gegen zehn Uhr wachte ich auf, öffnete das Fenster und sah hinunter in den hinter dem Haus liegenden Park, der wohl schon bessere Zeiten erlebt hatte. Den von Unkraut bewachsenen Kiesweg säumten breite Säulen, die von Gräsern und kleinen Sträuchern bewachsen waren. Auf einer stand noch eine antike Figur, allerdings war ihr Kopf abgefallen. Der Weg führte zu einer Rotunde, die von einem vielfach durchbrochenen Marmormäuerchen angedeutet wurde. Dahinter öffnete sich ein natürlich wirkender, einstmals wohl englischer Garten, der in weiter Ferne von einer hohen Mauer begrenzt wurde.

Das war also Ebers Herrenhaus, von dem Ada erzählt hatte. Mein Zimmer lag im ersten Stock. Ich öffnete die Türe, trat in den Gang hinaus und konnte nun aus dem Fenster in die Gegenrichtung, auf den Innenhof sehen, wo wir gestern angekommen waren. Er war durch ein großes schmiedeeisernes Tor zur Straße hin abgeschlossen. Dahinter lagen Wiesen, Felder und einzelne Baumgruppen. Die Wände des Treppenhauses waren mit dunklem Holz getäfelt, die Fenster hatten farbiges Glas und zeigten Wappen von Adelsgeschlechtern. Es war düster, obwohl draußen die Sonne schien. Die Treppe knarzte, als ich hinunter ging.

Im Erdgeschoss begrüßte mich ein junger Mann, modisch gekleidet mit beigem Sakko, weißem Hemd, dunkelbrauner Krawatte und Jeans. „Ich hoffe, Sie haben gut geschlafen. Wir haben ein Frühstück für Sie bereitgestellt. Danach zeige ich Ihnen das Haus.“ Er gab mir mit routinierter Freundlichkeit die Hand. „Ich darf mich vorstellen: Paul Geißler.“ Aus seiner Aktenmappe nahm er meine Brieftasche. „Bitte entschuldigen Sie. Das war nur eine Routine-Sicherheitsmaßnahme. Die Zeiten sind leider so, dass dies unvermeidlich ist.“

Ich war beruhigt. Sie hatten offenbar keinen Verdacht geschöpft und es war ihnen auch nicht aufgefallen, dass der auf einen gewissen Michael Meier ausgestellte Ausweis gefälscht war. Nach dem Frühstück mit Leberwurstbrot, Käse, Ei und viel Kaffee, den ich bitter nötig hatte, nahm mich Geißler zu einer Hausführung mit. Als wir im Hof standen, erzählte er, dass dieses Herrenhaus im 18. Jahrhundert erbaut worden sei, dass aber leider die meisten Barockelemente dem Zahn der Zeit zum Opfer gefallen wären, insbesondere während der DDR-Jahre, in denen hier das Verwaltungszentrum eines landwirtschaftlichen Kombinats gewesen war. Eberhard von Schöpsmark, dessen Familie es vor der Enteignung gehört hatte, habe es nach der Wiedervereinigung zurückgekauft, für einige 10.000 DM. Aber wie schwierig es war, hier in Vorpommern eine Existenz aufzubauen, musste Eber, „so dürfen wir den Chef nennen“, leider schmerzlich erfahren: Er hätte es mit Landwirtschaft, später mit Landmaschinenhandel versucht und wäre jedes Mal bankrott gegangen. Doch seit ein paar Jahren würde er ziemlich erfolgreich einen Verlag betreiben. Den Grundstock hätten die Schriften von Ebers Vater gebildet, die inzwischen hohe Auflagen erzielten. Aber den Durchbruch erreichte das Unternehmen durch die Alben von *Frauensturm* mit dem Zugpferd Ada, die mittlerweile millionenfach verkauft würden. Geißler verwies stolz auf das neue Firmenschild der *National Promotions GmbH*, das am Einfahrtstor angebracht war, führte mich zurück ins Herrenhaus, zeigte mir die Büroräume, in denen zahlreiche Computer standen, stellte mich den Mitarbeitern vor, der PR-Managerin, dem Redakteur und der Artdirektorin, um mit mir dann in den Schlosspark hinauszugehen. Er erzählte: „Eber hat Großes vor. Er will mit den Millionen, die der Verlag bald abwerfen soll, eine Kapelle, ein Open-Air-Theater und ein Denkmal bauen. Die Kapelle soll an die Verwurzelung unseres Volks in christlicher Kultur, das Denkmal an die großen kulturellen Leistungen der Deutschen in Pommern, auch im polnischen Teil, erinnern und im Open-Air-Theater sind nicht nur Festivals mit *Frauensturm* und anderen Rockgruppen, sondern auch Theaterfestspiele mit Werken großer deutscher Dichter, also vor allem von Schiller und Goethe geplant. Dieses Herrenhaus wird ein nationales Zentrum sein. Dort werden sich die wichtigsten Persönlichkeiten treffen, die den nationalen Gedanken hochhalten und Deutschland vor Multikulturalismus, Entfremdung und Entvolkung retten wollen. Unser Netzwerk umfasst mittlerweile Tausende. Darauf lässt sich aufbauen," sagte er stolz und fügte begeistert hinzu: „Die Sozis und Liberalen ahnen noch gar nicht, wie gut wir den Boden vorbereitet haben, auch in europäischen und internationalen Dimensionen. Wir sind allen weit voraus beim Einsatz der Sozialen Medien." Er schaute während dieser Führung des Öfteren nervös auf seine Uhr. Schließlich sagte er: „Eber erwartet Sie."

Eberhard von Schöpsmarks Büro war ein großer, länglicher Raum, früher der Festsaal des Herrenhauses, in dem wahrscheinlich damals Bankette stattfanden, musiziert und getanzt wurde. Ich sah auf der gegenüberliegenden Seite einen Schreibtisch, ein schlicht-sachliches, modernes Möbelstück mit einer schwarzen Holzplatte und Beinen aus Edelstahl. Darauf stand ein großer Bildschirm. Daneben waren in fein säuberlicher

Ordnung ein Telefon, die Aktenablage und eine Marmorplatte mit einer Rinne für den Füllfederhalter platziert. Ansonsten war der Raum fast leer, bis auf ein großes Sofa auf der linken und einen barocken Bücherschrank auf der rechten Seite. Eberhard von Schöpsmark, der zunächst hinter dem Bildschirm klein und etwas verloren erschien, beachtete mich nicht. Erst als ich vor ihm stand, sagte er barsch: „Bin gleich so weit. Setzen Sie sich.“ Der Stuhl war niedrig. Dadurch wurde ich gezwungen, zu ihm hinaufzuschauen. Er war ein hagerer, fast dürrer Mann mit einem markanten Profil und harten Gesichtszügen, denen seiner Tochter auffallend ähnlich.

Schließlich stellte er den Monitor beiseite, nahm aus der Aktenablage einen Stoß Briefe und unterzeichnete einen nach dem anderen. Dabei sprach er endlich mit mir, allerdings ohne mich eines Blickes zu würdigen: „Sind Sie Klavierlehrer oder Konzertpianist?“

„Ich verdiene mein Auskommen mit Klavierstunden. Von den Konzerten könnte ich nicht leben.“

„Das habe ich mir schon gedacht. Ich kenne jedenfalls keinen Pianisten mit Ihrem Namen.“

Ich wurde unsicher. „Mein Lehrer war Professor Gutekunst.“

„Der Intendant des Brückenfestivals. Glauben Sie auch an Multikulti?“

„Nein, sonst würde ich doch nicht beim Flashmob mitmachen.“

„Bravo, Sie haben sich von ihrem Lehrer abgenabelt. Aber abgesehen von seinen politischen Träumereien ist Gutekunst ein bedeutender Musiker, vor allem Beethoven kann er spielen. Schade, dass er die deutsche Kultur verrät. Bei diesem Lehrer müssten Sie eigentlich gelernt haben, einigermaßen gut zu spielen. Wir haben hier einen Grotian-Steinweg, ein wunderbares Instrument. Ich würde mich freuen, wenn Sie heute Abend ein kleines Konzert geben. Was können Sie von Beethoven?“

„Wenn Sie wollen, spiele ich die Sturmsonate.“

„Ja gut, und vielleicht für Ada den ersten Satz der Mondscheinsonate. Da wird sie dahinschmelzen, vorausgesetzt Sie können wirklich Klavier spielen.“ Sein Lachen war sarkastisch. Plötzlich wurde seine Stimme leise und nahm einen vertraulichen Ton an: „Das mit dem Waffenfund in der Villa dürfen Sie nicht so ernst nehmen. Ada regt sich darüber viel zu sehr auf. Sie will sich sogar von Neuber trennen. Was für eine Dummheit! Sie wechselt ihre Männer immer viel zu schnell. Nichts gegen Sie, junger Mann. Aber Sie haben nicht sein Format, sind viel zu schüchtern und ängstlich. Neuber ist ein Kämpfer, ein Stratege. Wir Männer müssen uns verteidigen können, wenn es ernst wird. Davon haben Frauen keine Ahnung. Neuber hat die Waffen aus der Villa entfernt. Wir werden sie bald einsetzen müssen. Der Ernstfall ist nah. Aber bitte sprechen Sie mit Ada nicht darüber! Sie lebt ganz in ihrer Musik und glaubt, dass die Welt auch friedlich verändert werden könnte. Das ist weibliche Naivität. Kann ich mich auf Sie verlassen?“

Ich nickte.

Doch das genügte ihm nicht. „Ehrenwort?“

„Ja Ehrenwort,“ sagte ich und versuchte, überzeugend zu wirken.

„Sie werden das nicht bereuen.“ Der Mann strahlte eine unmenschliche Kälte aus. „Aber wehe, wenn Sie etwas verraten.“ Er nahm aus einer Schublade eine Pistole, setzte das Magazin ein und zielte auf mich. „Bravo, Sie haben nicht gezittert und müssen auch nicht zittern, wenn Sie ehrlich sind.“ Er nahm das Magazin wieder heraus und legte beides langsam und sorgfältig wieder in die Schublade. Es glich einem Ritual von Macht und Unterwerfung.

„Dann bis zum Abendessen um sieben Uhr. Sie können sich gerne schon vorher auf dem Flügel einspielen.“ Er deutete mit einer Handbewegung an, dass ich gehen könne und verschwand wieder hinter dem Monitor seines Computers.

Den Nachmittag verbrachte ich im Bett, versuchte zu schlafen, was nach der nächtlichen Fahrt dringend notwendig war, musste aber immer an Eber denken. Er benahm sich wie ein Herrscher, zeigte offen seine Verachtung mir gegenüber. Andererseits war er kultiviert, schien Beethovens Musik gut zu kennen. Er schenkte mir sein Vertrauen, mehr als seiner Tochter, wenn es um Waffen, also Männerangelegenheiten ging. Er strahlte eine Gewissheit und Autorität aus, als ob er mehr von Musik verstünde als meine Lehrer, so dass ich Angst hatte, ob ich gut genug für ihn spielen würde. Doch wie passte seine Musikliebe zu den Menschen, mit denen er sich umgab, zu diesen merkwürdigen Wachmännern mit ihren Glatzen, muskulösen Armen und Tattoos? Es würde bald schon ernst werden und die Waffen würden dann benötigt, hatte er gesagt. Das verfolgte mich wie ein Alptraum. Schließlich stand ich auf und ging in den Salon, um mich einzuspielen. Kurz vor sieben kam Geißler und führte mich in den Speisesaal, wo bereits die gesamte Belegschaft der *National Promotions GmbH* versammelt war. Eber begrüßte mich herzlich, soweit er dazu fähig war, bot mir sogar das Du an, schenkte mir ein Bier ein und stieß mit mir an. Ada unterhielt sich mit zwei Männern in Anzug. Sie sah bezaubernd aus. Sie trug ein Dirndlkleid, ein hellblaues, mit kleinen Stofffröschen verziertes Mieder, einem dunkelblauen Rock und eine lachsfarben changierende Schürze. Dass sie mich vor allen küsste, machte mich verlegen. Irgendwie passte das alles nicht zusammen.

„Es gibt Teichelmauke, Papas Lieblingsessen," verkündete sie fröhlich. „Hab‘ ich gekocht."

„Das kennt ihr in Bayern nicht," sagte Eber. Er nahm einen Schöpflöffel voll, bemerkte: „Kartoffelbrei nennt man das bei euch", drückte einen Teichel hinein, „einen kleinen Teich", wie er vergnügt erklärte und füllte ihn mit den Rindfleischwürfeln, der Brühe und dem Sauerkraut. Ich probierte es. Es schmeckte gut. Ada war wirklich eine hervorragende Köchin.

„Heimat ist nicht selbstverständlich. Du musst sie kennen, lieben, wenn notwendig verteidigen und für sie kämpfen. Michael, jetzt ist es wieder Zeit zu kämpfen. Wir dürfen uns nicht von dieser Menschenwelle aus Afrika überrollen lassen. Die Araber und Neger vermehren sich zehnmal so schnell wie wir. Sie werden uns überfluten und zuletzt werden wir untergehen."

Ich konzentrierte mich auf das Essen, versuchte mich zu entspannen, damit mein Tourette nicht ausbrach, und unterdrückte die in mir aufsteigende Wut.

„Wir haben ein Netzwerk in ganz Deutschland aufgebaut. Die Fans von Ada gehen in die Hunderttausende. Sie beziehen unsere Newsletter, folgen uns auf Facebook und Twitter und sind begierig, die Wahrheit durch uns zu erfahren, die in der Presse unterdrückt wird. Nicht über diesen Flüchtlingsskandal zu schreiben, ihn zu verheimlichen ist auch eine Lüge. Deshalb ist Lügenpresse genau das richtige Wort." Eber stieß mit uns an. „Ich kämpfe für euch junge Leute. Wir werden Erfolg haben. Da bin ich sicher. Unsere Anhänger werden immer mehr, nicht nur hier in Deutschland, sondern in Österreich, Frankreich, Italien, England, Ungarn, Polen. Bald wird es wieder starke Nationen geben, vereint im Kampf gegen den Massenansturm von arabischen und afrikanischen Messerstechern und Vergewaltigern."

„Papa, Michael muss dir etwas erzählen."

Ich war überrascht, dass Ada so bald und so direkt dieses Thema anzielte. Sie legte ihre Hand auf die meinige, und ich versuchte, so sachlich und emotionslos wie möglich zu sprechen: „Als wir den Flashmob probten, ging ich mit Zara in den Keller, um Bier zu holen. Dort hat er mir die Waffen gezeigt."

„Was für welche?" fragte Eber, als ob diese Geschichte völlig neu für ihn wäre.

„Einige Pistolen, mehrere Handgranaten und zwei Heckler & Koch Maschinenpistolen."

„Die hat Neuber dort versteckt. Keiner von uns wusste es," fügte Ada entrüstet hinzu.

„Dieser dumme Junge," schüttelte Eber den Kopf.

„Wir sind doch alle gegen Gewalt?" ließ Ada nicht locker.

Eber, der inzwischen aufgestanden war, legte seine Hand

auf ihre Schulter: „Wir tun alles, damit sie nicht notwendig wird, das weißt du doch."

„Neuber hat unser Vertrauen missbraucht. Wenn er mit den Waffen etwas unternimmt, dann ist alles vergebens, was wir aufgebaut haben. Endlich ist unsere Bewegung mitten in der Gesellschaft angekommen. Ich habe Tausende von Fans. Unsere Zeitschrift *Patria Futura* wird in den besten Kreisen gelesen. Eber, das darfst du dir nicht kaputt machen lassen. Wenn einige aus unserer Gruppe Menschen bedrohen, verletzen oder gar töten, dann ist das nicht mehr mein Ding, da kannst du sicher sein."

„Neuber ist ein guter Kerl, er schießt nur manchmal etwas übers Ziel hinaus. Ich werde ihm die Flügel stutzen." Eber schien es unangenehm, dass Ada dies vor den Mitarbeitern besprach. Er gab ihr einen Kuss: „Reden wir nicht mehr darüber. Ich werde das regeln. Doch jetzt wieder zu den schönen Dingen. Auf Adas wunderbares, echt deutsches Essen folgt nun große deutsche Musik. Unser Gast ist ein Klaviervirtuose aus der Schule von Professor Gutekunst, der zwar in politischer Hinsicht unser Gegner, aber einer der besten Beethovenspieler ist, die Deutschland hat." Er und die anderen standen auf und gingen in den Salon. Ada schwieg und starrte ihren Vater wütend an.

Ich setzte mich an den Flügel, sah in das Gesicht von Ada, die nun erwartungsvoll lächelte, von Eber, der mich mit einer kritisch herausfordernden Miene anschaute, als ob er erwartete, dass ich schon bei den ersten Noten scheitern würde, von Geißler und seinen Kollegen, die zumeist auf die Bildschirme ihrer Smartphones starrten, und der Wachmänner, die versuchten, ernst und konzentriert zu wirken, doch unsicher auf ihren Stühlen hin- und herrutschten. Dann begann ich zu spielen. Ich legte all den Schmerz, die Trauer und Tragik hinein, die ich heute empfand, versuchte jede Note zum Sprechen zu bringen, Melodien mit tiefstem Gefühl zu singen und die Klänge mit größter Düsternis einzufärben. Für mich war es, als ob ich mit

Beethoven reden würde: Du hast recht, sagte ich zu ihm, diese Welt macht melancholisch. Die deutsche Kultur, von der ich in Damaskus träumte, gibt es nur in deiner Musik, nicht aber in Wirklichkeit. Dann blickte ich ins Publikum und dachte, während die Musik wie von selbst aus meinen Händen floss: Beethovens Musik ist nicht eure Musik. Dazu ist sie viel zu menschlich. Er war ein schrulliger, tauber Mann, der sich mit Wein betäubte, da seine Kompositionen kaum jemand hören wollte. Er hat unter eurer Heuchelei, eurem vorgetäuschten Humanismus, eurer Grausamkeit und kalten Aggressivität genauso gelitten, wie wir jetzt noch immer darunter leiden. Als ich den letzten Akkord gespielt hatte, hörte ich Adas leise gehauchtes Bravo. Es war unheimlich still. Schließlich begann Eber zu klatschen und alle anderen fielen ein. Er lobte mich: „Sehr romantisch. Mein Kompliment: Michael empfindet echt deutsch."

Ich verbeugte mich und war überrascht, wie ergriffen das merkwürdige Publikum von meinem Spiel war. Wie konnte das sein? Ich hatte Gefühle ausgedrückt, die sich gegen sie richteten, aber sie fühlten etwas ganz anderes, nämlich das, was sowieso schon in ihren Köpfen war, also Fremdenhass, Deutschtum, ein arrogantes Überlegenheitsgefühl gegenüber Menschen aus anderen Ländern. Ich begann, an der Musik zu zweifeln. Hat sie überhaupt etwas mit Wahrheit zu tun? Oder weckt sie nur diffuse Gefühle, die jederzeit missbraucht werden können? Ich war ratlos.

Meine Zuhörer forderten eine Zugabe. Ich spielte den ersten Satz der Mondschein-Sonate. Ada umarmte mich, und Eber war begeistert: „Du hast uns das Ziel gezeigt: Das ist unsere Kultur, für deren Erhaltung wir kämpfen müssen. Ich wünsche Euch eine gute Nacht." Er klopfte mir voller Anerkennung auf die Schulter, die anderen drückten meine Hand und aus ihren Gesichtern las ich Rührung.

Ada und ich blieben allein zurück. „Das war wie ein himmlischer Traum." Sie küsste mich. „Ich mag dich, du bist so bescheiden und kannst so viel.“ Dann sagte sie vergnügt, wie ein Mädchen in der Pubertät, das erleichtert ist, dass die Eltern weg sind: “Komm, wir machen einen Spaziergang. Ich zeige dir unseren Weiher. Dort werden wir den Mond sehen und wenn du Glück hast, kannst du Frösche quaken hören und den Silberreiher beobachten.“ Sie war jetzt ganz anders als gestern bei der Fahrt im Auto, hatte ihr Haar nicht mehr zu einem Knoten zusammengebunden, was sie streng und herrschsüchtig hatte erscheinen lassen, sondern ließ es bis auf ihre Schultern fallen. Sie ging schnell, hüpfte fast vor Vergnügen, erzählte, dass sie als Kind immer an diesem Teich gespielt habe, dass man in ihm auch schwimmen könne und dies etwas abenteuerlich sei, da man manchmal den feuchten Mund eines Karpfens am Körper spüren oder einer schwimmenden Ringelnatter von Auge zu Auge begegnete. Sie lachte und ich wurde von ihrer Freude angesteckt.

Der Teich lag an der äußeren Mauer des Parks. Das Abendrot spiegelte sich in ihm und ließ den leichten Nebel, der von ihm aufstieg, rot glänzen. Ada rannte voraus, zog erst ihr Shirt, dann ihre Hose aus, warf die restlichen Kleidungsstücke ins Ufergras und sprang ins Wasser. Sie schwamm einige Meter und rief: „Zieh dich aus. Komm herein. Es ist herrlich.“ Als ich noch immer bewegungslos dastand, spritzte sie mich nass. Ich wollte kein Spielverderber sein, obwohl ich mich schämte. Als ich endlich im Wasser war, umarmte sie mich, schwamm dann schnell von mir weg und freute sich, dass ich ihr beim Kraulschwimmen nicht nachkam. Ich empfand eine erstaunliche Unbeschwertheit. Mein Verstand war irgendwie abgeschaltet, als ob ich wieder 16 Jahre alt wäre. Mich erfüllte ein Glück, das ich noch nie erfahren hatte. Ich fühlte mich frei und es erschien das Natürlichste auf der Welt, Ada zu umarmen und zu küssen.

Als die Sonne unterging, wurde der Teich bedrohlich dunkel. Auf einmal sprang Ada aus dem Wasser, rief, ihr sei es jetzt unheimlich. Sie sammelte ihre Kleidungstücke auf und lief zurück zum Herrenhaus. Mir blieb nichts anderes übrig, als ihr zu folgen. Ich trug meine nasse, zu einem Haufen zusammen geknäulte Kleidung und war froh, dass mir unterwegs niemand begegnete. Die sportliche Ada rannte viel schneller als ich. Mir war es peinlich, dass ich die letzten hundert Meter außer Atem geriet und dabei einige Male stehen bleiben musste. „Du hast keine Kondition," lachte sie mich aus. Sie stand an der Gartentüre des Herrenhauses, nackt und schön.

Doch plötzlich starrte sie mich an: „Bist du beschnitten?" Sie bückte sich zu meinem Penis hinunter und begutachtete ihn. „Warum bist du beschnitten?"

Ich war von dieser Frage überrascht, damit hatte ich nicht gerechnet und benötigte einige lange Sekunden, um mir eine plausible Antwort auszudenken.

„Bist du Jude?"

„Nein, mein Vater ist Amerikaner. Dort ist es allgemein üblich, dass kleine Jungen beschnitten werden. Man sagt, das wäre gut für die Gesundheit."

„Aber das ist nicht Deutsch!" sagte sie zornig, hielt meinen Kopf mit einem eisernen Griff fest und sah mir mit durchdringendem Blick in die Augen. „Du lügst. Du hast mich von Anfang an angelogen. Vielleicht bist du kein Jude, sondern ein Araber. Vielleicht spionierst du uns aus, stichst uns nieder oder lässt eine Bombe hochgehen."

„In Amerika sind die meisten Männer beschnitten," versuchte ich es noch einmal.

„Diese Geschichte glaube ich dir nicht. Du hast nie etwas von deinen Eltern erzählt."

„Du hast nicht danach gefragt."

„Vielleicht ist dein amerikanischer Vater ein Jude oder gar ein Araber? Dein Gesicht wirkt irgendwie fremdländisch. Ich weiß gar nichts mehr." Ada versuchte die Tränen zu unterdrücken.

„Es war ein so schöner Abend und es hätte noch viel schöner werden können." Sie zog Schlüpfer und Hose an. „Dass ein Araber so gut Klavier spielt wie du, ist unwahrscheinlich. Gib es zu, du bist Jude," sagte sie, als sie ihren BH anlegte und ihre Bluse zuknöpfte.

„Ich bin kein Jude." Mich fröstelte es. Ich bekam eine Gänsehaut.

„Wenn du ein Jude bist, wäre das nicht so schlimm, obwohl Eber etwas gegen Juden hat. Er meint, sie würden uns klein machen, indem sie uns immer die Schuld am Holocaust vorhalten." Sie beruhigte sich und sagte etwas sanfter: „Du frierst. Gehe auf dein Zimmer."

Dort legte ich mich ins Bett und war trotz allem irgendwie erleichtert. Ich hatte gut gespielt, hatte sogar diese Menschen mit meiner Musik beeindruckt und Ada glaubte, dass ich ein Jude und nicht ein Araber wäre. Ich war also nicht aufgeflogen. Müde schlief ich ein.

Nach einigen Stunden, gegen halb zwei, weckten mich Geräusche. Ich öffnete die Tür, überquerte den Gang und schaute zum Fenster hinaus. Im Hof sah ich mehrere Männer, darunter auch Eber, die zwei Lieferwägen beluden. Was sie in der Hand hatten, konnte ich nicht genau erkennen. Es waren wohl Holzkisten. Eber stand da und gab Anweisungen, bestimmte welche Kiste in welches Auto geladen wurde. Dann öffneten sie das Tor und fuhren hinaus. Eber folgte ihnen in seinem Geländewagen.

Ich zog mich schnell an, rannte hinunter und schaute mich im Hof um. Die Türen zu den Nebengebäuden und Garagen standen offen. In einer parkte Adas Sportwagen. Der Mercedes hatte noch den alten Anlasser, mit dem man ein Auto auch ohne Schlüssel anspringen lassen kann, und das Lenkradschloss war nicht eingerastet. Beim Anlassen eines Autos mit Hilfe eines Kurzschlusses waren wir in Syrien Meister, da bei Schrottautos oft der Schlüssel fehlte. Ich fuhr die Straße entlang, erkannte bald die Rücklichter von Ebers Autokolonne, schaltete das Licht aus, damit sie mich nicht bemerkten, und folgte in einem ziemlich großen Abstand.

So erreichten wir nach etwa einer dreiviertel Stunde eine

kleine Stadt. Die beiden Sprinter fuhren weiter, während Ebers Geländewagen auf eine kleine Anhöhe hinauffuhr und dort oben stehen blieb. Auch ich hielt an. Da die Stadt etwas tiefer lag, konnte ich sehen, wie der eine Sprinter vor einem Mehrfamilienhaus stehen blieb und der andere hinter das Haus fuhr.

Ich beobachtete, wie die Männer aus dem Laderaum ihres Lieferwagens die Kisten ausluden, daraus Gegenstände herausnahmen und diese in die Fenster des Hauses warfen. Zuerst vermutete ich, es wären Steine. Doch es waren Brandbomben. Flammen leuchteten auf. Nach kurzer Zeit brannte das Haus lichterloh.

Die Männer schlossen schnell die Türen des Lieferwagens und fuhren weg. Ebers Wagen kam von der Anhöhe herunter und folgte ihnen mit einigem Abstand.

Zuerst konnte ich nicht glauben, was ich sah. Es wirkte unwirklich, wie in einem Film. Dann hörte ich Schreie. Dabei wurden die Flammen immer größer und heller. Ich fuhr mit rasendem Tempo durch den Ort und suchte verzweifelt eine Telefonzelle. An einer Bushaltestelle fand ich endlich eine und wählte die Notrufnummer. Dann rief ich Müller an. Doch er hob nicht ab.

Ich stieg wieder ins Auto und folgte der Straße, auf der Eber und seine Leute weggefahren waren. Nach einigen Kilometern sah ich am Horizont den Lichtschein eines weiteren Feuers. Gerade jetzt blieb der Sportwagen stehen. Der Tank war leer. Ich hatte nicht auf die Anzeige geachtet. So schnell ich konnte, ging ich zu Fuß zurück, orientierte mich an dem Lichtschein des brennenden Hauses. Ich hörte die Sirenen von Feuerwehrautos und sah Krankenwägen an mir vorbeifahren. Eigentlich hätte ich zufrieden sein können, dass mein Notruf Erfolg hatte. Doch mich trieb eine panische Angst. Ich schlug mir immer schneller an meine Stirn und schrie die seltsamsten Worte. So kam ich schließlich bei dem Haus an, starrte zu den dunklen Schatten der Feuerwehrmänner. Einer trug ein schreiendes Kind. Einer hielt einen hinkenden Mann in seinen Armen. Auf einer Bahre lag eine schwarze, leblose Frau und ein weinendes Mädchen klammerte sich an ihr fest. Es war eine Flüchtlingsunterkunft.

Gerade als sich mein Blick an dieser toten Frau festheftete, leuchteten im Dunkeln Fackeln auf. Ich hörte eine Meute Menschen näherkommen: „Ausländer raus! Messerstecher raus! Deutschland gehört den Deutschen.“ Schließlich sah ich im flackernden Licht die Hooligans mit ihren Springerstiefeln. Sie umringen die Krankenwägen und behinderten die Sanitäter bei ihrer Arbeit.

Mein Touretteanfall wurde immer schlimmer. Ich schrie wüste Beschimpfungen. Einer der Hooligans rannte auf mich zu: „Halt dein Maul, du Kanacke.“ Er schlug mich ins Gesicht. Ich fiel auf den Boden.

Einige Minuten lang war ich wohl ohnmächtig. Als ich wieder zu mir kam, sah ich das Blinken von Blaulicht. In der Ferne leuchtete ein Lichtkegel am Horizont. Die Hooligans waren verschwunden. Meine Nase blutete.

Ich schleppte mich zum Telefon an der Bushaltestelle und wählte Müllers Nummer. Endlich hob er ab.

2

Ich bin eine Zecke.

Ich saß die ganze Nacht auf der Bank in dem Bushäuschen. Ich zitterte, aber nicht nur vor Kälte. Ich schlief auch manchmal für eine Viertelstunde. Doch wenn ich die Augen öffnete, sah ich Flammen und hörte ich vor Angst schreiende Menschen.

Dann tauchten zwei Autoscheinwerfer auf. Müller stieg aus, umhüllte mich mit einer Wolldecke, schaltete die Heizung hoch und fuhr zu einer Autobahnraststätte, die gerade öffnete. Es war gegen sechs. Die Sonne ging auf. Er kaufte für mich einen Tee und ein Croissant.

Ich sprach kein Wort. Ich konnte einfach nicht.

Müller telefonierte mit den örtlichen Stellen. Doch er kam nicht weiter. Also fuhren wir in Richtung München.

Er fragte immer wieder. Doch ich schwieg. Mir war, als ob alle Worte fehlten für das, was ich erlebt hatte. Ich war in einen tiefen Abgrund gefallen, aus dem ich nicht mehr herauskam und aus dem ich auch nicht mehr herauswollte. Mir erschien alles beschmutzt: das Klavier, Beethoven, Liebe, Heimat, Musik – beschmutzt und missbraucht. Ich starrte auf die Landschaft, die vorbeiflog und fühlte mich wie ein Mensch, der nicht hierhin gehörte, ein Mensch, der nirgendwohin gehörte; denn überall auf dieser Welt, wo es Menschen gab, und es gab überall Menschen, schien mir alles grässlich falsch.

„Wir sind Euch gefolgt vorgestern Abend. Aber Ada fuhr zu schnell. Zuletzt konnten wir dich bei dem Rasthaus orten. Als wir dort eintrafen, war Adas Sportwagen nicht mehr zu sehen. Aber wir fanden deine SIM-Karte im Gebüsch. Oberth weigerte sich, eine Fahndung nach dir herauszugeben. Es wäre zu früh, meinte er. Auch dauerte es lange, bis ich den Durchsuchungsbefehl für die Burschenschaftsvilla erhielt. Erst am späten Nachmittag waren die Papiere da. Wir fanden zwar im Keller die alte Türe und das Fahrrad, schließlich auch die Kiste. Aber die war leer.“

Ich ließ Müller reden, hörte aber nicht zu. Ich sah nur die Flammen, die Verletzten, die Leichen, die jammernden Kinder.

„Zuhause machte mir Miriam Vorwürfe. Ich sei schuld, wenn sie morgen ihren Soloauftritt verpassen würde. Ich hatte versprochen, frei zu nehmen und Lasse von der Schule abzuholen. Da ich nicht gekommen war, kümmerte sie sich um ihn und verpasste den Bus, mit dem das Ballettensemble zum Gastspiel nach Heidelberg gebracht wurde. ‚Auf dich ist kein Verlass,' schimpfte sie. ‚Wie soll ich morgen zur Generalprobe kommen? Wenn ich dort nicht tanze, wird die Zweitbesetzung einspringen und dann werde ich nie wieder die Chance für ein Solo erhalten.' Lasse maulte, dass ich ein schrecklicher Vater wäre, dass Mama meinetwegen immer auf alles verzichten müsse, und das wäre ungerecht. ‚Morgen früh bringe ich Lasse in die Schule und dann fahre ich dich nach Heidelberg,' versuchte ich Miriam zu beruhigen. ‚Wir schaffen das,' sagte ich voller Überzeugung. Miriam hatte einen Lachanfall: ‚Wir schaffen das! Jetzt sagst du das auch schon. Aber gut, wenn du meinst.' Den Rest des Abends benahm sie sich ausgelassen, so wie meistens vor einem wichtigen Auftritt. Wenn ich etwas zu sagen versuchte, fiel sie mir sarkastisch ins Wort. Ich fühlte mich nicht ernst genommen. Als es klingelte, wollte ich erst nicht abnehmen. Miriam sprang zum Telefon, hielt mir das Display vor die Augen und fragte: ‚Falls du eine Freundin hast, wird die doch nicht hier bei uns mitten in der Nacht anrufen?' Ich wusste nicht, ob sie wieder einen ihrer Witze machte oder es ernst meinte. Ich sah eine norddeutsche Vorwahl, drückte den Knopf mit dem grünen Hörersymbol und hörte dich. ‚Du musst sofort hinfahren,' sagte Miriam daraufhin. Sie wollte sogar das Solo sausen lassen. Doch ich überredete sie, mit dem Taxi zu fahren, und Lasse versprach, allein aufzustehen. Er wäre doch schon groß genug, meinte er. Also fuhr ich mitten in der Nacht los und jetzt bin ich bei dir."

Ich schaute noch immer durch alles hindurch ins Nirgendwo, sah die Flammen und brachte kein Wort heraus. Es war, als ob Müller ganz fern wäre, aus einer anderen Welt sprechen und ich nicht in dem Auto sitzen würde, oder nur mein Körper in dem Auto wäre, aber mein Gehirn sich an einem anderen Ort befände. Müller fuhr auf einen Parkplatz, drückte die Bremse, so dass die Reifen quietschten, packte meine Schulter und schüttelte mich. „Du hast einen Schock. Du musst aufwachen. Hörst du mich?“ Er verlangte, dass ich aussteige, zwang mich, mit ihm um den Parkplatz herum zu gehen, verlangte, dass ich hüpfte, Kniebeugen machte und forderte mich zu einem Wettrennen auf. In der Raststätte kaufte er zwei Flaschen Coca-Cola, Brezeln und Landjäger. Er setzte sich mit mir an einen der Tische im Freien und hielt mir seinen Recorder vor die Nase. „Rede endlich.“ Jetzt brach alles aus mir heraus. Ich erzählte, unterbrochen von seinen bohrenden Fragen.

Zwei Tage später holte mich Ortler ab. „Oberth wird Sie verhören“, sagte er kurz angebunden. Er wirkte verschlossen und unfreundlich. Auf meine Frage, warum nicht Müller gekommen sei, gab er keine Antwort. In der Zentrale führte er mich zum Verhörraum 1. Nach einer halben Stunde kamen Oberth und Müller, der meinem Blick auswich. Ich spürte, dass etwas nicht stimmte.

„Herr Aziz, Sie haben als Musiker eine reiche Fantasie.“ Oberth sagte diesen Satz wie einen Vorwurf.

Ich erwiderte flapsig: „Fantasie ist in meinem Beruf wichtig.“

Oberth starrte einige lange Sekunden auf den Bildschirm seines Laptops. „Sie behaupten, dass Ihnen Karl Zara im Keller der Villa Isaria ein Waffenversteck gezeigt habe. Der Kollege Müller war mit seinen Leuten am nächsten Tag dort und fand nichts. Herr Aziz, das ist ein Hirngespinst.“

„Aber das Gespräch mit Zara wurde über das Funkmikrophon mitgehört und aufgezeichnet.“ Ich schaute zu Müller. Er wich meinem Blick aus.

„Müller hat wohl auf die falsche Taste gedrückt. Jedenfalls gibt es keine Aufzeichnung. Die beiden Kollegen, die mit Müller in unserem Auto saßen, können sich auch nicht daran erinnern. Nur Müller hat das behauptet. Aber aufgrund der Beweislage muss er sich wohl geirrt haben."

Ich starrte Müller an. Er schaute verlegen auf sein Smartphone. „Hier geht es nicht mit rechten Dingen zu," sagte ich.

„Vielleicht phantasieren Sie, vielleicht lügen Sie. Jedenfalls sind Sie in der Burschenschaftsvilla unter einer falschen Identität erschienen, haben sich Michael Maier genannt und die Leute getäuscht."

Müller unterbrach Oberth: „Das war so mit Mehmet abgesprochen. Wir wollten durch ihn Informationen beschaffen und das ist gelungen."

„Das ist überhaupt nicht gelungen. Für die Waffen gibt es jedenfalls keinen anderen Beweis als diese Behauptungen von Ihnen und Herrn Azis." Oberth sagte dies mit einer Bestimmtheit, die mich sprachlos machte. „Dann fuhren Sie, Herr Azis, mit Ada Heil nach Vorpommern in ihr Elternhaus. Warum hat Frau Heil Sie mitgenommen?"

„Sie ist gegen Gewalt und war über die Waffen entrüstet, wollte dies ihrem Vater melden. Mich nahm sie als Zeuge mit. Sie sagte, ihr allein würde er nicht glauben."

„Sie lügen wie gedruckt, wollen der Zeuge für etwas sein, das es gar nicht gibt. Ada Heil versicherte, dass sie keinesfalls Waffen in der Burschenschaftsvilla gesehen habe. Sie hätte Sie mitgenommen, weil Sie ein erstaunlicher Typ wären, mit dem sie eine schöne Zeit in ihrem elterlichen Haus verbringen wollte. Wir haben Eberhard von Schöpsmark und seine Mitarbeiter befragt. Sie wären ein passabler Klavierspieler, hat er gesagt. Doch von Waffen in der Münchner Burschenschaftsvilla wusste er nichts. Ein Angestellter, der noch bis in die Nacht im Büro arbeitete, sah, wie Sie nackt mit Frau Heil im Teich schwammen und über die Wiese rannten. Sie hatten offenbar einen ziemlich lustigen Abend dort. Dann haben Sie Müller mitten in der Nacht von einer Telefonzelle aus angerufen und gemeldet, dass ein Flüchtlingsheim brennen würde. Sie haben recht, es gab tatsächlich Anschläge in dieser Nacht. Aber wir konnten keine Spuren finden, die beweisen, dass Herr von Schöpsmark daran beteiligt war. Ada Heil musste nicht ihren Mercedes-Sportwagen irgendwo auf dem Land suchen, wo sie behaupten, ihn wegen Benzinmangels abgestellt zu haben, sondern fand ihn in der Garage, wo er immer steht, wenn sie im Herrenhaus übernachtet. Sie fuhr von dort zu einem Konzert. Übrigens hat sie uns gesagt, dass sie nicht auf beschnittene Männer steht. Vielleicht haben Sie sich darüber so geärgert, dass Sie sich rächen wollten. Das vermutet wenigstens Frau Heil. Außerdem hält sie Sie für ein wenig verrückt. Seien Sie froh, dass Sie nicht von Frau Heil und ihrem Vater wegen Verleumdung verklagt werden. Aber ich frage mich schon, was Sie im Schild führen. Wollten Sie sich einschleichen, Informationen sammeln, planen Sie mit ihrem untergetauchten Freund Ahmet Ghubar einen Anschlag?"

Ich schaute Oberth lange schweigend an. Nur meine Finger klopften auf den Schreibtisch. Das irritierte ihn offenbar. Schließlich schlug ich gegen meine Stirn und schrie „Eckebisalji", wiederholte das Wort immer lauter und mit einem immer unheimlicheren Klang. „Eckebisalji, Eckebisalji, Eckebisalji." Ich betonte die Konsonanten, als ob sie ein tödliches Schwert wären.

Oberth blickte Müller ratlos an. Als ich aufsprang und begann, mit meinen Fäusten gegen die Türe zu klopfen und das Wort Hchotja scheinbar endlos wiederholte, fragte Oberth nervös: „Was sagt er?"

„Wenn ich richtig höre: Lüge und Betrug," erklärte Müller.

„Das lassen wir uns nicht bieten." Oberth drückte den Notfallknopf. Zwei Beamte erschienen außer Atem. „Abführen," befahl Obert. Doch es gelang ihnen nicht, mir Handschellen anzulegen. Sie konnten mich weder ruhigstellen noch festhalten.

Müller versuchte Oberth zu beruhigen: „Das ist ein Tourette-Anfall. Nichts Gefährliches." Oberth schaute ihn ungläubig an. Dann drehte ich mich von der Türe weg, auf die ich eingeschlagen hatte, lockerte meine Arme und Hände, lächelte freundlich, gab den beiden Kriminalbeamten, die mich hätten abführen sollen, die Hand, sagte: „Danke," reichte auch Oberth die Hand: „Danke, dass Sie das ertragen haben," legte meinen Arm über Müllers Schulter und sagte lächelnd: „Wir gehen. Geheimpolizei habe ich in Syrien genug erlebt. Vergessen Sie meinen Anfall, Herr Oberth. Denken Sie einfach, dass dies genauso eine Phantasiegeschichte war wie das brennende Flüchtlingsheim, das von Schöpsmarks Männern in Brand gesetzt wurde. Mit Gehirnwäsche kennen wir uns doch alle aus, ich als Opfer, Sie als Täter." Ich sang die Marseillaise und eilte ins Freie: „Allons enfants de la Patrie. Le jour de la gloire est arrivé. Contre nous de la tyrannie. L'étendard sanglant est levé." Ich weiß, ich benahm mich verrückt. Aber wie anders hätte ich reagieren sollen? Wenn die Welt verrückt ist, muss man nicht selbst auch verrückt werden?

Müller brachte mich ins Flüchtlingsheim zurück. „Wir haben schlechte Karten," sagte er. „Du hast kein Foto, kein Video gemacht, mit dem wir unsere Sicht belegen können. Der einzige Beweis ist deine Zeugenaussage und aufgrund deiner Krankheit erscheinst du nicht allzu vertrauenswürdig."

„Oder sagen wir es einmal anders: Alle Spuren wurden rechtzeitig beseitigt, bevor der Verfassungsschutz eintraf. Ihr habt eine undichte Stelle. Vielleicht Oberth selbst?"

„Er ist mein Kollege. Zwar ist er Mitglied in einer Burschenschaft und stramm konservativ, aber dass er ein Verbrechen deckt, kann ich mir nicht vorstellen. Da gehst du zu weit."

„Du willst es nur nicht glauben, da du dann zugeben müsstest, dass es mit eurem Rechtsstaat gar nicht so weit her ist."

„Mann," erwiderte Müller ärgerlich, „immerhin kann man dich aufgrund deiner Touretteerkrankung als unzurechnungsfähig hinstellen und nicht einmal ich weiß, was du wirklich denkst. Vielleicht steckst du mit Ahmet unter einer Decke? Vielleicht hat Oberth recht, dass ihr beide zwei gefährliche Terroristen seid."

„Ihr bildet euch doch nur ein, human zu sein und frei über euch und euer Leben zu bestimmen. Das ist nur eine Vorstellung, die ihr euch einredet, aber dabei überseht ihr, dass auch hier unmenschliche Verbrechen geschehen, dass der Wohlstand Europas auf Ausbeutung der Natur, billiger Arbeitskräfte in Afrika und Asien und der Bodenschätze anderer Länder beruht. Aber ihr glaubt, ihr seid die Guten, die Aufgeklärten, die die Menschenrechte vertreten. Da kann man auch genauso gut an das Paradies der Islamisten mit hundert Jungfrauen, Wein in Hülle und Fülle und dem besten Essen glauben und zuvor ein Selbstmordattentat begehen." Ich merkte, dass Müller über meine Worte ziemlich entsetzt war und fügte deshalb hinzu, dass freilich ein solches Selbstmordattentat auch Lug und Trug und deshalb um nichts besser wäre, vielmehr alles nur noch schlimmer machen würde. Aber dass vor einigen Tagen Flüchtlingsheime brannten, Menschen starben, Kinder schrien, das sei eine Tatsache, auch wenn die Täter wieder einmal unerkannt entkommen sind.

„Du sprichst ziemlich wirres Zeug," schüttelte er den Kopf. Als er mich beim Flüchtlingsheim absetzte, rief ich ihm nach: „Müller bleibe dran. Du findest es heraus."

Am folgenden Samstag kam mich Müller mit Miriam und Lasse in seinem Famlienvan abholen. Miriam war in Hochstimmung, da in der Premierenkritik der Rhein-Neckar-Zeitung ihr Solo in höchsten Tönen gelobt worden war. Lasse wirkte stolz. Einen Tag ohne Eltern bewältigt zu haben, hatte sein Selbstbewusstsein gestärkt. Müller schien glücklich, gemeinsam mit seiner Familie etwas zu unternehmen. „Wir helfen dir beim Umzug." Er war ganz anders als gestern zusammen mit Oberth und den anderen Kollegen, nicht mehr der misstrauische Verfassungsschützer, sondern wie ein guter Freund.

„Ich weiß nicht, was mit mir los ist," begrüßte ich ihn. „Einerseits hasse ich es hier im Flüchtlingsheim zu bleiben, andererseits bin ich traurig, die anderen zurücklassen zu müssen."

Zusammen mit Maria, Joe, Yossuf, Abdul und Kadir saß ich an einem Tisch. Den Männern hatte ich ein Bier, den Kindern und Maria je ein Eis spendiert. Jetzt gehöre ich nicht mehr zu ihnen, dachte ich, und hatte Angst, nun noch einsamer zu werden. So verschieden, so willkürlich zusammengewürfelt wir waren und so sehr wir uns oft auf die Nerven gingen, gehörten wir doch irgendwie auch zusammen. „Ihr könnt mich immer besuchen," lud ich sie ein. „In meiner neuen Wohnung steht ein großer Flügel. Dann hört ihr endlich, wie ein Klavier klingt, und vielleicht glaubt ihr dann, dass ich wirklich spielen kann und nicht nur wie hier auf der Fensterbank mit den Fingern herumklopfe." Ich hatte ein schlechtes Gewissen, dass es mir nun besser ging als ihnen. Das Leben ist ungerecht, dachte ich. Deshalb versuchte ich, sie zu trösten: „Ihr werdet auch bald eine eigene Wohnung haben, glaubt mir."

Dann füllte ich die Kartons mit meinen wenigen Habseligkeiten. Miriam und Müller trugen sie ins Auto. Lasse spielte mit Alpha und Melody.

Schließlich standen die Bewohner des Flüchtlingsheims auf der Straße, um sich zu verabschieden. Da waren auch Gesichter darunter, die ich nicht kannte. Maria hatte Tränen in den Augen. Alpha und Melody hielten ausnahmsweise still. Ich umarmte einen jeden und gerade als ich gehen wollte, hielt mir Alpha einen Brief hin: „Den hat mir ein Mann mit einem langen Bart gegeben. Er ist für dich."

In meiner neuen Wohnung halfen mir die Müllers beim Einräumen. Miriam hatte eine Champagnerflasche mitgebracht und im Kühlschrank kaltgestellt. Wir stießen an. Lasse durfte erstmals einen Schluck Alkohol trinken. Ich setzte mich an den Flügel, spielte Mazurkas von Chopin und Walzer von Schubert. Miriam tanzte. Lasse, etwas beschwipst, versuchte es ihr nachzumachen. Miriam zog ihren Mann vom Sessel hoch. „Ich kann nicht tanzen," wehrte er sich. Dennoch versuchte er so gut es ging, ihre Bewegungen nachzuahmen. Es wirkte ziemlich komisch.

Sie umarmten mich und wünschten mir Glück im neuen Heim. Sobald sie weg waren, öffnete ich den Brief, den mir Alpha gegeben hatte. Er war wieder ohne Absender. Ahmet schrieb auf Arabisch:

Mehmet,
dieser Brief ist deine letzte Chance, unsere Freundschaft zu erhalten. Ich bitte dich im Namen Allahs, die Ehre deiner Familie und die Ehre deines Volkes und aller Mohammedaner wiederherzustellen. Du musst deine Schwester, die beim Brückenfestival tanzt, töten. So will es die Fatwa des Ehrwürdigen Scheichs. Deine Schwester ist eine Hure und hat die Welt beschmutzt, so wie alle diejenigen die Welt erniedrigt haben, welche die islamische Umma demütigen, missachten und ins Elend treiben. Wenn Du es nicht tust, werde ich es machen. Verlasse dich darauf. Wir sehen uns im Paradies wieder. Doch zuvor sorgen wir auf der Welt für Gerechtigkeit. Ich umarme dich.
Dein Bruder Ahmet.

Was Ahmet forderte, war ungeheuerlich. Ich wollte daran nicht denken, setzte mich an mein Klavier und hämmerte in die Tasten. Unwillkürlich kam mir der Anfang einer Sonate von Hindemith in den Sinn. Die Akkorde waren voller Spannung, oft grell dissonant, und die Motive wiederholten sich mit einer unerbittlichen Motorik. Aber ich konnte nicht weiterspielen, musste immer daran denken: Hat Ahmet recht? Gibt es keine Möglichkeit hier auf dieser Welt, einigermaßen richtig zu leben? Ich starrte zum Fenster hinaus und begann zuerst langsam, dann immer schneller mit der rechten Hand an meine Stirn zu schlagen. Ich hätte mich ans Klavier setzen können, hätte vielleicht diesen Tourette-Anfall vermeiden können. Doch ich wollte nicht. Wenn ich krank war, dann war ich es eben. Wenn das Leben hier falsch war, dann war es eben so. Ich schnitt die merkwürdigsten Grimassen und beobachtete mich dabei im Spiegel. Der Welt die Fratze zeigen! Das tat gut. Das erleichterte mich etwas. Dann spielte ich den Anfang der A-Dur-Mozartsonate, so weich und sanft, so voller Empfindung und Schönheit, wie ich konnte. Dabei versuchte ich, mit mir ins Reine zu kommen. Vielleicht hatten Ahmet, der Scheich und alle meine Vorfahren, die ich vor mir sah, recht, dass Amal eine Todsünde begangen hatte, als sie ausbrach und mit dem jüdischen Musiker tanzte, vielleicht hatte ich wirklich mit meinem Klavierspiel meine Heimat verraten. Zumindest prostituierten wir beide uns jetzt: Amal tanzte fast nackt und mich vermarkteten sie als Sensation: der virtuose Pianist aus Damaskus, der von Islamisten verstümmelt wurde. Doch nicht nur mein Finger, auch mein Leben war verstümmelt. Ich würde nie eine so glückliche Familie haben, wie es die Müllers waren. Man würde unser einem nie recht geben, sondern alles so hinstellen, dass wir im Unrecht sind. Wir könnten uns noch so anstrengen, anpassen, demütigen. Sie würden uns nicht in ihre Welt hineinlassen. Ahmet hatte recht: Es gab kein richtiges Leben auf dieser Welt, zumindest nicht für uns. Wenn wir als Märtyrer starben, dann würden wir den Kampf für eine bessere Zukunft vielleicht ein wenig voranbringen. Ich glaubte nicht an Ahmets Paradies mit den hundert Jungfrauen. Aber vielleicht ist Religion nichts anderes als Poesie. Vielleicht ist sie ein Gefühl und wenn es ein schönes und verlockendes Gefühl ist, warum sollte ich ihm nicht folgen?

Doch war nicht die Musik mein Paradies? Nachdem ich alle Variationen des ersten Satzes von Mozarts A-Dur-Sonate gespielt hatte, fühlte ich mich besser. Diese Musik hätte mir mehr als Belohnung getaugt als alle Heilsversprechen des Propheten. Aber dann plagte mich das Gefühl, dass ich durch diese Musikliebe meine Familie verriet. War es also überhaupt wert, dass ich lebte? Musste ich nicht Ahmet schon deshalb folgen? Damit ich alles wieder gut machte?

Was würde Vater sagen? Ich hatte eine große Sehnsucht, seine Stimme zu hören. Ich wollte ihn um Rat fragen. Ich musste das jetzt tun. Ich wählte seine Nummer. Nach langen Sekunden folgten verzerrt wirkende Freitöne. Doch niemand hob ab. Erst beim dritten Versuch hörte ich eine Stimme. Ob es die meines Vaters war, konnte ich nicht erkennen.

„Papa, Papa, hörst du mich."

„Sehr schlecht. Aber ich kann dich verstehen."

„Wie geht es euch? Habt ihr etwas zu essen?"

„Nur sehr wenig. Mama ist krank. Sie kann nicht mehr aufstehen und zittert am ganzen Körper."

„Ihr müsst durchhalten. Ich hole euch heraus."

„Es ist zu spät."

„Papa, alles wird gut. Ich werde jetzt Konzerte geben, habe eine eigene Wohnung und erhalte so viel Geld wie noch nie. Ich werde Euch Flugtickets schicken."

„Hier kommt niemand heraus. Sie erschießen jeden, der es versucht."

„Es wird sich ein Weg finden. Vertraue mir."

Papa sagte mit gebrochener Stimme: „Wir sind am Ende. Aber wenigstens weiß ich, dass du es geschafft hast. Das ist ein großes Glück."

„Ihr werdet es auch schaffen." Ich versuchte zuversichtlich zu wirken. „Dann werden wir alle zusammen sein. Amal lebt. Sie wird in vier Tagen hier in München angekommen und beim Konzert tanzen."

„Amal ist tot, merke dir das, mein Sohn."

„Nein, sie lebt. Freust du dich nicht?"

„Sie ist schon lange gestorben." Papa legte auf.

Ich ließ meinen Kopf auf die Tasten des Klaviers fallen, so dass ein grauenvoll dissonanter Akkord aufschrie.

Dann erschien mir alles klar. Dass du es geschafft hast, ist unser größtes Glück, hatte Papa gesagt. Er war glücklich, dass ich lebte und mit meiner Musik weiterkam. Dieses Glück erleichterte seinen und Mamas Weg in den Tod. Ich durfte mich nicht umbringen, wie Ahmet es vorhatte; denn dann wäre für meine Eltern alles Leiden umsonst gewesen. Amal ist tot. Das hatte Papa schon gesagt, als damals der Scheich die Fatwa verkündet hatte. Wenn sie bereits tot ist, dann muss man sie nicht mehr umbringen, dachte ich. Amal gibt es nicht mehr. Aber Salome lebt und ist eine ganz andere Frau, frei, selbstbewusst, lesbisch, eine berühmte Tänzerin. Das ist nicht mehr Amal, die mit einem alten Geschäftsmann verheiratet werden sollte. Dass du es geschafft hast: Ich hatte die Flucht überlebt, hatte mein erstes Konzert gegeben, eine eigene Wohnung, einen Agenturvertrag. War das nicht alles ein großes Glück?

Ahmet würde wohl jetzt sagen, dass ich dieses Glück in einer falschen, sündigen Welt genießen würde und damit selbst falsch und sündig würde. Aber das spielte für mich keine Rolle. Ich wollte einfach leben. Niemand konnte mir die Schuld geben, dass die Welt so ist, wie sie ist. Ich würde auch alles tun, um sie zu ändern, auch wenn ich sie nur ein klein wenig ändern könnte, und es vielleicht sogar umsonst wäre. Damals in Damaskus haben wir es versucht. Doch dass durch unsere Revolution die Hölle, in der wir lebten, eine noch schlimmere Hölle wurde, dafür konnten wir nichts. Wir hatten es einfach versucht. So wollte ich es auch jetzt wieder versuchen. Ich musste Ahmet von seiner Tat abbringen, auch wenn ich deshalb mit Müller zusammenarbeiten musste und dadurch in Ahmets Augen zum Verräter wurde. Ich musste beweisen, dass Oberth ein falsches Spiel trieb, Eberhard von Schöpsmark deckte und mich deshalb als verrückten Pianisten hinstellte.

Das ging mir in wenigen Sekunden durch den Kopf, als der schauerliche Cluster verklang. Dann war ich geladen und voller Energie, rollte Ahmets Brief zusammen und steckte ihn vorsichtig in die Schallrosette meines Ouds. Dort würde ihn niemand finden, war ich überzeugt.

Am nächsten Morgen gegen sechs Uhr klingelte es Sturm. Ich schreckte aus dem Tiefschlaf, öffnete die Wohnungstüre und sah Ortler mit zwei Kriminalbeamten. „Ziehen Sie sich an. Sie müssen mitkommen.“ Die Polizisten warteten vor der Badezimmertüre. Sie hatten offenbar Angst, dass ich fliehen könnte.

Kaum hatten sie mich in den Verhörraum gebracht, kamen Oberth und Müller. Ortler schaltete den Computer ein und ein Video öffnete sich, das mich am Klavier, Miriam elegant tanzend und Müller in komischen Verrenkungen zeigte.

„Wir wussten gar nicht, dass sie, lieber Müller, ein so guter Tänzer sind," stichelte Oberth. „Ihr seid mit Mehmet ziemlich familiär." Er redete über mich, als ob ich nicht anwesend wäre.

„Du kennst Miriam: sie hilft allen, die in Not sind," versuchte sich Müller zu rechtfertigen.

„Wenn es der Überwachung dient, habe ich nichts dagegen." Dann wurde Oberth ernst: „Jetzt kommt es." Das Video zeigte, wie die Familie Müller meine Wohnung verließ und ich den Brief aus der Tasche zog.

„Was ist das für ein Brief und wo haben Sie ihn versteckt?" Oberth blickte mich scharf an. Als ich nichts antwortete, sagte er zu den beiden anderen: „Der Mann mit dem Bart, der dem kleinen Jungen den Brief zusteckte, ist mit höchster Wahrscheinlichkeit Ahmet Ghubar. Er ist also hier in München. Drei Tage vor dem Konzert. Das bedeutet höchste Terrorwarnstufe." Oberth schien in seinem Element. Endlich gab es klare Fronten, ein Feindbild und ein Ziel: Ahmet, der Selbstmordattentäter, und ich sein Helfer. Müller schlug eine genauere Untersuchung der Brandanschläge auf die Flüchtlingsheime in Vorpommern, des rechtsradikalen Netzwerks um Ada und Schöpsmark durch die Kollegen vor Ort und die weitere Durchleuchtung der Isaria vor, wurde aber von Oberth abgekanzelt, dass er nicht schon wieder mit diesen alten Kamellen kommen solle. Jetzt gäbe es wichtigeres. „Herr Aziz, ich frage Sie ein letztes Mal: wo ist der Brief?"

Ich konnte ihm nicht antworten. Mir blieben die Worte im Hals stecken. Ich sah mich schon beim Waterboarding wie damals. Meine Unfähigkeit zu sprechen, war mehr als Angst, sie war auch Trotz gegen die übermächtige Staatsmacht, und es kümmerte mich jetzt nicht, ob es die des Diktators oder des sogenannten deutschen Rechtsstaates war.

„Wie Sie wollen. Ich mache mit dem Verhör weiter. Müller, Sie fahren in die Wohnung von Mehmet Aziz und durchsuchen sie. Den Durchsuchungsbefehl habe ich. Überzeugen Sie sich.“ Er hielt mir ein mehrseitiges Formular unter die Augen.

Müller wirkte ziemlich geknickt, als er den Raum verließ. Er war mein Freund, zumindest hatte er versucht, es zu sein. Doch jetzt war er gezwungen, mich zu verraten. Wir sind alle Verräter, ich der von Ahmet, du der von mir, dachte ich.

Dann rief Oberth Irmgard Lang herein. Nun schauten die Geheimdienstler wieder den Film an, sahen, wie ich Klavier spielte, was sie nicht interessierte, weshalb Ortler den Film vorspulen musste, bis man mich sah, wie ich mit Papa telefonierte.

„Kennen Sie das Ergebnis dieses Telefongesprächs?“

„Nein,“ sagte ich. „Wie sollte ich?“

Irmgard Lang öffnete eine Facebook-Seite, die den Scheich zeigte, der damals die Fatwa gegen Amal verkündet hatte. Jetzt vor wenigen Stunden hatte er eine Videobotschaft veröffentlicht, sprach ernst und eindringlich: *Die Fatwa gegen Amal Aziz, gegen diese Hure, die mit Juden ins Bett geht, muss endlich vollzogen werden. Jemand muss die Ehre der Familie und der ganzen islamischen Umma wiederherstellen. Tötet sie, rettet euch und eure Familien vor der Hölle.*

Irmgard Lang erklärte, dass das Video schon mit über 10.000 „Gefällt mir“-Buttons versehen worden wäre. Sie nahm mein Handy, öffnete es und durchsuchte meine Facebookseiten. Nach wenigen Klicks hatte sie die Videobotschaft gefunden. „Haben Sie das nicht gesehen?“

Ich schüttelte den Kopf.

„Das glaube ich nicht,“ sagte Oberth scharf.

„Mich interessiert Facebook nicht,“ verteidigte ich mich.

„Aber warum haben Sie dann die Seite des Scheichs abonniert?“ fragte Irmgard Lang vorwurfsvoll. „Müller hat Ihnen vertraut. Er hält viel von Ihnen. Jetzt enttäuschen Sie ihn sehr.“ Dann ließen Sie mich einige Stunden warten. Der Verhörraum war zugesperrt. Aber sie hatten ein Glas Wasser und einen Teller mit Keksen für mich auf den Tisch gestellt.

Schließlich wurde die Türe aufgestoßen. Oberth kam mit Müller herein. Er hatte Ahmets Brief in der Hand.

Oberth fragte: „Warum haben Sie uns den Brief nicht gezeigt? Sie haben Müller versprochen, mit uns zusammenzuarbeiten."

Ich zuckte mit den Achseln: „Ist das eine gute Zusammenarbeit, wenn man meine Beobachtungen für Hirngespinste hält?"

Müller lächelte. Oberth schwieg.

Dann legte eine Sekretärin ein Fax der Staatsanwaltschaft auf den Tisch. Oberth las, wurde rot im Gesicht und sagte zu Müller: „Der Staatsanwalt weigert sich, Azis festzusetzen. Er meint, die Beweise seien nicht ausreichend." Dabei fixierte er mich wütend mit seinen Augen. „Ich weiß nicht, wie wir die Sicherheit des Brückenfestivals garantieren sollen, wenn selbst das nicht genügt." Grimmig forderte er mich auf, zu gehen: „Aber Sie werden von nun an auf jedem Millimeter, den Sie sich bewegen, überwacht. Da können Sie sicher sein."

Am nächsten Morgen rief Gaby an. Ihre Stimme wirkte besorgt: „Wir haben uns lange nicht mehr gesehen," fing sie an. „Du hast nun dein eigenes Klavier und kannst zu Hause üben. Das freut mich. Hättest du das vor einigen Monaten, als ich in das Flüchtlingsheim kam, gedacht? Du musst aber trotzdem ins Festivalhaus kommen. Gutekunst, Schöttlburg und Gruber wollen mit dir sprechen, scheint etwas ziemlich Ernstes zu sein. Ich hoffe, bei dir ist alles gut. Sie erwarten dich in einer Stunde."

Ich vermutete die drei Herren im Konzertsaal. Als ich die Türe öffnete, sah ich Gutekunst am Klavier sitzen. Die beiden anderen standen an der Brüstung des Podiums. „Ich muss mich auf das Konzert heute Abend vorbereiten. Also gut, nur ein paar Minuten. Aber dann möchte ich mich wieder auf die Musik konzentrieren." Gutekunst wirkte genervt. „Wir müssen vorsichtig sein," bedrängte ihn Gruber. „Er ist ein Mohammedaner. So leicht kann er nicht mit seiner Vergangenheit brechen."

„Die wenigsten Mohammedaner sind Selbstmörder." Gutekunst spielte den Anfang von Mozarts Krönungskonzert. „Musik ist Leben. Deshalb sind Musiker keine Selbstmörder."

„Da kommt unser syrisches Wunderkind." Schöttlburg unterbrach den Disput und blickte mich prüfend an. Dann lächelte er und klopfte mir väterlich auf die Schulter.

„Wir müssen mit Ihnen reden," sagte Gruber.

„Hast du das Video auf Facebook gesehen, auf dem der Scheich zur Fatwa auffordert?" fragte Gutekunst.

„Ja, sie haben es mir im Verhörraum des Verfassungsschutzes gezeigt."

„Was sagst du dazu?"

„Es geht doch um etwas ganz anderes. Aber ich wette, dass ihr das nicht wisst," sagte ich. „Oberth hat es euch bestimmt nicht erzählt."

Sie schauten mich ratlos an. Gutekunst stand von seinem Klavierhocker auf und bat uns ins Künstlerzimmer. Er schenkte Kaffee ein und bot uns Croissants an.

„Ich habe mit eigenen Augen gesehen, dass die Rechtsradikalen Waffen horten für den Ernstfall, der bald eintreten würde, wie sie sagen, und zwar beim Brückenfestival. Einige Leute im Verfassungsschutz decken deren Waffenbesitz. Sie decken auch, dass der Verleger Eberhard von Schöpsmark mit seinen Leuten Flüchtlingsheime anzündet. Sie, Herr Schöttlburg, sind der Einzige, der etwas dagegen tun kann. Sie müssen mir helfen."

„Das ist ungeheuerlich, was Sie da behaupten. Wie kommen Sie darauf?" Ich hatte zunächst den Eindruck, dass Schöttlburg seine Entrüstung nur spielte. Doch dann sagte er zu Gruber: „Schon lange habe ich das Gefühl, dass Herren wie Oberth eine Art Staat im Staat bilden. Aber beweisen konnte ich das nie."

Dann erzählte ich die ganze Geschichte von Zaras und Neubers Waffenversteck bis hin zum Überfall auf die Flüchtlingsheime. „Aber als der Verfassungsschutz meinen Bericht überprüfte, waren alle Beweise beseitigt. Sie mussten gewarnt worden sein, ich vermute von Oberth.“

„Können Sie das beweisen?“

„Nein, aber es ist ziemlich wahrscheinlich.“

Schöttlburg trank einen kräftigen Schluck und biss ein großes Stück seines Croissants ab. „Schöpsmark und ich – wir kennen uns gut. Als er seinen Verlag gründete, investierte ich einen ziemlich hohen Betrag. Damals besuchte ich ihn in seinem Herrenhaus, zu jener Zeit noch ein baufälliges, heruntergekommenes Gebäude. Das soll jetzt ja alles recht proper aussehen. Damals habe ich mich mit ihm gut verstanden. Seine Tochter war noch ein kleines Mädchen. Sie spielte im verwilderten Park mit anderen Kindern und führte mich zu dem Teich, in dem Seerosen blühten und Frösche quakten.“ Schöttlburg fragte mich genau nach den Details des Gebäudes und des Parks. „Er plante damals ein Musik- und Theaterfestival. Alles sehr interessant. Doch dann triftete er in die rechte Ecke ab und ich habe meine Anteile wieder verkauft.“

„Oberth und Schöpsmark sind in derselben Burschenschaft. Wahrscheinlich sind sie gute Freunde,“ unterbrach ich ihn.

„Der Oberth ist anfällig für rechtsradikale Ideen, ein Offizierstyp der alten Schule. Müller ist eher der Wissenschaftler und deshalb zu zögerlich, um gegen ihn vorzugehen. Ich werde ihm den Rücken stärken. Gut, dass ich den Innenminister kenne. Er war damals mein Staatssekretär.“

Gruber wandte ein: „Sie glauben also einem arabischen Flüchtling mehr als dem Verfassungsschutz?“

„Schorschl, wie sollte Mehmet das alles erfinden? Du warst selbst einmal Offizier. Du kennst diese Leute. Schorschl, höre dich dort um.“

Gruber lachte sarkastisch: „Ich habe Euch gewarnt: Wir hätten die Flüchtlinge nicht hereinlassen dürfen. Die Angst vor Fremden kriegst du aus den Menschen nicht heraus. Es geht auch mir so. Du hast deine Vorurteile und oft werden sie bestätigt.“

„Oder auch nicht,“ unterbrach ihn Schöttlburg und blickte mich an: „Unser Mehmet ist alles andere als ein Araber, wie du ihn dir vorstellst.“

Gruber gab ihm recht. „Aber ich sage dennoch: wie vor 1933!“ Er machte ein Gesicht, als ob er in eine Zitrone gebissen hätte. Doch Schöttlburg blickte ihn erwartungsvoll an. Endlich sagte Gruber: „Ich mache es. Aber zuvor musst du beim Innenminister erreichen, dass Müller mehr Vollmachten erhält.“

„Ich rufe ihn an.“ Schöttlburg stand auf und beugte sich über mich: „Mehmet, wir vertrauen Ihnen. Aber Sie müssen alles tun, um ihren Freund Ahmet zur Vernunft zu bringen.“

Ungeduldig setzte sich Gutekunst wieder an den Flügel.

Am Abend dirigierte Gutekunst das Symphonieorchester und spielte selbst Mozarts Krönungskonzert. Ich saß auf einem der seitlichen Parkettplätze und fühlte mich für zwei Stunden in einer anderen Welt: voller Klarheit, Wahrheit, Witz und Trauer, Freude und Tragik. Dieses Konzert hätte ewig dauern können. Gutekunst musizierte ohne jede Eitelkeit, ganz auf die Musik konzentriert. Beim Hören dieser Melodien, Klänge und Rhythmen von einer Helligkeit und Weitsicht glaubte ich, die Welt vom Himmel aus zu sehen, und sie schien mir schön. In dieser Nacht schlief ich erstmals wieder einigermaßen entspannt.

Am nächsten Vormittag holte mich Müller ab. Ich war ziemlich überrascht: „Willst du mich schon wieder zu einem Verhör abholen?“

„Du musst mir helfen.“ Er bat mich so eindringlich, dass ich nicht nein sagen konnte, obwohl ich misstrauisch war.

Müller brachte mich in die Zentrale. Dort veränderte eine Maskenbildnerin mein Gesicht so, dass mich niemand mehr erkennen konnte: Sie klebte mir einen Schnurr- und einen Kinnbart an und befestigte kunstvoll eine Perücke, deren überaus lange Haare sie zu einem Dutt zusammenband.

Dann fuhren wir in die Innenstadt. Ich betrachtete mich im Rückspiegel. Dabei hatte ich das Gefühl, mir fremd geworden zu sein. So ist es also, ein Spitzel zu sein, dachte ich. Ich probierte verschiedene Gesichtsausdrücke, schnitt lächerliche Grimassen oder blickte wahnsinnig ernst.

Müller schien es nicht zu beachten. Er erzählte, dass heute bereits um acht Uhr, gerade als er sein Büro betreten hatte, ein Ministerialrat des Innenministeriums angerufen und ihm den Auftrag gegeben habe, gegen Neuber, Ada Heil und Eberhard von Schöpsmark zu ermitteln. „Ich kann mir diese plötzliche Wendung des Ministeriums nicht erklären."

Ich schaute ihn lachend an. „Schöttlburg hat den Innenminister angerufen."

„Hast du mit ihm geredet?"

„Musiker sind manchmal auch Diplomaten."

Ich freute mich über Müllers erstaunten Blick, aus dem ich auch Anerkennung herauslas.

„Wie dem auch sei, ich habe Oberths Fall an die interne Revision gegeben, die wird sich damit beschäftigen. Heute Nacht wird uns Olafson dabei unterstützen, Ada Heil nach ihrem Konzept in der Rockarena zu vernehmen." Doch zuvor, beschwor er mich, müssten wir alles tun, um Ahmet zu finden. Das sei das wichtigte.

Müller stellte seinen Wagen in einer Parkgarage beim Hauptbahnhof ab. Er ging mit mir durch das Bahnhofviertel. „Halte deine Augen offen. Vielleicht siehst du jemanden, der wie Ahmet aussieht." Wir durchstreiften Obst- und Gemüseläden, suchten in Schmuckgeschäften angeblich nach einem Ring für Miriam, gingen in verschiedenste Restaurants, aßen unzählige Mezze, Falafel, Köfte, Couscous in allen Variationen, Reispudding und andere Süßigkeiten, nur um in den Lokalen den letzten Winkel untersuchen und beim Weg zur Toilette in die Hinterzimmer hineinschauen zu können. Müller führte mich auch zu einer Moschee, die in einer Nebenstraße lag. Er ließ mich allein hineingehen. Im Gebetsraum drängten sich die Gläubigen zum Freitagsgebet. Der Imam mit seinem gepflegten, schwarzen Bart predigte auf Deutsch und las aus dem Koran auf Arabisch. Ich stellte mich in eine Ecke, von der aus ich den ganzen Raum überblickte. Aber auch hier fand ich niemanden, der Ahmet ähnlich war.

Müller konnte seine Enttäuschung nicht verbergen. „Es wäre zu schön gewesen. Wir hätten ihn für einige Tage aus dem Verkehr gezogen. Dann hätten wir morgen beim Open-Air-Konzert auf der Brücke eine Sorge weniger."

Inzwischen war es Abend. Müller brach die Suche in Bahnhofsviertel ab und ging zum Marienplatz. Dort sahen wir ein hohes, grob gezimmertes Kreuz, auf dessen Längsbalken das Wort „Deus" und auf dessen Querbalken das Wort „vult" in gotischen Buchstaben geschrieben war. Ein etwa fünfzigjähriger Mann in einem grauen Sweatshirt heizte die Stimmung der Zuschauer an: „Wir sind tolerant, aber nicht blöd." Hinter seinem Rednerpult parkte ein Lieferwagen mit der Aufschrift einer Tontechnikerfirma und neben ihm wartete ein Priester mit zwei Messdienern. Vor den Absperrgittern drängten sich auf der einen Seite etwa 80 Sympathisanten und auf der anderen ebenso viele Gegendemonstranten, junge Leute, Studenten, darunter auch einige Frauen mit Kopftuch. Nun begann der Priester zu predigen, dass der Islam eine blutrünstige, satanische Religion wäre und Gott wie anno 1095 zu einem Kreuzzug aufrufen würde. „Deus vult!" schrie er ins Mikrophon. „Gott will, dass wir unser christliches Deutschland verteidigen, dass wir für unsere christlichen Werte kämpfen! In einem Kreuzzug für Freiheit, Humanität, Liberalität, gegen die Scharia, gegen die Eindringlinge aus Arabien und Afrika, die sich wie die Kaninchen fortpflanzen, so dass Deutschland bald ein islamisches Land sein wird! Deutschland muss christlich bleiben!" Der Priester sprach mit einer hohen, schneidenden Stimme und übertönte dank des scheppernden, übersteuerten Lautsprechers die „Nazi raus" Rufe der Gegendemonstranten. Er segnete mit lateinischen Worten das Kreuz, besprengte es mit Weihwasser aus einer Plastikflasche und hob zum gregorianischen Gesang an, während die Gegendemonstranten dazu laut pfiffen.

Müller nahm mit seinem Smartphone alles auf: den Priester, den Pegida-Mann, seine Anhänger und die Gegendemonstranten. „Siehst du jemanden von Adas Flashmobprobe?“ flüsterte er. Ich schaute mir alle genau an und erkannte ziemlich sicher vier Gesichter wieder.

„Irgendwie ist es absurd,“ sagte Müller. „Die meisten Menschen kümmern sich nicht um diese merkwürdige Demonstration, gehen mit ihren Einkaufstüten daran vorbei, als ob nichts wäre. Diese Gleichgültigkeit macht mir fast noch mehr Angst als die teuflische Zeremonie.“

Die Mischung aus gregorianischen Gesängen, Sprachfetzen, die von den blechern klingenden Lautsprechern grell verstärkt wurden, und den Rufen der Gegendemonstranten ergaben ein fürchterliches Klangchaos, das in mir zwanghafte Bewegungen auslöste: Ich bückte mich, als ob ich mich ergeben müsste. Ich wiederholte diese Bewegung immer wieder, bis alle auf mich schauten. Müller versuchte mich wegzudrängen. Doch ich wehrte mich, erstarrte plötzlich und sang so laut ich konnte: „Fremd bin ich eingezogen, fremd zieh‘ ich wieder aus. Was soll ich länger weilen, dass man mich trieb hinaus? Lass irre Hunde heulen vor ihres Herren Haus; die Liebe liebt das Wandern...“ Der Priester unterbrach seine Zeremonie und starrte mich an, als ob ich der Teufel selbst wäre. Sowohl die Anhänger als auch die Gegendemonstranten schienen verwirrt zu sein und gingen schließlich weg. Ziemlich verloren standen der Priester und der Pegida-Mann vor dem Kreuz. Niemand beachtete sie mehr. Uns stellten sich die Flashmobleute in den Weg. Einer sagte: „Deine Stimme kenne ich von irgendwoher.“ Ein anderer wollte an meinen Haaren ziehen, prüfen, ob sie echt waren. Doch Müller hielt ihnen seinen Ausweis entgegen: „Verfassungsschutz, gehen Sie bitte weiter“. Da machten sie sich aus dem Staub.

„Du bringst mich mit deinem Tourette noch an den Rand des Wahnsinns,“ beschwerte sich Müller, als wir in Richtung Isartor gingen. „Aber mit Schuberts Wintereise hast du sie in die Flucht geschlagen. Alle Achtung.“ Er lud mich zum Abendessen im Weißbräu ein.

„Ich habe für heute genug gegessen. Außerdem ist mir der Appetit vergangen.“

„Etwas geht immer. Wir haben eine lange Nacht vor uns. Gruber wartet schon.“

„Gruber?“ Meine Stimme musste entsetzt gewirkt haben.

„Er hat zwar Vorurteile gegen Ausländer. Aber seitdem er dich näher kennt, mag er dich. Wir können uns auf ihn verlassen.“ Müller öffnete die schwere Türe des Lokals. Der große Speiseraum war mit Holz ausgetäfelt. Die Gäste saßen an langen Tischen für jeweils acht Personen. „Gruber hat oben drei Plätze reserviert. Hier unten könnten wir uns nicht ungestört unterhalten.“

„Gemütlich,“ sagte ich, als wir uns zu Gruber setzten, der mit einem Glas Weißbier vor sich in einer Nische auf uns wartete.

„Bayerisch eben. Die Innereien sind hier vortrefflich. Kann ich nur empfehlen. Esst ihr doch auch in Syrien?“ Gruber liebte es, andere zu triezen. Doch dieses Mal schaffte er es nicht.

„Meine Mutter machte manchmal Sawdet al Dajaj. Das ist Hühnerleber mit viel Knoblauch. Ich mochte das allerdings nicht, hatte einen etwas bitteren Geschmack.“

Müller bestellte saure Schweinenieren, Gruber den Spanferkelbraten mit Erdäpfelknödeln und mich überredeten sie zu hausgemachten Reiberdatschis mit Sauerkraut. Ich wusste überhaupt nicht, was das ist. Aber da ich kein Fleisch wollte, meinten sie, das wäre genau richtig für mich und vor allem auch nicht zu viel. Aber die Kartoffelpuffer hätten gut auch zwei Personen gesättigt. Ich ließ die Hälfte stehen. Doch die beiden zwangen ihre Portion ohne Probleme und tranken dazu jeweils zwei Gläser Weizenbier. „Sonst halten wir nicht durch,“ rechtfertigten sie sich.

Schließlich klingelte Müllers Handy. Er antwortete mit vollem Mund: „Wir kommen gleich heraus.“ Er war über die Sauce seiner Niere so begeistert, dass er sie noch schnell mit dem Brot auftunkte, bevor er zahlte. Olafson wartete im Sprinter vor dem Gasthof. Eine Viertelstunde später waren wir bei der Rockarena. Gruber schaute auf seine Uhr: „Das Konzert wird in einer halben Stunde zu Ende sein." Er ging hinein. Seine Aufgabe war, sich Zutritt zum Backstage zu verschaffen und Ada zu überreden, mit ihm herauszukommen. Das schien der beste Weg zu sein, mit ihr ungestört zu reden. Gruber sollte sagen, dass Schöttlburg sie dringend zu sprechen wünsche. Da sie ihn als junges Mädchen gekannt und Schöttlburg sie und ihren Vater lange Zeit als Sponsor unterstützt hatte, konnte sie diese Bitte wohl kaum abschlagen, hofften Müller und Gruber.

Wir warteten lange. Das Konzert dauerte bis halb eins. Endlich gab es Beifall. Ich musste mich in den Sprinter setzen. Müller lehnte am Kühler und hatte den Ausgang der Rock-Arena im Blick. Die ersten Fans strömte heraus, die meisten ganz normal mit Jeans und T-Shirts gekleidet, doch viele auch in schwarzen Hosen, Hemden und Springerstiefeln, einige wenige auch mit Knickerbockerhosen und Hosenträgern, Kurzhaarfrisur und Schnauzbart, als ob sie aus einem Historienfilm über die 1930er Jahre stammten. Dann sah ich Ada mit Gruber. Ihnen folgten mehrere schwarzgekleidete Security-Männer. Als sie die beiden eingeholt hatten, versuchten sie Ada festzuhalten. Doch da traten aus einer Gruppe von Konzertbesuchern Kriminalbeamtete heraus, stellten sich den Schwarzhemden in den Weg und richteten ihre Pistolen auf sie. Ada und Gruber konnten unbehelligt weitergehen. Müller öffnete die Schiebetüre des Kleinbusses. Olafson fuhr mit quietschenden Reifen los.

Ada sagte aufgeregt: „Alle drehen durch. Ich habe unseren Security-Leuten gesagt, dass alles in Ordnung wäre. Aber in letzter Zeit bewachen sie mich nicht nur, sondern überwachen mich." Sie trug ein grünes, weitausgeschnittenes Dirndl mit einem langen Rock und Springerstiefel. An ihrem rechten Arm fiel mir ein neues Tattoo auf: ein majestätisch wirkender

Adler, umgeben von Symbolen, die ich nicht kannte. Als sie sich etwas beruhigt hatte, schaute sie uns prüfend an. „Wo ist Schöttlburg?“ Ihre Augen blieben bei mir hängen. Ich versuchte, ihrem Blick auszuweichen.

„Wer ist das?“

Gruber überging ihre Frage. Er saß neben mir, ihr gegenüber. Zwischen uns war ein Tisch mit einem Monitor. „Schöttlburg wird in wenigen Minuten mit Ihnen reden.“

„Aber er sollte hier sein. Das haben Sie versprochen.“

„Darf ich Ihnen ein Glas Wasser anbieten?“ fragte Müller.

„Nein, Bier wäre mir lieber.“

Müller öffnete den Kühlschrank und reichte ihr eine offene Flasche, die sie in einem Zug austrank. Dabei stellte er sich vor: „Müller, Verfassungsschutz.“

Sie sprang auf: „Lassen Sie mich heraus. Das ist Freiheitsberaubung. Das ist illegal.“

„Ada von Schöpsmark, so heißen Sie doch richtig?“ Müller wartete ihre Antwort nicht ab. „Wir haben Sie hier her gebracht, ...“

„Sagen Sie besser, in diese Falle gelockt,“ unterbrach ihn Ada wütend.

„... da wir einen Zeugen haben, der ihre damaligen Aussagen in der Waffenangelegenheit widerlegt.“ Müller zeigte auf mich. Er hatte Ada sanft, aber doch bestimmt wieder auf ihren Sitz gedrückt. Sie schlug ihre Beine übereinander. Ihr weit geschlitzter Rock gab den Blick frei auf ihre Oberschenkel mit Tattoos von Wikingersymbolen und alten Runen. Der Sprinter rollte über den Mittleren Ring. Wir fuhren gerade durch den Tunnel vor der Donnersberger Brücke, als sich Müller über den Tisch beugte und die Perücke und den Bart von meinem Kopf löste.

„Michi?“ Ich hörte Überraschung, aber auch Angst aus ihrer Stimme. „Als wir ins Herrenhaus fuhren, dachte ich, du wärst ein erfolgloser, aber begabter Pianist, später, als ich entdeckt hatte, dass du beschnitten bist, hielt ich dich für einen Juden.

Unter denen gibt es viele gute Musiker. Aber dass du ein Spitzel bist, hätte ich nicht vermutet.“

„Sie haben ihn als Michael Maier kennen gelernt. Aber das war nur sein Deckname. In Wirklichkeit heißt er anders.“

„Du verlogener Jude!“

„Er ist kein Jude. Aber darum geht es jetzt nicht,“ unterbrach sie Müller. „Wir wollen wissen, ob Sie noch immer abstreiten, dass Sie Michael Maier im Keller der Villa Isaria gesehen haben, als Karl Zara ihm ein Waffenversteck zeigte?“

Ada sprang zur Türe des Sprinters und versuchte sie zu entriegeln, was ihr aber nicht gelang. „Ich sage nichts. Das ist Erpressung.“

„Behaupten Sie noch immer, dass am Morgen nach der Nacht, als die Flüchtlingsheime brannten, ihr Mercedessportwagen in der Garage des Herrenhauses stand?“

Ada beugte sich über den kleinen Tisch und schaute mir drohend in die Augen: „Dass ein so wunderbarer Musiker wie du so gemein sein könnte, hätte ich nicht gedacht.“

Eigentlich hatte Müller mir geraten, zu schweigen. Doch jetzt musste ich reden: „Ada, in Wirklichkeit bin ich Mehmet Azis, ein Flüchtling aus Syrien. Mich hätte der Anschlag deines Vaters und seiner Leute auf das Flüchtlingsheim ebenso treffen können. Ich könnte jetzt Brandwunden haben oder tot sein. Du warst doch immer gegen Gewalt. Deshalb hast du mich mit ins Herrenhaus genommen, damit ich deinen Vater von dem Waffenfund überzeuge. Du sagtest, dir allein würde er nicht glauben.“

Ada lachte: „Jetzt ist es mir klar. Du bist eine arabische Zecke.“

„Warum hast du falsch ausgesagt, Ada? Du bist doch eine Künstlerin, das hat uns miteinander verbunden trotz aller Verschiedenheiten.“

Müller mischte sich ein: „Ich verspreche Ihnen Straffreiheit, wenn Sie Ihre Falschaussage korrigieren.“

Ada hatte Tränen in den Augen: „Ich sage nichts.“

Inzwischen war der Sprinter in die Auffahrtsallee eingebogen. Ada schaute ungläubig aus dem Fenster, fragte: „Wohnt hier der Schöttlburg?“ Doch keiner antwortete ihr. Olafson stellte das Auto auf dem Parkplatz vor dem Nymphenburger Schloss ab, das von den Scheinwerfern angestrahlt vor dem nächtlichen Himmel unwirklich, aber traumhaft schön wirkte. Gruber blickte auf seine Uhr, schaltete den Monitor an und drückte eine Taste seines Laptops. Auf dem Bildschirm erschien Schöttlburg, der offenbar in seinem Wohnzimmer auf einem Ledersessel saß und ein Glas Wein in der Hand hielt. Er begrüßte uns und bedankte sich bei Ada, dass sie mit ihm sprechen wollte. „Sie sind immer noch ein wildes Mädchen, wie damals, als ich Ihren Vater besuchte. Damals waren Sie auf einen Baum geklettert und warfen Bucheckern auf mich herunter.“

Ada war etwas ruhiger geworden. „Ich dachte, ich würde Sie persönlich treffen. Darauf habe ich mich sogar ein wenig gefreut nach all den Jahren.“ Sie gewann etwas an Selbstsicherheit.

„Sie, verehrte Frau Heil, Sie also werden morgen...“

„Sie haben mir eine Falle gestellt. Was soll das?“ fiel Ada ihm ins Wort.

„Sie und ihr Vater haben sich in eine Richtung entwickelt, die mir zuwiderläuft.“

„Ich wollte Sie persönlich treffen, wie das unter alten Freunden üblich ist, nicht in einem Verhörraum des Verfassungsschutzes,“ fuhr Ada dazwischen.

Doch Schöttlburg ließ sich nicht stören und sagte ironisch: „Mir ist bekannt, dass Sie unser Brückenfestival mit einem Flashmob beehren wollen.“

Ada fühlte sich ertappt: „Hat Ihnen das Mehmet, dieser muslimische Spitzel, verraten?“

„Damit Sie mich richtig verstehen,“ fuhr Schöttlburg fort, „diesen Flashmob halte ich für eine ziemlich geschmacklose Sache. Parolen wie Asyl-Erpresser, Einwanderer-Einbrecher,

Invasionshochwasser säen Hass und machen das Zusammenleben auf unserer Welt noch schwieriger als es schon ist. Aber wir werden Sie und Ihre Leute nicht hindern. Wir werden das tolerieren. Auch Parolen, die falsch und möglicherweise gefährlich sind, darf man nicht unterdrücken. Das gehört zur Meinungsfreiheit."

Adas Hände zitterten ein wenig. Schöttlburg machte eine Pause, als wollte er ihr Gelegenheit geben, etwas zu sagen. Doch sie schwieg.

„Aber," fuhr er fort, „ich muss sicher sein, dass Ihre Leute gewaltlos sind. Ich weiß, Ada, dass Sie Gewalt verabscheuen. Können Sie garantieren, dass Neuber morgen keine Handgranate dabeihat?"

„Wie kommen Sie darauf?" Ada fragte dies mit ihrer kräftigen, etwas rauchigen Stimme und versuchte so ihre Nervosität, die sich im Zucken ihrer Mundwinkel zeigte, zu überspielen.

„Liebe Ada, ich kann mich noch gut erinnern, wie Sie als kleines Mädchen im Garten gespielt haben. Meine Erinnerung deckt sich genau mit dem, was mir Mehmet erzählt hat. Wenn er so verrückt wäre, wie neuerdings einige Leute vom Verfassungsschutz behaupten, dann könnte er sich nicht an die Details so gut erinnern. Er kann ganze Konzerte auswendig spielen. Wie sollte er da nicht wissen, ob er in der Schwabinger Burschenschaftsvilla Waffen gesehen und im vorpommerischen Herrenhaus die Vorbereitungen zu dem Brandanschlag beobachtet hat."

„Unser Flashmob wird gewaltlos sein. Das verspreche ich Ihnen." Ada sagte das mit einer leisen, unsicher wirkenden Stimme. Dann fragte sie: „Kann ich jetzt gehen oder ist dies eine Entführung?"

„Selbstverständlich sind Sie frei, wann immer Sie wollen, zu gehen. Aber wenn wir Sie schützen sollen, dann tun wir das." Schöttlburg verabschiedete sich und hob sein Weinglas: „Auf ein schönes Konzert, morgen beim Brückenfestival."

Dann verschwand sein Bild vom Monitor.

Ada sprang auf. „Entriegeln Sie das Schloss," herrschte sie Müller an. Doch er ließ sich nicht aus der Ruhe bringen: „Sollen wir Sie nicht zu Ihrem Hotel fahren?"

Ada drehte sich zu mir: „Ist schon merkwürdig, ich habe mich für einige Stunden in einen Araber verliebt und der war so gebildet und sensibel, wie ich noch keinen deutschen Mann erlebt habe."

Ich hielt Ada an ihrem Arm fest, zog sie auf den Sitz neben mir und stellte mich vor sie, so dass sie mir nicht ausweichen konnte.

Sie war überrascht. „So kenne ich dich gar nicht. Du hast also nicht nur eine schüchterne Seite. Vielleicht bist du ganz anders, als ich gedacht habe, vielleicht doch ein arabischer Messerstecher und Vergewaltiger."

„Wo sind die Waffen jetzt?" schrie ich sie an. „Wo hat sie Zara oder Neuber versteckt? Du musst uns das sagen, wenn du nicht am Tod vieler Menschen schuld sein willst."

Ada stützte ihre Arme auf den kleinen Tisch und legte ihr Gesicht in ihre Hände, damit wir nicht sahen, wie sie zitterte und weinte. „Ich dachte, wir könnten unser Land ohne Gewalt, allein mit Musik und Liedern, mit Büchern und Argumenten von seinem verhängnisvollen Weg abbringen. Aber Papa und Neuber halten das für naiv. Ich bin eben nur eine Musikerin und keine Politikerin. Seitdem du im Herrenhaus warst, überwachen sie mich, lassen mich keinen Schritt allein machen. Tags und nachts verfolgen mich ihre Männer. Ich bin ihre Gefangene." Sie hob ihren Kopf hoch. An ihrem Gesicht liefen einige Tränen hinunter. Mit einem durchdringenden Blick fixierte sie Müller und Gruber, die ihr gegenübersaßen. „Wenn ich Ihnen verrate, wo die Waffen sind, lassen Sie mich dann unbehelligt gehen?"

Müller sicherte ihr zu, dass sie selbstverständlich frei wäre und jederzeit das Auto verlassen könnte.

„Gut, ich vertraue Ihnen," sagte sie und fügte hinzu: „Schöttlburg war immer ein Ehrenmann. Als er sich von Vater zurückzog, forderte er nicht sein Geld zurück. Ich hoffe, Sie sind es auch.“ Darauf bat sie Müller um ein Blatt Papier und schrieb eine Adresse darauf. Müller entriegelte das Schloss und während sie aus dem Sprinter hinaussprang, sagte sie zu mir: „Widerliche Zecke,“ und lachte böse.

1

Eine Rock Diva

„Ich will, dass Sie mithören, wenn Oberth anruft," empfing mich Gutekunst an der Tür zum Betriebsbüro. Dort saß Gaby Schönfeld inmitten von Papierbergen, auf dem Boden liegenden Aktenordnern, Partituren und Stimmen, aufeinander gestapelten Violin- und Cellokästen und einem an der Wand lehnenden Kontrabass. Sie telefonierte mit zwei Apparaten gleichzeitig. Auf dem einen gab sie dem Bühnentechniker Anweisungen, wie das Podium auf der Maximiliansbrücke ausgerichtet werden müsse, auf dem anderen wartete sie darauf, dass sie zu Oberth durchkam, der sie dringend gebeten hatte, anzurufen. Außerdem fand sie auch noch Zeit, mich mit einem freudigen „Guten Morgen" zu begrüßen. Endlich meldete sich der Verfassungsschutzmann. Sie stellte das Gespräch zu Gutekunst durch.

„Wer wird Salome Bonnet am Flughafen abholen?" fragte Oberth.

„Aber das wissen Sie doch. Frau Schönfeld hat es Ihnen gesagt: Mehmet Azis, unser Festivalassistent."

„Das können Sie nicht zulassen. Sie kennen die Fatwa. Er wird Salome Bonnet töten."

„Nein, wird er nicht. Er ist kein Terrorist und er ist auch kein fanatischer Muslim. Wir vertrauen ihm," versuchte Gutekunst ihn zu beruhigen.

„Ist das Ihr letztes Wort?" erwiderte Oberth mit seiner schneidend scharfen Stimme.

„Ja, sicher. Wir haben mit ihm geredet. Es gibt bei ihm keinerlei Grund zur Sorge."

„Ich kann Sie nicht zwingen. Aber Sie begehen einen großen Fehler. Wenigstens sollten Sie zustimmen, dass Herr Azis in einem Auto des Verfassungsschutzes zum Flughafen fährt. Sind wir uns wenigstens da einig?"

„Ja, holen Sie ihn in einer Stunde ab."

„Gerne." Oberth legte auf, ohne sich zu verabschieden.

Gutekunst drückte meine Hand. „Du musst jetzt stark sein." Wir schwiegen einige Zeit und jeder von uns beiden dachte wohl das gleiche: So die eigene Schwester nach langen Jahren wiederzusehen, war schwer.

Schließlich sagte Gutekunst ernst und dennoch mit einem heiteren Gesichtsausdruck: „Wenn du in einem Konzert eine teuflisch schwierige Stelle hast, dann musst du einfach auf dich vertrauen, dir sagen: Ich kann es, ich freue mich darauf. So ist es auch hier.“

Müller war der Chauffeur. Bevor wir einstiegen, rauchte er noch eine Zigarette. „Oberth musste mich als Fahrer auswählen, da ich der Einzige bin, der Arabisch spricht.“

„Du rauchst in letzter Zeit ziemlich viel. Bist du nervös?“

„Möglich. Aber vielleicht habe ich auch damit angefangen, weil man als Raucher immer eine Möglichkeit hat, aus Besprechungsräumen hinauszugehen, nicht sofort in ein Auto steigen zu müssen und herumzustehen, um unüberwacht miteinander reden zu können. Denn Achtung, das Auto ist verwanzt.“ Er pustete den Rauch in die Gegend und ging mit mir einige Schritte die Straße hinunter. „Oberth hat eine große Aktion in Szene gesetzt. Du musst höllisch aufpassen. Eine falsche Bewegung und ich garantiere für nichts. Er glaubt, dass du die Fatwa ausführen wirst. Am Flughafen werden alle nach Waffen durchsucht. Wenn du deine Schwester siehst, solltest du sie auf keinen Fall umarmen. Die herumstehenden Kriminalbeamten haben den Auftrag, dich von ihr wegzureißen, wenn du ihr zu nahekommst, notfalls auch mit Waffengewalt.“ Müller warf den Zigarettenstummel ins Gebüsch und fuhr mit mir los.

Das Gate der Air France war abgesperrt. Jeder musste durch den Detektor hindurchgehen und wurde in eine Kabine hineingeführt, wo er sorgfältig abgetastet wurde. Nachdem wir die Sicherheitszone passiert hatten, blieb Müller im hinteren Bereich der Empfangshalle stehen. „Von dort habe ich die beste Übersicht,“ meinte er. Er hatte ein Funkgerät in der Hand. Rechts von ihm sah ich Oberth. Er stand steif und kerzengerade wie ein Feldherr da.

Auf dem großen Display leuchtete für den Flug aus Paris die Meldung *Has landed* auf. Ich ging nach vorne, fixierte jeden Fluggast, der aus der Türe zum Gate herauskam und war enttäuscht, dass Amal nicht erschien. Würde sie mich erkennen? Würde sie anders reagieren als bei unserer letzten Begegnung? Wären wir wieder Bruder und Schwester? Als die offenbar letzten durch die Sperre gegangen waren, dachte ich schon, es wäre etwas dazwischengekommen. Ich blickte fragend zurück zu Müller, der nach wie vor gespannt die Tür beobachtete. Doch nun tauchten endlich zwei Frauen auf. Die eine trug ein dunkelblaues Kostüm, die andere schwarze Stiefel und Hotpants. Ich schaute unwillkürlich zuerst auf ihre langen Beine, hob meinen Blick, sah ihr bauchfreies T-Shirt, ihren rot geschminkten Mund, die langen Wimpern und ihre großen Augen. Ich ging auf sie zu und konnte nicht anders, als ihr um den Hals zu fallen: „Willkommen mein Schwesterherz." Doch es mussten keine Kriminalbeamte einschreiten; denn sie schob mich sofort von sich weg und antwortete auf Englisch: „Nenne mich nicht Schwester, sonst bin ich tot." Ich kam zur Besinnung, hielt von ihr Abstand, als ob ich ein Fremder wäre. „Salome Bonnet," stellte sie sich mir förmlich vor, „und das ist meine Frau: Françoise Bonnet."

Was blieb mir anderes übrig, als sie ebenso offiziell zu begrüßen: „Willkommen beim Brückenfestival, ich bin Mehmet Azis, Assistent des Intendanten." Ich nahm ihren Koffer und ging zum Ausgang. Müller stellte sich als Fahrer vor und führte uns zum Wagen. Dort bot er Françoise Bonnet den vorderen Platz an. Ich war froh, neben Amal zu sitzen. Als ich sie an mich drückte, spürte ich ihre Angst. „Die Fatwa ist Unsinn," versuchte ich sie zu beruhigen. Wir schauten uns in die Augen.

„Dass ich deinen Teller mit Balluria aufgemampft habe, kannst du knicken." Ihr Lachen platzte noch genauso plötzlich heraus wie damals.

„Die Bohnenstange ebenso. Siehst jetzt richtig gut aus."

„Ich bin so happy," freute sie sich. „Aber es wäre besser

gewesen, wir hätten uns nicht getroffen. Sie werden dich hardcore stressen. Hast du Facebook angeschaut?“

„Es wird nichts passieren.“ Ich versuchte so überzeugend wie möglich zu wirken.

„Kannst du mir verzeihen?“ fragte sie.

„Ich weiß nicht, was du meinst.“

„Dass ich mich damals so plötzlich aus dem Staub gemacht habe. Ich habe Papas und Mamas Leben ruiniert.“

„Sonst hättest Du den alten Mahdi al Sur heiraten müssen.“

„Von diesem Glatzkopf gebügelt zu werden... Das hätte mich umgebracht. Ich wollte Freiheit, Liebe und Freude in meinem Leben. Ich musste mit Sahars Schwester nach Antalya düsen. Nichts konnte mich halten, nicht einmal die Liebe zu euch. Ich war ein verrücktes, tollkühnes Küken. In Antalya angekommen tigerte ich in den Backstage, öffnete die Türe und sah Nathan! Ich bin ihm um den Hals gefallen und bedrängte ihn, mich tanzen zu lassen. Er war dagegen, meinte, ich würde mein Leben riskieren. Doch ich zog mein orientalisches Tanzkostüm an, tanzte ihnen etwas vor und die Jungens von der Band rasteten vor Begeisterung aus. Ich wäre klasse, sagten sie. Nathan aber weigerte sich. Ich umarmte und küsste ihn, versprach mit ihm eine Nummer zu schieben, wenn er mich tanzen ließe. Ich wollte um jeden Preis auf die Bühne und ich wollte ihn haben, war nach ihm verrückt, wollte beweisen, dass ich auch einen jungen Mann erobern kann, nicht nur den alten Motzkeks Mahdi al Sur. Ich war damals so naiv und so verliebt. Nathan gab irgendwann seinen Widerstand auf, ließ mich bei der Probe tanzen, war begeistert und fand, dass dies zu seiner Musik noch gefehlt habe. Dann beim Konzert fasste ich all meinen Mut und trat hinaus ins Scheinwerferlicht. Ich tanzte wie bei den Hochzeiten mit Papa, vielleicht etwas wilder, etwas ausgelassener und spürte, dass ich tausend Menschen flashen konnte, ihnen den Mut geben konnte, auszubrechen, frei zu sein, über Grenzen zu gehen und zu sagen: das Leben ist unsere Party und nicht nur eure. Verstehst du?

Nach dem Konzert hotteten wir ordentlich ab, durchsumpften die ganze Nacht mit Wein, Bier, Whisky, Raki, alles durcheinander. Nathan zog mich in eine dunkle Ecke und wir wurden richtig intim. Dabei störte es mich nicht, dass die Band dabei war. „Liebe zwischen einem Juden und einer Araberin, das ist der Hammer," riefen sie ausgelassen. Es war eine richtige Revolte. Alles ist eins, ganz gleich, ob du Jude, Christ oder Mohammedaner bist, hatte Nathan gesungen. Ich wollte beweisen, dass dies nicht nur für die Musik, sondern auch für die Liebe gilt. Irgendwann bin ich neben ihm eingenickt. Noch heute weiß ich, wie er damals gerochen hat: ein wenig nach Schweiß, vor allem aber nach Abenteuer und Freiheit.

Doch als ich am nächsten Morgen aufwachte, war ich allein. Ich warf mir ein T-Shirt über, suchte Nathan. An der Rezeption stand Steve, sein Manager. Ob ich mit ihm in den Frühstückraum gehen wolle, fragte er. Ich dachte, dass dort auch Nathan wäre und war enttäuscht, niemanden von der Band zu sehen. Ich fragte ihn: ‚Wo ist die Band?' Er meinte, wir sollten uns zuerst am Buffet etwas holen. Ich nahm nur ein Croissant, während er fast das ganze Buffet turmhoch auf seinen Teller packte. ‚Du isst ja nichts.' Ich versicherte, dass ich zum Frühstück meistens nichts essen würde. ‚Wo ist die Band? Snoozen die noch? Wo ist Nathan?' Ich genierte mich, ihm zu sagen, dass das Bett neben mir leer gewesen war. Schließlich rückte er mit der Wahrheit heraus: Nathan war mit der Band schon abgefahren, da die Reise bis Tel Aviv weit wäre und man an den Grenzen oft lange warten müsste. Ich begann, leise in mich hinein zu weinen. Er gab mir ein Taschentuch, damit ich die Tränen abwischen konnte. ‚Es wäre zu gefährlich gewesen, wenn Nathan dich mitgenommen hätte. Das musst du einsehen.' Steve erklärte mir dies mit einer sanften und geduldigen Stimme, als ob ich noch ein Kind wäre. Wir fuhren in einem Taxi zum Flughafen. Nathan hatte ihn gebeten, mit mir nach London zu fliegen. Das klappte mit einem Touristenvisum.

In Heathrow wartete John auf mich. Steve stellte ihn mir als einen alten Fan Nathans vor. John war Bauer. Er brachte mich in seinem alten Defender nach Inverness. In seiner Farm erhielt ich ein kleines Zimmer mit Vorhängen aus englischer Spitze und einer altersbraunen Blumentapete. Wenn ich zum Fenster hinausschaute, sah ich ein überwältigendes Grün, das sich bisweilen in Nebel auflöste. Manchmal tauchten dann unvermittelt die Berge der Highlands aus dem Nebel auf. Ich drückte meine Nase an die Glasscheibe, weinte stundenlang und suchte verzweifelt nach der Sonne, die mich an die Heimat, an euch in Damaskus hätte erinnern können.“

Unser Wagen war auf die Autobahn eingebogen. Vorne unterhielt sich Müller mit Françoise angeregt über Paris. Ich staunte, dass er fließend französisch sprach. Amal legte ihre Hand auf die meinige und redete ebenso temperamentvoll wie sie tanzte. Ich bin mir sicher, dass Müller keinesfalls diesem Staccato an arabischen Worten neben seiner französischen Konversation folgen konnte.

„Ich war damals ein kleines, naives Kind, wollte einfach tun können, was ich wollte, und nicht, was mir meine Familie oder Lehrer befahlen. Doch als ich am nächsten Tag aufwachte, las ich die Hasskommentare auf meinem Smartphone: Schlampe. Judenbitch. Verräterin. Man sollte dir die Augen ausstechen, damit du niemanden mehr betören kannst! Wer dich umbringt, kommt ins Paradies. Fahr zur Hölle! Da wurde mir klar, dass die Menschheit dieses Glück nicht erlaubt, dass sie es mit Verleumdung, Hass und Tod bestraft, und sah ein, dass Nathan und ich es nicht schaffen würden, zusammen zu sein, uns in einer Welt zu lieben, die unseren Tod wünschte. Nathan sah das wohl auch so. Er war aus der Ferne immer für mich da, bezahlte John die Unkosten und rief mindestens einmal im Monat an. John war ein rauer, ruppiger Farmer, der immer alles geradeheraus sagte. Er zwang mich anfangs, das in Schottland übliche Frühstück hinunterzuwürgen. Wir saßen zu sechst am Tisch, John und seine Frau Mary, der kleine Paul, der erst seit einigen Wochen zur Schule ging, Amanda, die hinaus in den Stall wollte, da dort ein kleines Kalb gerade zur Welt gekommen war, und Sarah, die geschimpft wurde, weil sie sich die Lippen mit Mamas Stift rot angemalt hatte. John bestand darauf, dass ich alles verspeiste, die Spiegeleier mit Speck, die gegrillte Tomate und die fetten Würste. Du darfst kein Schweinefleisch essen, sagte eine strenge Stimme in mir. Doch John und seine Frau Mary hatten keine Ahnung vom Schweinefleischverbot, meinten es einfach nur gut. In der ersten Zeit musste ich das Essen in mich hineinzwingen. Aber nach einer Woche schmeckte es mir tatsächlich und heute vermisse ich es. In Paris gibt es meistens nur ein Croissant und Café. Bald schon half ich John, die Rinderherde über die Koppel zu treiben, Zaunpfähle in den Boden zu rammen und den Stall der jungen Kälber zu misten. Die Arbeit lenkte mich von meinem Heimweh ab. Ich verdrängte, dass ich den alten Motzkeks hätte heiraten müssen und dass ich auf der Todesliste der Fatwa stand. Ich wurde eine richtige Bäuerin und Schottin, wenigstens was das Tanzen betrifft. Bald konnte ich besser als die meisten Mädchen am Ort den Jigg, kannte alle Figuren, die Swirls, Spirals, Cross over, und wie sich das alles nennt. Später begann ich darüber nachzudenken, wer ich bin: eine schottische Bäuerin oder die Tochter von Mama und Papa? War die schottische Musik wirklich meine Musik? Sollte ich mich diesen Menschen anpassen? Sie waren lieb und herzlich. Aber wie würden sie reagieren, wenn sie wüssten, dass ich aus Syrien stamme, wenn ich anstelle von Reels oder Jigs eine Dabke tanzen würde? In den Jahren um mein Abitur herum begann in Schottland der Fremdenhass. Die polnischen Gastarbeiter trauten sich nicht mehr in die Pubs, nachdem einige zusammen gedroschen worden waren. Die meisten, auch John und Mary, verurteilten das. Doch hinter vorgehaltener Hand sagten auch sie, dass es zu viele Fremde gebe und es verständlich sei, wenn da einmal jemand ausrasten würde. Ich wollte nicht ein ganzes Leben lang meine Herkunft verleugnen und das hätte ich in Inverness tun müssen. Deshalb ging ich nach dem Abitur nach London, besuchte dort eine Tanzschule, trat in

Clubs auf, tanzte mit Bands und jetzt cruise ich unter meinem eigenen Namen in der ganzen Welt herum."

Wenn sie redete, war meine Schwester kaum zu bremsen. Das war schon früher so. Nun schwieg sie für ein paar Sekunden, schaute aus dem Fenster. Wir fuhren gerade an der Allianz-Arena vorbei, die heute rot angeleuchtet war. Vorn im Wagen hatten auch Müller und Françoise eine Redepause eingelegt.

„Du hast damals also mit Nathan geschlafen? Das hast du mir noch nie erzählt," platzte Françoise in die Stille.

„Ja, das war galaktisch, auch wenn es ein Mann war," lachte Amal.

„Du warst damals unerfahren, naiv und hast ein Abenteuer gesucht." Françoise redete mit ihr fast so, als ob sie ihre Mutter wäre.

„Du hast nur Angst, dass ich ihn zu sehr vermisse."

„Du solltest langsam wissen, wie Männer sind. Dieser Nathan hat dich nach der ersten Nacht sitzen lassen."

„Nathan ist kein abgekochter Macho, er versteht, wie Frauen ticken."

Während die beiden diskutierten, wusste ich nicht, was ich denken sollte. Amal redete schon früher wie ein Sturzbach, hatte schon immer eine ansteckende Spontaneität und ein überwältigendes Lachen. Deshalb konnte schon früher niemand ihr widerstehen und wenn etwas nicht so lief, wie sie geplant hatte, konnte sie ein ziemliches Biest werden, wie damals, als sie meinen Teller Balluria verschlang. Aber warum fragte sie überhaupt nicht, wie es uns gegangen war, nachdem sie von zu Hause ausgebrochen war? Warum wollte sie gar nicht wissen, was ich machte und wie ich hierhergekommen war? War sie schon immer so egoistisch gewesen? Auch war es für mich ein Rätsel, warum sie eine Frau liebte. In unserer Familie war dieses Thema tabu. Man redete darüber nicht, und unsere gläubige Mutter schon gar nicht. Warum war Amal so geschminkt, kleidete sich so schick, dass sie alle Blicke anzog? Mutter hätte gesagt, dass sie wie eine Nutte aussehen würde. Dies war nicht meine frühere Schwester Amal. Sie hatte sich von allen bei uns geltenden Vorstellungen befreit und würde nie wieder in unser Haus passen. Meine Eltern wären entsetzt. Da war ich mir sicher.

„Ich verstehe dich nicht,“ sagte jetzt Françoise. „Ich dachte, die Zeit der Herumhurerei wäre vorbei?“

„So bin ich eben. Ich will tanzen. Ich freue mich auf die Party und die wird heute Nacht beginnen, nicht wahr mein Brüderchen?“ Sie streichelte meine Haare: „Ist er nicht voll cool?“

Vor dem Hotel stand eine Gruppe von etwa zehn Polizisten in schwarzen Uniformen, mit Schlagstock und Pistole am Gürtel. Auch im Foyer hatten sie sich an allen Ecken positioniert, als ob sie einen Schwerverbrecher erwarteten. Wie paranoid musste Oberth sein, allen Ernstes zu glauben, dass Ahmet hier aufkreuzt, überlegte ich. Aber ebenso hatten sie mich im Verdacht, wie mir Müller gesagt hatte. Ich bekämpfte meine Beklommenheit mit Ironie: „Alles für deinen Empfang, Schwesterchen,“ versuchte ich witzig zu sein. „Fuck, die nehmen die Fatwa aber ernst,“ staunte sie. Doch, nachdem wir ausgestiegen waren und das Hotel betreten hatten, beachtete sie die Polizisten nicht weiter, rannte zu einem langmähnigen Mann mit Jesusbart, der an der Bar mit einigen anderen stand. Nathan Baruch und seine Band waren schon vor uns eingetroffen. Amal drückte ihn an sich. Sie küssten sich lange. Er streichelte ihre Taille und ließ seine Finger hinauf bis zu ihrem Hals wandern. Dabei war sogar meine redselige Schwester für einige Minuten sprachlos. Schließlich sagte Nathan: „Willkommen in der Band. Ich freue mich.“

Doch plötzlich packte Françoise Amal mit einem kräftigen Griff, zog sie von Nathan weg und zischte: „Du bist mit mir verheiratet. Was fällt dir ein?“

Amal schien unbeeindruckt von ihrer Eifersucht: „Griffel weg. Ich streite mich deswegen nicht mit dir.“

„Du schmeißt dich an jeden Kerl ran.“

„Sorry, du checkst es nicht. Wir machen zusammen Musik und wollen Spaß." Amal riss sich von ihr los und setzte sich auf den Barhocker neben Nathan.

„Du hast mich nur geheiratet, damit du in Paris leben kannst," schimpfte Françoise wütend, ging zur Rezeption, ließ sich ihren Zimmerschlüssel geben und verschwand im Aufzug.

Ich sah Amal betroffen an, aber sie schien unbeeindruckt.

Nathan wich zurück, als sich Amal erneut an ihn drückte. Er wirkte enttäuscht. „Ist das wirklich deine Frau?"

„Wir haben im letzten Herbst geheiratet."

„Davon hast du mir nichts gesagt."

„Ich liebe sie, auch wenn sie ein Normalo ist."

„Dass du lesbisch bist, hätte ich nicht gedacht."

„Ich mag Euch alle, auch dich." Amal küsste ihn auf den Mund und lachte spöttisch.

Doch er blieb ernst: „Du musst dich entscheiden."

„Was heißt das, du Macho?" gab sich Amal empört und setzte zu einer Salve von Beschuldigungen an: Er habe nicht das Recht, von ihr etwas zu verlangen, hätte sie über zehn Jahre lang nie besucht, immer nur telefoniert, sie wie eine Minderjährige behandelt und jetzt würde er eine Entscheidung verlangen, was so viel heißen würde wie „Du darfst keine Lesbe sein". Aber sie müsse sich gar nicht entscheiden. Sie würde ganz nach ihrer Intuition leben und im Augenblick. „Heute Nacht machst du mich glücklich, indem du singst, und ich dich, indem ich tanze. Morgen wirst du wieder abfahren. Françoise ist zwar ein Normalo, aber sie hält zu mir."

Nathan erwiderte betroffen: „Du warst damals noch nicht ganz sechzehn. Wenn wir zusammengeblieben wären, hätten sie uns verfolgt. Irgendwann hätte sich jemand gefunden, der dich umbringt."

„Du warst zu feige, mich zu heiraten. Ein Jude heiratet eine Muslimin, das wäre auch in Israel ein Crasher gewesen. Du würdest mich auch jetzt niemals heiraten, weil dir das Hemd in der Hose flattert."

Nathan beachtete Amal nicht länger und wandte sich zu mir: „Wann beginnt der Soundcheck?“ Ich gab ihm den Zeitplan, sagte, die Band könne sich jetzt etwas ausruhen. Um drei würde ich sie abholen und zum Gelände des Brückenfestivals bringen. Dort würden dann die Techniker alles aufgebaut haben. „Du bist also Mehmet, Amals Bruder, der die Fatwa übernehmen soll.“ In seiner Stimme klangen zugleich Angst und Ironie mit. Doch dann sagte er: „Du warst damals als kleiner Junge schon ganz gut auf dem Oud und dem Klavier. Man hat mir erzählt, dass du beim Festival ein Konzert gegeben hast. Du könntest heute Nacht auf dem Keyboard spielen und syrische Lieder singen.“

Ich freute mich über sein Angebot und staunte, dass er in mir nicht den Muslim, der von seinen Leuten zur Fatwa aufgefordert wurde, sondern den Musiker sah.

Dann half ich Amal, das Gepäck aufs Zimmer zu bringen. Sie klopfte mehrmals, doch Françoise öffnete nicht. Schließlich rief sie sie über das Handy an. Das Gespräch dauerte nicht lang: „Sie will allein sein. Ich brauche ein eigenes Zimmer. Kannst du das organisieren?“ Ich fand das merkwürdig, fragte, ob sie oft streiten würden. Sie meinte: „Wir haben keine Patexbeziehung.“ Ich erwiderte darauf, dass ich mir Liebe anders vorstellen würde. „Bist wohl ein Romantiker?“ lachte sie. Wir fuhren mit dem Lift wieder zur Rezeption hinunter. Es war kein Problem, ein weiteres Zimmer zu erhalten. „Du wirkst genervt, Brüderchen,“ stellte Amal fest, als wir wieder im Aufzug hinauffuhren. „Wie in der Diskothek, als du auf mich aufpassen musstest. Damals hattest du denselben Blick.“

„Du bist mir immer einen Schritt voraus. Damals war ich der kleine Bruder und du ein Backfisch, der bald verheiratet werden sollte. Jetzt bist du verheiratet und ich hatte noch nicht einmal eine Freundin.“

„Bist du süß! Ich glaube, du bist so ein richtiger Klassik-Streber, der außer Klaviertasten noch nichts vom Leben gesehen hat.“

Wir betraten ihr Zimmer. Ich stellte den Koffer ab, und wir gingen auf den kleinen Balkon hinaus, wo sie sich eine Zigarette drehte. „Magst du versuchen? Das ist eine Mischung aus Tabak und ein wenig Haschisch. Das dröhnt dich etwas auf.“ Ihr Lachen verletzte mich. Es wirkte von oben herab. Sie war so ganz die ältere Schwester von damals, die jetzt den Rockstar gab, und den braven Bruder, der Klavier spielt, für einen Spießer hielt.

„Du liebst Françoise?“

„Wieso fragst du das? Willst du etwa wissen, wie sich Frauen lieben?“ lachte sie übermütig.

„Mama wäre entsetzt, wenn sie es wüsste. Es ist verboten und du würdest im Gefängnis landen.“

„Du meinst, Mama und Papa würden mich verdammen?“

„Papa sagte am Telefon, für ihn wärst du gestorben, als du uns verlassen hast.“

Amal verlor ihr überlegenes Lachen. Sie presste ihre Lippen aufeinander und blies mir den süßlichen Geruch ihrer Zigarette ins Gesicht. „Ich weiß nicht, was ihr Klassik-Musiker für Künstler seid und damit meine ich nicht nur dich, sondern auch Papa, der ja so etwas wie ein Hüter der klassischen arabischen Musik ist, aber ich brauche immer diesen Kick, diesen Reiz, diesen Stachel. Ich kann kein Normalo-Leben führen. Man kann mich nicht einsperren. Eine Ehe ist kein Gefängnis. Ich bin kein Gegenstand, den irgendjemand besitzen kann. *Amal ist meine Frau. Die darf nicht Nathan umarmen.* Das ist so ein Bullshit. In diesem schottischen Dorf war es fast wie in Syrien. Du wirst auf Tritt und Schritt überwacht. Deine Gefühle werden kastriert. Wenn du abweichst von der Normalo-Norm, gehörst du nicht mehr dazu. Es sei denn, mein Brüderchen, du bist eine Künstlerin. Eine Diva darf alles, zumindest hier im Westen.“ Jetzt strahlte sie wieder und zog an ihrer Zigarette, als ob sie Marylin Monroe wäre.

„Warum hast du Françoise geheiratet?“

Amal wirkte ziemlich genervt, als ich nicht locker ließ.

„Warum belastet du mich mit diesem Denk-Schrott? Ich kann jetzt keine Talbahn gebrauchen, will vorglühen auf die Party heute Abend.“

Wie sie am Balkon dastand, an ihren Joint zog, nur an sich dachte, an ihre Kunst, ihre Freude, ihre Party, wie sie Françoise, dann Nathan vor den Kopf stieß, brachte mich aus dem Gleichgewicht. Was würde geschehen, wenn jetzt unsere Eltern hier wären? Mama, die immer lange Kleider und auf der Straße ein Kopftuch trug, ihrem Mann ein Leben lang treu war und streng an den Koran glaubte, hätte ihre Tochter nicht wiedererkannt. Als Papa sagte, Amal ist längst gestorben, meinte er damit vielleicht doch nicht, dass wir sie für tot erklären sollten, damit ich die Fatwa nicht mehr ausführen müsste, sondern dass ihre Seele tot wäre, da sie das Gesetz missachtet hatte, und es deshalb für ihn kein zusätzlicher Schmerz wäre, wenn auch ihr Körper getötet würde. Das ging mir durch den Kopf, als mich mein Tourette zwang, ihr den Joint zu entreißen und ihn über das Geländer zu schleudern, sie ins Zimmer zu schubsen, auf das Bett zu werfen, mich über sie zu legen und ständig eihiarzon zu rufen, was Hure bedeutet. Amal schlug mit Armen und Beinen um sich, und als dies nichts nützte, schrie sie laut. Ich hielt sie zuerst an der Schulter fest. Doch als sie mit dem Schreien nicht aufhörte, packte ich sie an der Gurgel. Sie bekam immer weniger Luft. Ihr Schrei wurde zu einem Röcheln.

Gott sei Dank hörte gerade noch rechtzeitig mein Tic auf. Ich erschrak, ließ ihren Hals los. Mir wurde plötzlich bewusst, dass ich sie hätte töten können. Ich umarmte sie und weinte.

„Du bist krank,“ sagte Amal leise.

„Seitdem du uns verlassen hast, habe ich die Anfälle.“

Amal streichelte meinen Kopf, was mich entspannte.

„Die Tics dauern nie lange,“ versuchte ich zu lächeln. „In mir ist eine Spannung, als ob ich auseinanderbrechen würde.“

In diesem Augenblick wurde die Tür von Amals Zimmer eingeschlagen. Ich sah schwarze Uniformen hereinstürmen, die Pistolen auf mich gerichtet. Sie rissen mich aus Amals Armen, obwohl sie protestierte, zogen mich aus dem Bett, legten mir Handschellen an und führten mich ab.

Amal beschimpfte sie als cozzer pigs. Doch die Kriminalbeamten verstanden kein Englisch. Sie zogen mich in den Aufzug hinein, führten mich mit gezogener Pistole durch das Hotelfoyer, als ob ich ein Schwerverbrecher wäre, schubsten mich ziemlich unsanft in einen schwarzen Mercedes-Sprinter, legten mir dort noch zusätzlich eine Fußfessel an und fuhren mit Sirenengeheul los.

Dann saß ich wie schon vor einigen Tagen im Verhörraum der Verfassungsschutzzentrale. Wenige Augenblicke später riss Oberth die Türe auf, schaltete das Mikrophon an und kam ohne Umschweife zur Sache: „Sie wollten ihre Schwester umbringen. Das ist eindeutig. Sie sind ein verdeckter Islamist, der sich nach außen als weltgewandter Künstler gibt, in Wirklichkeit aber Terroranschläge plant. Halten wir den Ablauf fest: Ein Hotelgast hörte aus dem Zimmer von Salome Bonnet Hilfeschreie. Er benachrichtige die Rezeption. Die dort stationierten Kriminalbeamten eilten zu Raum 123. Da Gefahr in Verzug war, brachen sie die Türe auf und überraschten Sie, wie Sie auf dem Bett über ihrer Schwester lagen und versuchten, sie zu erwürgen. Ihre Schwester hat am Hals rot-bläuliche Hämatome, die eindeutig von Ihnen stammen. Hier ist das Beweisfoto. Die Beamten haben Sie festgenommen und abgeführt.“

Oberth deutete auf sein Smartphone, auf dessen Bildschirm man Amals Hals sah, machte eine Pause und fixierte mich mit seinen Augen. Dann sagte er mit einem triumphierenden Lächeln: „Nun hilft Ihnen nur noch, mit uns zu kooperieren und endlich Ihr Doppelspiel zu beenden.“

Dann schwieg er wieder sein Oberth-Schweigen. Dabei legte er seine Hände auf die Tischplatte und ließ die Daumen umeinander kreisen. Nach einigen quälend langen Minuten fragte er: „Wer sind Ihre Hintermänner? Wo ist Ahmet Ghubar? Wo sind diese Salafisten?“ Er zeigte mir Fotos mit den Leuten aus der Kölner Moschee, dann von anderen, die ich nicht kannte. „Wer ist das? Sie wissen es. Reden Sie endlich."

Ich stellte mir vor, was passieren würde, wenn ich wahrheitsgemäß sagen würde, dass meine Tics ausgebrochen wären, gegen die ich nichts tun könnte. Er würde es mir sicherlich nicht glauben. Ich sah mich schon festgebunden auf einer Liege, ein Tuch über Mund und Nase und fühlte das Wasser, das mir die Luft wegnahm, das in meine Atemröhre eindrang und mich langsam ersticken würde.

„Mann, Sie zittern wie Espenlaub." Oberth stellte das mit Genugtuung fest. Er genoss es offenbar, mich schwach zu sehen. „Reden Sie endlich."

„Ich weiß nicht, wo Ahmet ist. Herr Müller und ich haben ihn in ganz München vergeblich gesucht. Die anderen Fotos zeigen die Männer in der Moschee, die mich mit einem Messer bedroht haben. Ich kenne sie nicht."

„Reden Sie nicht von Müller. Hoffen Sie nicht, dass Sie uns gegeneinander ausspielen können," schrie Oberth wütend.

„Ich sage die Wahrheit."

„Sie wollten gerade ihre Schwester umbringen."

„Nein, ich wollte sie nicht töten. Wir haben nur gestritten."

„Wenn Sie uns helfen, das islamistische Netzwerk aufzudecken, verspreche ich Ihnen, dass Sie nicht angeklagt werden und wir diesen Vorfall vergessen. Andernfalls werden Sie mich kennenlernen. Glauben Sie mir, ich habe noch einen jeden so weit gebracht, dass er aussagt."

Oberth stand von seinem Stuhl auf, stellte sich in seiner vollen Größe von nahezu zwei Metern vor mich hin, zog seine Pistole aus dem Halfter und spielte am Abzug herum. Als er sah, wie ich erschrak, lachte er: „Sie ist nicht geladen. Sie haben noch eine Chance."

Jemand klopfte an der Tür des Verhörraumes. Oberth steckte die Pistole wieder ins Futteral und öffnete. Müller kam herein, gefolgt von einem Mann in Lederjacke und einem Polizisten. Er forderte Oberth auf, mitzukommen.

„Ich bin mitten im Verhör. Was soll das?“ fragte er entrüstet.

„Wir sollten das nicht hier besprechen,“ entgegnete Müller.

„Du hast mir nichts zu sagen.“

Der Mann mit Lederjacke stellte sich als Kriminalkommissar vor, zog ein Papier aus seiner Innentasche heraus und hielt es Oberth unter die Nase: „Bitte kommen Sie mit. Machen Sie kein Theater.“

Oberth fluchte: „Müller, das haben Sie mir eingebrockt. Das werden Sie noch bereuen.“

„Seien Sie vernünftig. Wir wollten Ihnen ersparen, vor Ihren Kollegen in Handschellen abgeführt zu werden,“ sagte der Kriminalkommissar ungeduldig.

Müller schloss die Türe von innen, nachdem die anderen gegangen waren. „Du hast ziemlichen Mist gebaut. Ich habe mit deiner Schwester telefoniert. Sie sagt, dass ihr Euch heftig gestritten hättet. Sie nahm die Schuld auf sich und meinte, sie wäre allzu emotional. Keinesfalls will sie eine Anzeige gegen dich erstatten und verlangt, dass du sofort frei gelassen wirst. Aber wie dem auch sei, dass du sie am Hals so heftig gepackt hast, ist schon bedenklich und passt gar nicht zu dir, oder habe ich dich falsch eingeschätzt? Ich schlage vor, dass du dich von ihr fernhältst. Das Brückenfestival wird ohne dich auskommen müssen.“

„Das meinst du nicht ernst. Dann musst du mich einsperren.“

Müller hatte ein merkwürdiges Grinsen im Gesicht: „Ich weiß, dass Nathan Baruch dir angeboten hat, in der Band mitzuspielen. Vielleicht wirst du heute beim Konzert die Fatwa vollziehen.“

Er wollte mich mit seinem Sarkasmus aus der Reserve locken, und das gelang ihm. Ich erzählte ihm, was passiert war, sagte, dass ich mich für meine Tics schämte, dass ich selbst Angst vor ihnen hätte, da ich in dem Augenblick, in dem sie ausbrechen, die Kontrolle über mich verliere. Ja, sagte ich, als ich über Amal lag und sie am Hals würgte, war ich dabei, sie zu töten. Ich hätte mich in diesem Augenblick gefühlt, als wäre ich zu Hause in Damaskus, als wäre ich noch ein Moslem wie damals alle anderen auch und als müsste ich die Jahrhunderte alten Traditionen von Familienehre und weiblicher Reinheit verteidigen. Amal, sagte ich zu Müller, ist meine Schwester und ist doch nicht meine Schwester. Sie ist ganz anders und doch wieder so wie früher. Ihre radikale Freiheitsliebe irritiert mich. Mein muslimisch-arabisches Ich verachtet sie, doch mein anderes Ich, das aus der Heimat geflohen ist, das ein auf der ganzen Welt berühmter Pianist werden will, bewundert, ja beneidet sie. „Meine Tics sind eine schlimme Krankheit. Aber ich weiß, woher sie kommen: Es ist meine Heimatlosigkeit, meine Zerrissenheit."

Müller legte seinen Arm auf meine Schulter. „Ich fahre dich nach Hause. Dort ruhst du dich aus und bringst um drei die Band zum Festivalgelände." Im Auto spielte er eine CD mit Mozarts Jupiter-Sinfonie ab und pfiff das Thema mit. So entspannt wie heute war er noch nie mit mir gefahren. Er ließ seinen Wagen bei Rot schon weit vor der Ampel ausrollen. Einige Male wurde er angehupt, weil er so langsam fuhr. Er streckte den Arm aus dem Fenster und bewegte ihn mehrmals nach unten. Doch das beruhigte die wenigsten.

Schließlich fragte ich, ob Oberth verhaftet worden war und was das zu bedeuten hätte. Müller lachte triumphierend: „Du warst gestern Nacht dabei, als Ada schließlich doch die Adresse des Waffenverstecks preisgab. Heute früh um sechs fuhr ich mit Olafson zu dem Schwabinger Altbau. Uns gelang es, ungesehen in den Keller zu kommen. Wir gingen den dunklen Gang entlang und öffneten das Kellerabteil mit dem Namensschild von Karl Zara. Unter feucht riechenden Pappkartons fanden wir die Waffen. Kannst du dich erinnern, ob das die sind, die du in der Villa gesehen hast?"

Müller zog aus der Seitentasche seines BMWs eine Mappe mit Fotos und gab sie mir. Es war eindeutig dieselbe Waffenkiste und auch ihr Inhalt stimmte überein. „Da hatten wir den

Beweis. Wir haben anschließend alles wieder so hin geräumt, wie wir es angetroffen hatten. Ich benachrichtigte die interne Revision, die vermutlich Wanzen und Filmkameras installierte. Zurück in der Zentrale ging ich zu Oberth und überbrachte ihm die Erfolgsnachricht, dass wir das Waffenversteck gefunden haben. ‚Wie war das möglich?' fragte er. ‚Durch Zufall,' erwiderte ich. Er legte eine lange Pause ein und blickte dabei an mir vorbei. Schließlich murmelte er ein ‚Gut gemacht,' und entschied: ‚Alles weitere werde ich übernehmen. Das ist eine heikle Angelegenheit, also Chefsache.' Was Oberth dann unternahm, weiß ich nicht. Anscheinend hat das aber ausgereicht, dass der Staatsanwalt kurz darauf einen Haftbefehl ausstellte. Den Rest hast du selbst erlebt."

Er lachte befreit und meinte, es wäre auch mein Verdienst, dass Oberths Verstrickung im rechten Milieu aufgedeckt werden konnte. „Heute Nacht beim Konzert wird es ernst. Von Ahmet haben wir keine Spur. Ich kann mich doch auf dich verlassen?" Er blickte mir tief in die Augen, als ich ausstieg.

0

Das Paradies

Die Sonne schien strahlend und der Himmel war tief blau, als die beiden Taxen mit der Band beim Festivalgelände ankamen. Ich hatte die Musiker und die beiden Techniker im Hotel abgeholt. Selbstverständlich stand keiner von ihnen um drei, wie wir es abgemacht hatten, an der Rezeption. Ich musste sie einzeln anrufen lassen. Sie kamen ziemlich verschlafen aus dem Aufzug. Sogar Amal redete fast nichts. „Wir dachten, du meinst orientalische Zeit," lachte Nathan. „Hast du vergessen, dass dort drei Uhr eigentlich vier Uhr heißt?" Im Auto dösten sie vor sich hin, summten manchmal eine Melodie oder klopften einen Rhythmus. Aber keiner redete ein Wort.

Als wir ausstiegen, wurden wir von einigen Polizisten in schwarzer Uniform und Gesichtstuch umringt. Sie begleiteten uns zum Eingang. Dort empfing uns Müller. Er gab jedem Musiker die Hand, erklärte die Sicherheitsmaßnahmen, zeigte hinauf zu den Häusern, hinunter zur Isar, wo überall Scharfschützen die Brücke absicherten, sagte, dass unter dem Publikum viele Zivilbeamte wären und dass das Gelände durch zahlreiche Kameras überwacht würde. „Nach menschlichen Ermessen kann nichts passieren," sagte er. „Wir haben alles im Griff." Dabei legte er seinen Arm über meine Schulter: „Mit Hilfe Mehmets haben wir heute Morgen Waffen sichergestellt und so einen möglichen Anschlag verhindert." Die Band hörte sich das gelangweilt an. Denn eigentlich interessierte das die Musiker nicht. Sie waren auf ihren Auftritt fokussiert, auf Melodien, Einsätze, Improvisationen und Beats.

Sie taten so, als ob das heute ein ganz normales Konzert wäre, als ob es keine Fatwa gäbe, keine Hassbotschaft in Facebook und keinen Ahmet, der möglicherweise irgendwo herumschlich und den niemand bislang entdeckt hatte. Ganz anders bei mir. Ich war in meinem Innern aufgewühlt, obwohl ich doch eigentlich erleichtert hätte sein können. Immerhin waren die Waffen entdeckt, Karl Zara verhaftet und Oberth enttarnt worden. Ich hatte meine Schwester wiedergefunden, würde heute Nacht sogar gemeinsam mit ihr auf der Bühne stehen. Wir würden ein Fest der Toleranz über alle Grenzen hinweg feiern. Doch ich spürte einen Schmerz in der Magengegend, ein dumpfes Gefühl der Angst. Wo war Ahmet? Würde er versuchen das Todesurteil der Fatwa, wie er geschrieben hatte, auch ohne mich zu vollstrecken?

Ich ging mit der Band zum Foyer, einem über die ganze Breite der Brücke reichenden Bierzelt. Dort diskutierte Gutekunst mit einem der Monteure, der letzte Hand anlegte. Gutekunst fragte, wer den Auftrag für dieses Zelt gegeben hätte. „Gruber," sagte der Mann kurz angebunden und schickte die Frage nach: „Wer sind Sie überhaupt? Sie dürfen den abgesperrten Bereich nicht betreten. Wir sind noch nicht fertig mit dem Aufbau."

Gutekunst setzte den strengsten Blick auf, zu dem er fähig war: „Ich bin Professor Gutekunst, der Intendant."

Der Monteur war etwas verlegen: „Dass Sie so wichtig sind, sieht man Ihnen nicht an."

„Ist Gruber da?"

„Er war gerade noch hier."

Gutekunst beschwerte sich bei mir, als ob ich dafür verantwortlich wäre. „Von einem Bierzelt war nie die Rede," schimpfte er. „Das Festival soll ein musikalisches Ereignis sein und keine Werbeveranstaltung für Schöttlburgs Brauerei." Gruber habe ihn nicht informiert und wolle ihn scheinbar vor vollendete Tatsachen stellen. Von ihm wollte er sich nicht seinen Namen kaputt machen lassen und der stünde für Kunst höchster Qualität und nicht für billiges Marketing. Er packte den Monteur am Arm und befahl: „Unterbrechen Sie die Arbeit. Ich werde mit Gruber reden. So geht es jedenfalls nicht. Wir machen hier kein Festival mit bayerischer Folklore." Erst jetzt begrüßte er Nathan und Amal und entschuldigte sich für sein rüdes Benehmen.

Wir gingen aus dem Bierzelt hinaus auf die Brücke, die zu einer Tanzfläche für das Publikum gestaltet worden war. An den Brückengeländern hingen Lampions in den Farben Israels, Syriens, des Libanon, der Türkei und einiger europäischer Länder. Die bunt angeleuchtete Statue der Pallas Athene wirkte wie eine Pop-Plastik. Am anderen Ende der Brücke ragte die Bühne mit den hohen Traversen, bestückt mit Lautsprechern und einer Batterie von Lampen für die Lichtshow empor, umrahmt von zwei großen Leinwänden, auf denen die Musiker überlebensgroß gezeigt würden. Darüber schien das Maximilianeum, der bayerische Landtag, wie ein unwirkliches Luftschloss zu schweben.

David, der Tontechniker, kam uns entgegen. „Mehmet, die Anlage ist mega. Jetzt könnt ihr sie ausprobieren." Ich sprang auf das Podium, setzte mich ans Keyboard und spielte Mozarts „Alla Turca", improvisierte über diese Melodie mit ihren vielen Variationen, ließ diese über die Brücke und auf die Isar hinunter schallen. Diese Musik klang so klar, so geistvoll und lebendig, dass ich all den Gehirnschrott, der sich auf dem Weg angesammelt hatte, vergaß. „Deine Musik geht richtig fett ab," lobte Amal. Die Musiker packten ihre Instrumente aus. Der Tontechniker verkabelte sie und sie begannen mit dem Soundcheck.

Gruber eilte zusammen mit dem Monteur in großen Schritten über die Brücke. „Das ist doch nicht dein Ernst," bellte er Gutekunst an. „Der Baustopp für die Bierzelte würde uns über tausend Euros kosten. Irgendwo muss das Geld für deine Kunst herkommen."

„Wir können nicht bei einem Festival mit dem Thema *Brücke nach Jerusalem* ein Bierzelt an den Eingang stellen. Das würde ganz falsche Erwartungen wecken, das Publikum würde glauben, dass Bierzeltmusik, bayerische Folklore, also eine Art Oktoberfest geboten würden und wäre dann konsterniert, wenn es den jüdischen Schofar, die arabische Rahmentrommel, fein ziselierte Oud-Klänge oder die Schalmei hören würde. Da musst du dir etwas anderes einfallen lassen."

„Du musst von der reinen Lehre herunterkommen." Gruber

stellte sich nah an Gutekunst, damit es besonders auffiel, dass er ihn um eine Kopflänge überragte.

Doch Gutekunst ließ sich davon nicht beeindrucken: „Josef, wir machen uns lächerlich. Das ist ein Festival und keine Werbeveranstaltung für den *Schöttlburg-Bräu.*“

Die beiden unterhielten sich ziemlich laut. Nathan beschwerte sich, dass so kein Sound-Check möglich wäre. Immerhin brachte ich es fertig, dass die beiden vom Podium weiter weggingen. Aber sie waren noch immer zu laut.

„Theo, es hilf nichts. Da musst du durch. Schöttlburg besteht darauf.“ Gruber sagte zum Monteur: „Bauen's das Zelt vollends fertig. Unser Intendant schwebt in anderen Sphären. Aber auf solche Spinnereien nimmt die Welt keine Rücksicht.“

Gutekunst rief Schöttlburg an, wurde dabei immer erregter, warf schließlich sein Handy auf den Boden. „Schöttlburg hat von seinem Anwalt erfahren, dass mich Maria angezeigt hat,“ schimpfte er. „Scheiße, scheiße, scheiße. Mehmet, warum gibt es keine Fatwa gegen zickige Sängerinnen?“ Er vermutete, dass sie sich rächen würde: „Ihr Vibrato ist entsetzlich und dann immer diese minimale, aber schmerzliche Intonationsschwäche in der Höhe. Ich konnte sie nicht engagieren. Du hast es selbst gehört, wie sie gesungen hat.“ Sie sei wütend abgereist, habe gedroht, dass er dies noch bereuen würde und hätte nun einem englischen Boulevardjournalisten erzählt, dass sie Gutekunst wegen Vergewaltigung verklagen würde. Wenn einer den Schaden begrenzen könnte, dann seien es Schöttlburg und seine weltweit vernetzten, teuren Anwälte, die Gutekunst sich nicht leisten konnte. Doch Schöttlburg habe gedroht: „Entweder du akzeptierst das Bierzelt oder ich lasse dich fallen.“ Er habe diesem Erpressungsversuch nachgeben müssen. Ihm wäre nichts anderes übriggeblieben. Aber immerhin hätte Schöttlburg seinem Kompromiss zugestimmt: „Das Foyer wird so dekoriert, dass die eine Hälfte wie ein Beduinenzelt und die andere wie ein bayerisches Bierzelt wirkt.“ Das wäre dann sozusagen der interkulturelle Dialog zwischen Bayern und Arabien. Schöttlburg wäre sogar begeistert gewesen. „Du bist so genial wie immer," habe er ihn gelobt und aufgelegt.

„Haben Sie Maria wirklich geliebt?" fragte ich Gutekunst. Er schaute mich einige Sekunden sprachlos an. „Ich weiß nicht mehr, was Liebe ist," sagte er schließlich ziemlich niedergeschlagen. Doch dann versuchte er es mit einem Scherz: „Zumindest liebe ich die Musik, ohne sie zu vergewaltigen, hoffe ich wenigstens."

Er kümmerte sich nun um die Umdekoration des Bierzeltes. Ich musste auf die Schnelle einige Requisiten für das Beduinenzelt, Teppiche, Sitzkissen, kleine Tische, Shishas, Beduinenschwerter und dergleichen auftreiben.

Gegen acht wollte die Band zu Abend essen. Gutekunst hatte mich beauftragt, für Speis und Trank zu sorgen. Es war gar nicht einfach gewesen, einen Caterer zu finden. John, der englische E-Gitarrist, wünschte knusprig gegrillte Spareribs und Krautsalat, Jim, der zweite Gitarrist, ein Grillhuhn mit Kartoffelsalat. Jules, der Schlagzeuger aus Frankreich mit algerischen Wurzeln, aß streng vegan. Salam, der palästinensische Oud-Spieler hatte geschrieben, dass wir ihn mit einer Mezze als Vorspeise und mit Mansaaf, einem Lammfilet in Joghurtsauce, glücklich machen würden. David aus Jerusalem bat höflich um eine Shakshuka. Nathan bestellte Falafel, Humus, Chazilim und meine Schwester aß alles, wenn es bio war. Um das bieten zu können, musste ich einen jüdischen, arabischen und bayerischen Caterer finden, was freilich eine angenehme Aufgabe war, da ich von jedem eingeladen wurde, vorzukosten. Die Band machte sich über das Essen mit großem Eifer her. Jim und John tranken Bier, Nathan und David Tee, Salam und Amal Wein. Es ging ziemlich lustig zu. Salam bewarf die anderen mit Falafel-Bällchen. Wer sie nicht auffing, musste ein Glas Whisky trinken. Nathan lud einen jeden ein, gleich welchen Glaubens, von seinem Falafel, seinem Humus und Chazilim zu probieren. „Alle, die in Nordafrika und Arabien leben, ob Jude, Muslime oder Christen, lieben das," sagte er. „Das und die Musik verbindet uns." Amal setzte sich neben einen jeden und pickte sich aus dessen Essen einige Bissen heraus. Der kräftige Jim hob sie auf sein Knie und ließ sie von seinen Schweinerippchen abbeißen.

Als er sie zu sehr an sich drückte, zwickte sie ihn in die Backe: „Lass mich los. Es reicht."

„Das Rippchen oder die Streicheleinheiten?"

Sie befreite sich von seiner Umarmung und ging zu Salam: „Mansaaf erinnert mich an zu Hause. Niemand machte das besser als Mama." Doch den Anflug von Melancholie überwand sie schnell: „Nathan, du hast Tomatensoße in deinem Bart." Es war eigentlich gar nicht komisch, aber alle fanden das lustig, bis David meine: „Es wirkt wie Blut."

In die Stille hinein, die nun entstanden war, trompetete John: „Übrigens, Mehmet ist Amals Bruder." Außer Nathan hatte dies bis jetzt keiner gewusst. Die anderen waren ziemlich überrascht. Ich musste mich neben Amal stellen. Sie verglichen unsere Nasen, Augen und Ohren und kamen zu dem Ergebnis, dass fast nichts darauf hinweisen würde, dass wir dieselben Eltern haben.

Doch Amal fand dies gar nicht komisch. „Woher weißt du das, John, dass wir Geschwister sind?"

„Das hat sich herumgesprochen."

„Hat es dir Nathan gesagt?"

„Nein, aber das steht doch in Facebook, garniert mit der Fatwa."

„Das ist aber keinesfalls lustig," beendete Nathan die Blödelei.

Einige Augenblicke schauten alle nur auf ihr Essen. Da platzte Amal mit einer Neuigkeit heraus: „Nathan und ich lieben uns. Wir sind zusammen." Sie sprang voller Freude auf Nathans Schoß, so dass er fast von seinem Stuhl gefallen wäre, und küsste ihn.

„Aber Amal, meinst du das ernst?" fragte Jules. „Nathan

schnarcht nachts wie drei Rüsseltiere. Seitdem ich das weiß, verlange ich immer, dass im Hotel zwischen seinem und meinem Zimmer ein anderes liegt."

„Das wird schon nicht so schlimm sein," lachte Amal und stopfte Nathan ein Stück Mazze in den Mund.

„Bist du also gar keine richtige Lesbe?" fragte Salam.

„Ich liebe Frauen und Männer. Ist das so schlimm? Nathan sagt, dass alles eins ist."

„Dann macht ihr also jetzt einen Dreier," prustete Jim los.

So blödelten sie die ganze Zeit. Ich lachte zwar mit, aber fühlte mich fremd. Sie wollten feiern, die Musik, das Leben, die Freude, und darüber alles andere vergessen. Sie tauchten aus der Welt ab, um sich ganz dem Spaß, der Party, der Musik hinzugeben. Doch ich besaß nicht diese Fähigkeit. Mir erschien sie in diesem Augenblick sogar unerträglich. Wie konnten wir hier eine Party feiern, während die Menschen in Damaskus hungerten?

Nach dem Essen tranken Salam und Jules Champagner. John genehmigte sich einen Whisky und Amal ließ sich von Jim Feuer für einen Joint geben. Sie hatte mit mir fast nichts geredet, als ob wir Fremde wären. Es schien sie nicht zu interessieren, wie wir gelebt hatten, seitdem sie uns verlassen hatte. Auch fragte sie nicht, wie es Mama und Papa ging. Sie legte ihren Joint auf einen der Garderobentische und zog ihren Trainingsanzug aus. Sie hatte keinerlei Scheu, nackt zu sein, lachte, als ihr John Komplimente zurief, zog ohne Eile ihr knappes Tanzkostüm an, schminkte sich sorgfältig am Spiegel und ließ sich dann von der Band bewundern.

Amal genoss die Blicke der Männer und sie würde es in wenigen Minuten noch mehr genießen, wenn über tausend Augen auf sie gerichtet waren. Was würde Mama über ihre Tochter denken, wenn sie sie jetzt sehen würde? Diese Frage bohrte sich in meinem Kopf fest und ließ sich nicht mehr verdrängen. Ich war mir sicher, dass Mama geschimpft hätte, Amal wäre keine richtige muslimische Frau, wäre schamlos, ein leichtes

Mädchen. Aber sie ist eine Künstlerin, verteidigte ich sie, hat dieses freizügige Benehmen schon damals als Mädchen gelernt, als sie bei den Hochzeiten tanzte. Ich war hin- und hergerissen. Ein Teil von mir lehnte Amal ab, ein anderer bewunderte sie. Ich wäre selbst gerne so wie sie gewesen, so frei, so unabhängig von dem, was andere über mich dachten, so unbekümmert beim Ablegen alter, überholter Regeln und Traditionen.

„Mehmet, du bist so schweigsam. Probiere diese Aubergine.“ Sie hatte erst jetzt bemerkt, dass ich ernst und grübelnd an der Seite stand, reichte mir eine Gabel von dem Auberginenmus. „Er ist noch immer mein kleiner Bruder,“ sagte sie.

Als die anderen lachten, hatte ich das Gefühl, sie würden mich auslachen. Ich spürte, wie sich in mir alles zusammenzog. Ich konnte gegen meinen Anfall nichts machen, schrie alle möglichen Schimpfwörter und trommelte mit den Händen auf den Tisch. Amal umarmte mich und versuchte mich zu beruhigen. Nathan und Salam sangen ein arabisches Lied und Jim klopfte ebenfalls wie ich auf den Tisch. David blies in den Schofar, John spielte schrille Akkorde auf seiner Gitarre und Salam zupfte auf seinem Oud, der freilich in diesem Höllenlärm unterging. Dabei lachten sie, als ob meine Tics keine Krankheit wären, sondern zur Party gehören würden. Schließlich schrie ich „Ruhe“. Da hörten alle außer Salam auf und die feinen, leisen Töne seines Ouds formten sich zur Melodie unseres syrischen Revolutionsliedes „Janna, Janna“. Ich begann unwillkürlich zu singen und meine Tics ließen nach. Erschöpft sagte ich: „Diese Welt reißt mich auseinander. Papa und Mama verhungern in Damaskus, wir bewerfen uns mit Falafel und Amal liebt gleichzeitig eine Frau und einen Mann.“

Nathan betrachtete mich ernst und fragte betroffen: „Bist du sicher, dass du heute Abend spielen willst?“ Ich nickte: „Das ist das einzige Glück, das mir geblieben ist.“

Vor dem Eingang hatte sich eine Menschenschlange gebildet. Die Besucher warteten geduldig. Wegen der Personenkontrolle dauerte es länger als sonst. Doch es herrschte eine fröhliche Stimmung. Man unterhielt sich, lachte und manche hatten auch schon eine Flasche Bier in der Hand.

Ich fühlte mich besser. Dass so viele Menschen kamen, dass sie leuchtende Augen hatten, als wäre bald Weihnachten, ließ mich meine schwarzen Gedanken vergessen. Wir durften unser Publikum nicht enttäuschen, das heute Abend eine Freude und Ausgelassenheit erleben wollte, die es im Alltag vermisste. Besonders froh war ich, dass Maria und Joe mit ihren Kindern, hinter ihnen Yossuf, Abdul und Kadir gekommen waren. Ich hatte alle meine Mitbewohner aus dem Flüchtlingsheim eingeladen. Gaby, die mit zwei anderen Frauen den Kartenverkauf übernommen hatte, wollte ihnen gerade die Freikarten überreichen, als eine ältere Dame sich beschwerte: „Dieses G‘scherr wird immer bevorzugt. Ich muss zahlen, obwohl meine Rente nicht zum Leben reicht, und die kommen umsonst herein. Die haben noch nie in Deutschland gearbeitet, schmarotzen von unserem Steuergeld. Das ist eine Schande.“

„Aber das sind Flüchtlinge, die alles verloren haben,“ erwiderte Gaby.

„Die haben noch nie etwas gearbeitet, nie etwas eingezahlt,“ wiederholte sich die Frau. Sie war um die siebzig Jahre alt, trug ein Kostüm, wie es vor zwanzig Jahren Mode war.

Gaby setzte ihr gewinnendes Lächeln auf und sagte leise, um möglichst wenig Aufsehen zu erregen: „Weil Sie es sind, lade ich Sie persönlich ein und zahle ihre Karte aus meiner eigenen Tasche.“

Die Frau bedankte sich nicht. Der junge Mann hinter ihr, ein Metal-Fan in Jeans, einem schwarzen Shirt und mit Tattoos auf den Armen, tröstete Gaby: „Nimm es nicht so ernst. Idioten gibt es immer.“

Dann beobachtete ich, wie der Lastwagen, der als Querriegel aufgestellt war, um Selbstmordattentäter, die möglicherweise auf die Brücke mit einem Auto fahren wollten, abzufangen, beiseite gefahren wurde und ein Lieferwagen aus Schöttlburgs

Brauerei Nachschub brachte. Zwei Männer stiegen aus, luden Bierfässer, kistenweise Wasser-, Wein- und Sektflaschen aus. Einer der Männer ging auf die Toilette, während der andere eine Zigarette rauchte. Anschließend transportierten die Männer auf Sackkarren mehrere Fässer zu den Bars im Foyer und auf der Brücke in der Nähe des Podiums. Dann stiegen sie wieder ein, der Lieferwagen fuhr von der Brücke herunter und der große Lastwagen stellte sich erneut quer auf die Fahrbahn. Ich sah mir das genau an, einfach aus Neugierde, vielleicht auch, da ich staunte, wie kompliziert das aufgrund der Sicherheitsmaßnahmen war.

Mittlerweile hatte sich die Schlange vor der Kasse aufgelöst. Nur einzelne Nachzügler kamen noch herein. Ich schlenderte durch das Foyer, kam an der VIP-Lounge vorbei, wo Schöttlburg gerade eine Flasche Champagner mit lautem Knall öffnete. Unter seinen Gästen war auch der Kultusminister, der die Schirmherrschaft übernommen hatte. Die Damen und Herren unterhielten sich angeregt und beachteten kaum die Vorband, die auf das Podium herausgekommen war.

Ich ging zur Mitte der Brücke, wo die Menschen inzwischen so dicht beieinanderstanden, dass fast kein Durchkommen war. Das türkische Ensemble spielte eine heitere, fast schwebend leicht wirkende Musik. Die beiden Schlagzeuger brachten auf ihren Rahmentrommeln Rhythmen hervor, die wie ein orientalischer Teppich wirkten: Flirrend, voller verschiedenartiger Ornamente, wie ein Vexierspiel, das Zeit und Raum in Freude auflöste. Ein Countertenor sang mit seinem durchdringenden Alt eine Liebesarie voller Leidenschaft und Intensität. Ob die Liebe männlich oder weiblich war, spielte bei seiner androgynen Stimme keine Rolle. Die Band intonierte italienische Musik der Renaissance, als ob sie für türkische Musiker geschrieben worden wäre. Es gab keine Grenzen mehr zwischen europäischer und orientalischer Kultur. Ein Tenor sang türkische Lieder, Melodien von einer erstaunlichen Leichtigkeit, fern von aller menschlichen Grausamkeit. Die Menschen auf der Brücke wirkten entspannt, ließen ihre Hüften im Rhythmus der Musik schwingen und hatten ein Lächeln im Gesicht.

Da erklang plötzlich, ziemlich leise gegenüber der von Lautsprechern verstärkten türkischen Musik ein mit Händen geklatschter, simpler Marschrhythmus. Zunächst fast kaum hörbar. Doch offenbar beteiligten sich immer mehr am Händeklatschen. Dazu kam der schneidend schrille Klang von Bierflaschen, auf die mit einem Löffel geschlagen wurde. Dann skandierten diese Querulanten: „Wir sind gegen die One-World-Propaganda!“ Verteilt über den Zuschauerbereich kletterten junge Männer und Frauen, zumeist konservativ gekleidet in Jeanshosen und Hemden oder Blusen auf ihren Partner, um noch besser gehört zu werden. Es waren viel mehr als bei den Flashmob-Proben, etwa zweihundert. Das Publikum hörte einige Minuten überrascht zu. Doch dann pfiffen viele Leute. Die Identitären ließen sich davon nicht beeindrucken. „Wir marschieren gegen die Asyl-Erpresser, gegen die Einwanderer-Einbrecher, gegen das Invasionshochwasser,“ rappten sie. Dabei quetschten sich die Flashmobsänger durch die Menge, schlugen mit den Ellbogen um sich und verteilten Fußtritte, damit ihnen Platz gemacht wurde. Als erste erreichte Ada das Absperrgitter vor dem Podium. Dort sprangen sie und einige andere von der Schulter ihrer Träger über die Gitter und kletterten hinauf zur Bühne. Als dies das übrige Publikum sah, gab es laute Buhrufe. Einige schlugen wütend auf die Identitären ein und versuchten, die Flashmobsänger von den Schultern herunterzuziehen. Die Polizisten schienen ziemlich machtlos, da sie nur langsam durch die Menge hindurchkamen. Ada und ihre Mitstreiter nahmen die Mikrophone der türkischen Band. In höchster Lautstärke schallte ihr Rap über die Brücke: „Wir kämpfen für unser Volk, für unsere Heimat gegen Burka-Invasionen und islamische Messerstecher.“

Durch den stupiden Marschrhythmus war die Stimmung von Freude, Freiheit und grenzenloser Freundschaft abgetötet.

Die türkische Band, die tapfer weiterspielte, wirkte jämmerlich, ihre Musik klang hinter dem martialischen Rap wie ein zerrissener Teppich. In mir stieg eine wahnsinnige Wut auf. Ich griff einen Identitären am Gürtel und schob ihn in Richtung Foyer. Auch andere stürzten auf die Identitären los, packten sie und manchen rissen sie zu Boden. Endlich gelang es einigen Polizisten, zur Bühne vorzudringen. Sie nahmen Ada und zwei Männer fest. Ich erkannte Neuber, der zum Ausgang lief und schrie den Polizisten zu, sie sollten ihn halten. Müller hörte mich und versperrte ihm den Weg. Neuber stolperte und Müller konnte ihm Handschellen anlegen.

Um ein noch größeres Chaos zu verhindern, ging Gutekunst auf die Bühne. Der Verfolgerscheinwerfer leuchtete ihn an. Gutekunst strahlte mit seinen langen weißen Haaren und seinen energischen Armbewegungen genug Autorität aus, um die Menschen zu beruhigen. „Liebe Freunde," begann er und man spürte, wie es in ihm kämpfte. „Ich danke euch, dass ihr so besonnen und doch entschieden regiert habt. Dieser Zwischenfall zeigt, dass Toleranz und Frieden nicht selbstverständlich sind. Wir setzen heute bei unserem Brückenfestival mit Musik ein Zeichen für Dialog, für gegenseitiges Verständnis, für Gemeinsamkeit. Ich freue mich nun auf Musik aus Israel, Arabien, Afrika und Europa und danke Euch allen, dass ihr gekommen seid. Über zweitausend Menschen. Das ist ein großartiges Signal!" Er erhielt herzlichen Beifall. Die türkische Band begann wieder zu spielen. Das Publikum hörte andächtig zu. Erst nach einiger Zeit tanzen wieder einige, allerdings verhalten und gedämpft.

Dann trat Nathan auf die Bühne. Er hielt den Schofar in die Höhe, damit ihn alle sehen konnten und sagte: „Dieses Instrument verbindet uns Juden, Christen und Mohammedaner miteinander wie kein anderes. Indem Gott anstelle von Isaak den Widder als Opfer annahm, wurden die barbarischen Menschenopfer überwunden. Als die Israeliten mit dem gewaltigen Klang der Schofare Jericho eroberten, ersetzte Musik die rohe

Gewalt der Waffen. Wenn der Engel in der Bibel und im Koran die Posaune des Jüngsten Gerichts bläst, die in Wirklichkeit ein Horn wie der Schofar war, ist dies das Signal für Gerechtigkeit, für den Sieg des Guten.“ Dann reichte er David den Schofar, und dieser spielte so meisterlich, dass alle wie gebannt zuhörten. Dabei dachte ich an den Koran: „Und es wird das Horn geblasen.“ Das Horn des Jüngsten Gerichts, das die ganze Welt zusammenbrechen lässt. „Hierauf wird ein weiteres Mal hineingeblasen und die Erde wird im Licht des Herrn erstrahlen.“ In diesem Klang schwang eine archaische Urgewalt mit; und dennoch wirkte er stark und friedlich.

Auf der Brücke herrschte eine magische Stimmung. So empfand ich es wenigstens, als ich vor zum Podium ging. Einige im Publikum hatten Kerzen angezündet, andere benutzten ihre Smartphons als Lichter, die sie im Kreis rotieren ließen.

Als ich im Backstagebereich ankam, erkannte ich Müller. Er wirkte bleich und nervös, telefonierte und fragte mich immer wieder: „Hast du etwas bemerkt? Du warst vorne im Foyer, als der Getränkewagen ankam. Kam dir etwas verdächtig vor?“

Der Schofar spielte jetzt kurze Signaltöne, eigentlich eine sehr einfache, überaus simple Musik, aber gerade deshalb umso eindringlicher und machtvoller.

„Es war wie angekündigt der Getränkelastwagen aus Schöttlburgs Brauerei mit zwei Arbeitern,“ versuchte ich ihn zu beruhigen.

Alles vibrierte, so stark war der Sound des Schofars. Er erzählte eine urtümliche Geschichte von Opfer, Blut und Krieg gegen die Ungläubigen.

„Bist du dir sicher?“ fragte Müller.

„Ja natürlich.“ Er schien mir ein wenig hysterisch. Das hatte ich so noch nie bei ihm erlebt. Dadurch wurde auch ich wieder unsicher. Was sollte mit Schöttlburgs Lieferwagen nicht stimmen?

David spielte das Schlusssignal, eine nach oben gerichtete Fanfare im lautesten Forte. Ich spürte eine starke, positive

Energie, konzentrierte mich auf meinen Auftritt und mich erfüllte eine Freude, wie damals, wenn ich mit meinem Vater und Amal bei Hochzeiten auftrat.

Die Zweifel, die Müller in mir geweckt hatte, versuchte ich zu verdrängen, vergeblich. Irgendetwas hatte mit dem Mann, der von der Toilette zurückkam, nicht gestimmt. Aber so sehr ich nachdachte, ich wusste nicht was.

David erhielt für sein Solo auf dem Schofar langen Beifall. Dann kam die übrige Band auf die Bühne. Nathan sang in seinem ersten Lied, dass die Religionen Gewalt und Hass verbreiten, anstatt Frieden und Liebe erblühen zu lassen, dass Gewehre herrschen anstelle von Mitmenschlichkeit, dass aus Brüdern Feinde gemacht würden, obwohl Juden, Christen und Mohammedaner an denselben Gott glauben. Der Schlagzeuger spielte ein Solo, aus dem man Blitz und Donner, Kanonen und Raketen heraushören konnte, und die E-Gitarren schienen Gewehrsalven zu verschießen. Nathan beschwor mit seinem Gesang die Menschen, ihre Waffen wegzuwerfen, miteinander zu sprechen, zu singen und zu tanzen: „Die geballte Faust wird zur offenen Hand. Was spielt es für eine Rolle, ob du Jude, Christ oder Muslim bist. Alles ist eins.“

Dann begann ich mit dem Andante aus Mozarts A-Dur-Sonate, spielte es so leicht und elegant wie möglich, wie einen Traum aus alten, aufgeklärten und vernünftigen Zeiten, graziös, tänzerisch und schwebend. Erst beim Menuett setzte das Schlagzeug mit einem dezenten Tanz-Rhythmus ein und sorgte für eine heitere Rokoko-Stimmung. Im Alla-Turca, meinem Paradestück, fügte die Band zu Mozarts flirrenden Läufen filigrane Oud-Ornamente, aus dem Takt fallende arabische Rhythmen und massiven e-Gitarren-Sound hinzu. Amal wirbelte mit großen Sprüngen über die Bühne, blieb dann neben Nathan wie eine Skulptur stehen. Der Scheinwerfer leuchtete nur auf sie und sie war überirdisch schön. Sie trug eines schillernd blaugrünes Oberteil, das gerade ihre Brüste bedeckte, und einen langen Rock mit einem Schlitz, aus dem ihr rechtes Bein herausleuchtete. Langsam bewegte sie ihren Körper. Zuerst ließ sie ihren Bauch weich und elegant um die eigene Achse schwingen, wirkte dabei wie eine Schlange, die sich aufrichtet. Dazu sang Nathan von Brüderlichkeit, vom Schweigen der Waffen, von der Revolution der Menschen, die sich aus der Knechtschaft der Priester, Scheichs und anderer sich Autorität anmaßender Machtmenschen befreien und ein Fest der Freude und Liebe feiern. Amal übersetzte Nathans Worte mit ihrem Tanz in eine Sprache von Gesten, die jeder verstand, ohne nachdenken zu müssen. Ich war längst von Mozarts Alla Turca improvisierend bei arabischen Melodien und Rhythmen angelangt und die Band spielte wie ein orientalisches Orchester. Das Publikum schien glücklich. Das spürte ich an seinem Atem, sah ich an den entspannten Bewegungen, wie die Menschen ihre Arme hin und her bewegten und sich im Kreis drehten.

Unter den Zuschauern fiel mir ein Mann auf, der bewegungslos dastand. Er wirkte etwas unförmig, hatte verhältnismäßig dünne Beine, einen dicklich wirkenden Leib und einen hierzu etwas klein wirkenden Hals und Kopf. Ihm schien es unangenehm, wenn die neben ihm stehenden Fans seine Hand nahmen, um mit ihm zu tanzen, und wenn er sich bewegte, war es, als ob er rohe Eier in seiner Jacke tragen würde, und diese Jacke schien für den Sommer viel zu warm. Ich musste immer wieder zu diesem Mann schauen. Er irritierte mich. Ich improvisierte wie automatisch und überlegte, wer das wohl sein könnte. Dann wusste ich es: Der Arbeiter in dem Getränkelieferwagen, der zur Toilette ging, war nicht derselbe, der aus ihr herauskam und wegfuhr. Sie hatten jemanden hineingeschmuggelt, und das war dieser starr dastehende Mann im Publikum. Sein Körper war so unförmig, da er einen Bombengürtel trug. Dieser Mann musste Ahmet sein.

Ich stand vom Flügel auf, gab Nathan ein Zeichen, nahm das Mikrophon und wir sangen gemeinsam syrische Lieder. Dann sprang ich vom Podium herunter, schwang mich über das Absperrgitter, ging singend durch die Menschen auf diesen seltsamen Mann zu, den ich für Ahmet hielt. Je näher ich kam, umso sicherer wurde ich: Der Mund in diesem Gesicht war Ahmets Mund, die Augen waren seine Augen.

Nathan oben auf der Bühne, und ich hier unten sangen das Lied vom Paradies: „Selbst das Feuer der Bomben ist der Himmel“, hieß es in diesem Lied über unsere syrische Heimat.

Ich ging auf Ahmet zu, sah seine Hand, die den Auslöser hielt. Dass ich in wenigen Minuten sterben könnte, wusste ich und dennoch wollte ich ihn in meine Arme schließen. Er war mein Bruder, auch wenn er uns alle töten würde. Er fühlte sich allein gelassen und verraten. Diese Welt hier war für ihn so schrecklich geworden, dass er lieber auf ein Paradies im Himmel vertraute, ein imaginäres, erfundenes Paradies, das seine letzte Hoffnung war. Ich redete mir ein: Du musst ihn umarmen, ihn zur Vernunft bringen. Wenn du ihn nicht zur Vernunft bringst, hat unser ganzes Leben keinen Sinn. Denn wenn dein Freund, der dir schon mehrmals das Leben gerettet hat, so leidet, dass er sich und dich umbringt, dann ist diese Welt nicht mehr lebenswert.

Nathan und ich sangen: „Selbst die Dornen meines Landes sind Jasmin und Rosen.“

Ich breitete meine Arme aus, kam ihm immer näher. Er hatte das Lächeln in den Gesichtern der Kinder gesehen, die mich durch das Fenster beobachteten, als ich in der Ruinenstraße unserers zerstörten Stadtviertels Klavier spielte, und mich dann vor den Kämpfern gerettet, die mein Klavier zerschlugen. Er musste auch heute empfinden, wie glücklich Musik die Menschen machen kann. War er so verzweifelt, war sein Hass so schrecklich, dass er das nicht spürte? Ich versuchte zu lächeln. Ich nahm alle meine Kraft zusammen, wollte ihm das Gefühl geben, dass er jetzt nicht allein war. Ich hoffte, dass er erkennen würde, dass die Freude, die heute Nacht alle berauschte, alles aufwog, was wir durchgemacht hatten. Wir alle, Musiker und Publikum, waren glücklich, über alle Grenzen hinweg miteinander musizieren und tanzen zu können. Ich umfasste seinen

Körper, fühlte den Bombengürtel unter seinem Hemd, wusste, dass ich in wenigen Augenblicken sterben würde und mit mir viele andere. Aber ich war von einem verrückten Vertrauen auf die Kraft der Musik erfüllt und zweifelte nicht daran, dass Ahmet diese Kraft spüren musste und von seiner schrecklichen Tat abgebracht werden könnte.

Er fragte: „Willst du wirklich mit mir ins Paradies?"

Ich sagte ins Mikrophon: „Ahmet, das hier ist das Paradies. Es gibt kein anderes."

Dabei erklang zu Nathans Stimme der hellen Sopran von Amal. Sie sangen: „Ich habe Angst, dass ich sterbe und ich dich nicht sehe." Mit *dich* meinten sie unsere Heimat.

Vorsichtig berührte ich Ahmets Schultern und küsste ihn auf der Wange. Ins Mikrophon sang ich: „Willst du sterben, ohne deine Heimat gesehen zu haben? Das ist doch unser Paradies. Unsere geliebte Heimat mit der Erde unseres Herren." Ich drückte ihn an mich. Leise flüsterte ich in sein Ohr: „Wenn du jetzt die Bombe zündest, lässt du sie im Stich, gerade jetzt, da es ihr so schlecht geht." Ahmet weinte und wischte sich die Augen mit dem Ärmel seines Hemdes ab.

„Singe mit uns," versuchte ich ihn zu trösten. „Unser Paradies ist nicht der Tod, sondern unsere geschundene Heimat in Syrien und Afghanistan."

Er zitterte. Nie zuvor hatte ich ihn, den harten, afghanischen Krieger zittern gesehen. Leise fing er an, zu singen, ließ den Auslöser der Bombe fallen, ließ sich an die Hand nehmen und hinter die Bühne führen. Dort half ich ihm, den Bombengürtel abzulegen.

„Ich bin kein Feigling," wiederholte er in einem fort, als müsste er sich gegenüber seinen neuen Freunden rechtfertigen. Doch die hatten ihn allein gelassen.

„Du kannst nicht hierbleiben. Sie werden dich einsperren." Ich sah mich um, ob ich irgendwo Müller erblickte.

Dann gab ich ihm den Schlüssel von Gutekunsts Porsche, den er mir für einen dringenden Fall überlassen hatte. Ahmet umarmte mich, küsste mich auf die Wange und ging los.

Ich nahm den Bombengürtel. Dabei überfiel mich eine schreckliche Angst, die mir den Verstand raubte. Ohne weiter darüber nachzudenken, warf ich ihn über das Geländer in die Isar. Dort explodierte er beim Aufschlagen auf die Böschung mit einem lauten Donner. Eine Fontäne spritzte empor. Steine wurden hochgeschleudert. Ich hörte Hilfeschreie und spürte, wie die Erde unter mir bebte. Dann schlug etwas verdammt Hartes gegen meinen Kopf.

Danach

Ich hörte einen tiefen, unendlich langen Basston. Er war zugleich beruhigend und Furcht erregend. Dann kamen regelmäßige Schläge hinzu, die allerdings manchmal aussetzten. Ich hatte Angst und öffnete die Augen, sah einen Krankenhaus-Galgen, an dem Plastikflaschen hingen, von denen Schläuche zu meinem Körper verliefen. Ich versuchte mich aufzurichten. Doch ein schrecklicher Schmerz durchzuckte mein Gehirn.

Eine Krankenschwester legte beruhigend ihre Hand auf meine Stirn. „Guten Morgen," sagte sie. Ich versuchte zu sprechen. Doch das war zu anstrengend. „Sie müssen geduldig sein." Ich sah ihr Lächeln, als sie sich über mich beugte. Dann dämmerte ich wieder weg.

Ein Stein hatte meinen Kopf getroffen. Zunächst dachte ich, es wäre ein Traum. Doch dann erinnerte ich mich, wie ich Ahmet half, den Bombengürtel abzulegen. Diese Erinnerung erschreckte mich. Ich hatte ungeheure Angst und schrie.

Ich spürte, wie jemand meine Hand drückte und öffnete vorsichtig meine Augen. Amal saß auf der Bettkante. „Alles wird gut," sagte sie. Sie hatte ein Pflaster an ihrem Kinn.

Ich hörte eine Männerstimme: „Mehmet, es ist okay."

„Nathan?" versuchte ich zu sagen. Ich war überrascht, dass ich sprechen konnte, hob ein wenig meinen Kopf und sah, dass Nathan am Bettende mit einem Gipsarm stand.

An der Türe klopfte es. „Sie dürfen ihn nur kurz vernehmen. Er ist gerade erst aufgewacht," hörte ich die Stimme der Krankenschwester.

„Wir werden ihn Tag und Nacht bewachen lassen. Niemand darf zu ihm und er darf uns auch auf keinen Fall entkommen." Der Mann hatte eine angenehme Stimme. Doch was er sagte, beunruhigte mich. Er beugte sich über mich. Da erkannte ich ihn. Es war Olafson. „Warum haben Sie die Bombe geworfen? Keiner hat gedacht, dass Sie ein Islamist wären."

Warum hatte ich die Bombe geworfen? Ich strengte mein Gedächtnis an. Doch ich fand keinen Grund. Mein Gehirn war leer. Anstelle ihm zu antworten, frage ich: „Wo ist Müller?"

„Er liegt im Koma.“ Olafson sagte das vorwurfsvoll, als ob ich daran schuld wäre. Dann dämmerte ich wieder hinweg. Ich hörte noch Amal mit dem Verfassungsschutzmann streiten: „Was gibt es da zu fragen, Du Brotgehirn? Er hat die Bombe in den Fluss geworfen, damit sie nicht in seinen Händen losgeht.“

Am nächsten Tag durfte ich im Gang auf- und abgehen. Das wäre wichtig, damit ich keine Thrombosen bekäme, sagte die Krankenschwester. Als ich die Türe öffnete, saß ein Polizist davor und ließ mich nicht aus den Augen.

Olafson durfte am nächsten Tag länger mit mir sprechen. Das hatte ihm offenbar der Arzt erlaubt. Jedenfalls konnte ihn die Krankenschwester nicht abwimmeln. „Eine schlimme Geschichte,“ begann er. „Die Bombe explodierte unter einem Brückenpfeiler. Sie war stark genug, dass er einen Riss bekam. Die Erschütterung löste auf der Brücke eine Massenpanik aus, zumal auch die Statue der Pallas Athena umstürzte. Eine junge Frau wurde vom Kopf der Statue getroffen, fiel zu Boden und wurde von den anderen, die über sie hinwegliefen, so oft getreten, dass sie starb. Schöttlburg erlitt einen Herzinfarkt. Auch er ist tot. Müller versuchte, die in Panik geratenen Menschen zu beruhigen, wurde von ihnen aber umgestoßen, überrannt und und von ihren Fußtritten so gequetscht, dass sein Rückgrat brach. Nun liegt er im künstlichen Koma. Das ist alles passiert, weil Sie die Bombe geworfen haben. Sie werden als Terrorist angeklagt.“

Dann fragte er mich ausführlich nach dem Lieferwagen mit den Getränken, wollte wissen, warum ich Ahmet während des Konzerts umarmt, warum ich ihm Gutekunsts Autoschlüssel gegeben und damit zur Flucht geholfen hätte. Immer wieder erkundigte er sich, ob weitere Männer beteiligt wären, und nahm mir nicht ab, dass ich das nicht wüsste.

Langsam kamen meine Erinnerungen zurück. Ich sah Ahmet. Er trug einen Bombengürtel. Ich umarmte ihn. Er ließ sich von seiner schrecklichen Tat abbringen. Ich warf die Bombe aus Angst in den Fluss, dass sie in meinen Händen explodieren würde. Im Wasser wäre sie ungefährlich, dachte ich. Ich gab Ahmet den Wagenschlüssel. Er war mein Freund. Einem Freund müsste man doch helfen? fragte ich Olafson.

Doch er vermied jeden eigenen Kommentar, machte sich Notizen, und schüttelte den Kopf, als er ging: „Das wird Ihnen niemand glauben."

Als ich wieder gesund war, kam ich in Untersuchungshaft. Beim Prozess sagte auch Müller aus. Er saß im Rollstuhl. Die Richter ließen sich von ihm überzeugen, dass ich kein Terrorist bin. Aber sie verurteilen mich dennoch als Terrorhelfer. Nach meiner vorzeitigen Entlassung wegen guter Führung wurde ich nach Syrien abgeschoben.

Hier in Damaskus baue ich das Haus meiner Eltern langsam wieder auf. Einige Nachbarskinder kommen fast täglich, um bei mir ein Musikinstrument zu lernen. Die meisten spielen die Rahmentrommel, einige auch den Oud. Seit einigen Wochen geben wir auf einem kleinen Platz, in dem noch einige alte Bäume stehen geblieben sind, jeden Sonntag ein Konzert. Mittlerweile kommen Hunderte, hören andächtig zu und wenn ich zum Schluss syrische Volkslieder und -tänze spiele, singen sie mit und tanzen. Manchmal sehe ich ein Lächeln in ihren Gesichtern. Dann weiß ich, dass es nicht umsonst ist.

Noch immer habe ich Alpträume. Dann laufen panisch fliehende Menschen über mich hinweg, fällt ein Regen von Steinen auf mich herunter, brechen Brücken auseinander und stürzen Häusern ein. Ich wache auf, sitze stundenlang wach und grüble nach. Ich hätte die Bombe nicht werfen dürfen. Das war falsch. Andererseits hatte ich Ahmet von seinem Selbstmord-Attentat abgehalten. Du kannst noch so Gutes tun, immer passiert auch etwas Schlechtes, rede ich mir ein. Dabei erinnere ich mich an die letzten Worte Papas, der wenige Monate nach meiner Rückkehr gestorben war: „Das Leben kennt kein Gut und Böse." Er hatte das als Trost gemeint. Aber es klang resigniert und bedrohlich.

Müller schreibt mir hin und wieder. Ihm wurde angeboten, im Innendienst bei gleich hohen Bezügen weiterzuarbeiten. Doch er ließ sich in den vorzeitigen Ruhestand versetzen. Er will für den Rest seines Lebens etwas Sinnvolleres machen, meint er. Die Rente ist nicht allzu hoch. „Aber ich bin frei. Das ist mir das Wichtigste." Er arbeitet jetzt als Experte für arabische Länder, übersetzt, schreibt Artikel und Bücher.

Von ihm habe ich erfahren, dass Gruber sich im Foyer aufhielt, als die Bombe explodierte. Er rauchte dort mit den Sicherheitsleuten eine Zigarette und trank ein Bier. Gutekunst stand vorne beim Podium, fiel bei der Massenflucht hin, brach sich das Handgelenk, konnte aber wieder aufstehen und weglaufen. Die Bühne blieb wie durch ein Wunder stehen. Die Band konnte nach hinten in Richtung Friedensengel fliehen. Abgesehen von einigen Schürfwunden und Nathans gebrochenem Arm kam sie heil davon.

Oft schreibt Müller über den Prozess, den Oberth gegen ihn führt. Er hat Müller wegen Verleumdung und Tatsachenverdrehung verklagt, kämpft verbissen um die Wiederherstellung seines Rufes und wirft Müller vor, dieser, und nicht er, hätte die Hauptschuld an der Katastrophe: Müller hätte Ahmet und mich verhaften, hätte den Einlass zum Brückenfestival besser kontrollieren, hätte den Getränkelastwagen besser überwachen müssen.

Das mit dem Getränkelastwagen, der gegen einundzwanzig Uhr für Nachschub sorgte, war sicherlich unser größter Fehler. Die Ermittlungen der Kriminalpolizei ergaben, dass Ahmet oder ein Komplize die Fahrer des Lastwagens im Hof des Schöttlburgbräus mit zwei Messern bedroht und in einem Abstellraum gefesselt zurückgelassen hatten, damit sie anstelle von ihnen auf das Festivalgelände fahren konnten, dass ein weiterer Komplize mit einer normalen Eintrittskarte eingelassen wurde, offenbar in der Toilette auf Ahmet wartete und anstelle von ihm zurückfuhr. So gelang es Ahmet, mit seinem Bombengürtel ins Brückenfestival einzudringen.

Müller macht sich noch immer größte Vorwürfe, dass er das nicht verhindern konnte. Aber er hat dennoch keine Angst, den Prozess gegen Oberth zu verlieren; denn dort würde es ja um etwas ganz anderes gehen, schreibt er: um Geheimnisverrat und Begünstigung von rechtsradikaler Gewalt.

Vor wenigen Tagen schrieb Müller, dass auch Neuber und Zara wegen guter Führung aus dem Gefängnis entlassen wurden. Ada saß weniger lang als ich. Sie erhielt Straferleichterung, da sie das Waffenversteck preisgegeben hatte. Manchmal schreibt sie mir E-Mails. Darin teilt sie mir mit, dass sie nun arabisch lernt und, falls ich zustimme, in meiner Musikschule Gesang unterrichten will. Als Wiedergutmachung, wie sie sagt.

Ihr Vater, Eberhard von Schöpsmark, konnte sich in letzter Minute absetzen. Vielleicht hat ihn Oberth gewarnt, sozusagen als letzter Freundschaftsdienst unter Burschenschaftskameraden. Schöpsmark ist jetzt in Russland und betreibt in den sozialen Medien rechtsradikale Propaganda.

Auch wenn das Brückenfestival in einer Katastrophe endete, wirkt seine Idee weiter. Gruber setzte durch, dass die zur Maximilansbrücke führende Widenmayerstraße in Schöttlburgstraße umbenannt wurde. Er baut die Brückenfestivals zu einer internationalen Marke auf. Sie finden nun auf der ganzen Welt statt. Dabei verbindet er geschickt die Idee des interkulturellen Dialogs mit dem Verkauf des Schöttlburg-Biers.

Gruber hat Gutekunst in Aussicht gestellt, Intendant der weltweiten Brückenfestivals zu werden. Doch zuvor muss er den Prozess gegen Maria Garcia gewinnen. Er ist der Vergewaltigung der Sängerin angeklagt. Wenn er verliert, drohen ihm einige Jahre Gefängnis. Doch sein Ruf ist auch ruiniert, wenn ihm nichts nachgewiesen werden kann. Deshalb glaube ich, dass Grubers Angebot nicht ernst gemeint ist.

Im nächsten Jahr werde ich als Solist bei den Brückenfestivals in München, Amsterdam, Rom und San Francisco spielen.

Mit dem Honorar werde ich für meine Musikschule Instrumente kaufen und Stipendien für begabte Kinder finanzieren. Das hat mein Agent bereits eingefädelt.

Amal und ich haben uns seit meiner Entlassung und Abschiebung nicht mehr gesehen. Sie hat wegen der Fatwa Angst, nach Damaskus zu kommen, und ich kann sie nicht besuchen; denn sie lebt zusammen mit Nathan in der Nähe von Haifa. Einige Monate lang versuchten sie eine Ménage-à-trois zusammen mit Françoise. Doch offenbar funktionierte das nicht. Françoise reichte die Scheidung an. Nathan und Amal haben vor einigen Wochen geheiratet, ohne dass Amal zum jüdischen Glauben konvertiert ist. Dagegen gab es zahlreiche Proteste. Eine angesehene israelische Tageszeitung schrieb, dass eine Mohammedanerin einen Juden verführt habe und dies für Israel eine bedrohliche Entwicklung sei. Doch Nathan und Amal lassen sich von solchen Anschuldigungen nicht beeindrucken. Sie treten mit ihrer Band *The true prophets* in der ganzen Welt auf. Ich hoffe, sie bei einem der Festivals, bei denen ich spiele, wieder zu sehen.

Meinen Bericht über diese Katastrophe und ihre Hintergründe werde ich veröffentlichen. Vielleicht liest ihn Ahmet, wo auch immer er lebt. Ich habe die Hoffnung nicht aufgegeben, ihn wieder zu finden. Dann würde ich ihm danken, dass er mir zweimal das Leben gerettet hat, einmal in Damaskus und einmal in München. Wenn wir uns jemals wieder begegnen, werden wir sicherlich noch immer streiten, ob Musik ein Teufelswerk oder ein Zeichen des Himmels ist. Dabei müsste ich ihm in manchem recht geben, aber er auch mir. Musik kann nämlich beides sein, gut und böse. Doch dass sie ihn damals beim Brückenfestival davon abhielt, die Bombe zu zünden, das wird er nicht bezweifeln können.

Damals erklang eine Musik, die allen Hass überwand und uns für einen kurzen Augenblick das wahre Paradies zeigte.

Personenverzeichnis

Abbas (Freund von Ahmet Ghubar, Informatiker)
Abdul (Mitbewohner im Flüchtlingsheim)
Afsahne (Frau von Siar)
Alpha (Mitbewohner im Flüchtlingsheim, Sohn von Joe und Maria)
Aziz, Amal (Tänzerin, Schwester von Mehmet Aziz)
Aziz, Mehmet (Pianist)
Baruch, Nathan (Sänger der Band „The true prophets")
Bonnet, Francoise (Journalistin, Frau von Amal Aziz)
David (Shofarspieler in der Band „The true Prophets")
Elmina (Klavierlehrerin in Damaskus)
Fatima (Freundin von Amal Aziz in Damaskus)
Feld, Sigi (Auslandsgeheimdienst)
Garcia, Maria (Sängerin)
Geißler, Paul (Mitarbeiter der National Promotions GmbH)
Ghubar, Ahmet (Schneider)
Gruber, Josef (Manager des Schöttlburgbräus)
Gutekunst, Theodor (Pianist, Dirigent, Intendant)
Heil, Ada (Künstlername der Sängerin Ada von Schöpsmark)
Ibrahim (syrischer Instrumentenhändler in München)
Jim (Gitarrist in der Band „The true Prophets")
Joe (Mitbewohner im Flüchtlingsheim, Vater von Alpha und Melody)
John (Gitarrist in der Band „The true prophets")
Jules (Schlagzeuger in der Band „The true prophets")
Kadir (Mitbewohner im Flüchtlingsheim)
Kalil (Verkäufer in der Saftbar in Damaskus)
Kemel, Bassam (Mitarbeiter in der Schneiderei in Köln)
Lang, Irmgard (IT-Spezialistin im Verfassungschutz)
Malik, Enis (Professor am Konservatorium in Damaskus)
Maria (Mitbewohnerin im Flüchtlingsheim, Frau von Joe, Mutter von Alpha und Melody)
Melody (Mitbewohner im Flüchtlingsheim, Sohn von Maria und Joe)
Mittenzwei, Steffan (Ministerialrat in München)
Müller Miriam (Tänzerin, Frau von Daniel Müller)
Müller, Daniel (Mitarbeiter des Verfassungsschutzes)
Müller, Lasse (Sohn von Miriam und Daniel Müller)

Neubauer Sebastian, Spitznahme: Basti (Freund von Mehmet Aziz)
Neuber, Wilhelm (Student)
Oberth, Michael (Mitarbeiter des Verfassungsschutzes)
Olafson, Sven (Mitarbeiter des Verfassungsschutzes)
Ortler, Karl (Mitarbeiter des Verfassungsschutzes)
Sahar (Freundin von Amal Aziz in Damaskus)
Salam (Oudspieler in der Band „The true Prophets")
Schönfeld, Gaby (Mitarbeiterin im Brückenfestival, engagiert sich für Flüchtlinge)
Schöpsmark, Eberhard von, Spitzname: Eber (Verleger, Leiter der „National Promotions GmbH")
Schöttlburg, Christian (Politiker, Unternehmer, Mäzen)
Schöttlburg, Gaby (Frau von Christian Schöttlburg)
Schwarz, Fabian (Mitarbeiter der Schneiderei in Köln)
Siar (Mann von Afsahne, wird nach Afghanistan abgeschoben)
Sur, Mahdi al (Kaufmann in Damaskus)
Yossuf (Mitbewohner im Flüchtlingsheim)
Zahra (Schulfreundin von Amal in Damaskus)
Zara, Karl (Student)
Ziad (Elektroingenieur, Freund von Ahmet Ghubar)

Anmerkungen

Personen und Ereignisse sind frei erfunden. Dennoch beruht dieser Roman auf umfangreichen Recherchen, die den Hintergrund der Erzählung bilden.

Zeitkontext
Der Roman spielt in den beiden ersten Jahrzehnten des 21. Jahrhunderts, also während der arabischen Revolution, des syrischen Krieges, der Flüchtlingskrise in Europa, der Enttarnung des Nationalsozialistischen Untergrunds, der islamistischen Anschläge und von #MeToo.

Mehmet Aziz
Mehmet Aziz wurde durch den Pianisten Aeham Ahmed inspiriert, der in den Trümmerstraßen von Damaskus Konzerte gab und für den Musik ein letzter Anker für Menschlichkeit ist.
Vgl.: Sonja Zekri: *Mit Bach, Chopin und Jazz gegen den Terror*, in: *Süddeutsche Zeitung*, 10.04.2015.
Aeham Ahmad: *Und die Vögel werden singen. Ich, der Pianist aus den Trümmern*, Frankfurt 2017.

Amal Aziz
Ein Vorbild für die Tänzerin Amal Aziz ist die libanesische Tänzerin Johanna Fakhry, die 2011 zusammen mit der israelischen Metal-Band „Orphaned Land“ bei einem Musikfestival in Frankreich auftrat. Als Zeichen des Friedens zeigte sie dabei die Flagge des Libanon und Kobi Farhi, der Sänger der Band, die israelische Flagge. Johanna Fakhry erhielt daraufhin Todesdrohungen und konnte nicht mehr in ihre Heimat reisen.
Vgl. Oren Kessler: *Lebanese dancer scared to return home after performing with Israelis*, in: *Jerusalem Post*, 29.07.2011.

The True Prophets
Die Band „The True Prophets“ hat ihr Vorbild in der Metal-Band Orphaned Land, die in ihrer Musik Brücken zwischen Israel und den mohammedanischen Ländern schlägt.

Vgl. Juliane von Mittelstaedt: *Heavy-Metal-Diplomatie. Global Village: Ein israelischer Sänger will Türke werden und damit die frostigen Beziehungen zwischen beiden Ländern auftauen*, in: *Der Spiegel*, 36/2021, S. 100.

S. 40ff, 99
Ab 2015 wurden zahlreiche Fälle sexueller Gewalt berühmter Solisten und Dirigenten aufgedeckt. In München musste sich der Pianist und Musikwissenschaftler Siegfried Mauser wegen sexueller Nötigung und dem Vorwurf der Vergewaltigung vor Gericht verantworten.
Vgl. John Schneider: *Sex-Vorwürfe gegen Siegfried Mauser: Musik-Professor wieder vor Gericht*, in: *Abendzeitung München*, 27.11.2017.

S. 70
Vgl. Hussam Al Bakeer: *Ein Bericht über die Situation der Landwirtschaft in Syrien*, in: Heinrich-Böll-Stiftung, 22.05.2018.

S. 73
Aehmad Ahmad: „Musik für alle! Ohne Arroganz und Klassendünkel! Mozart für alle! Mein Vater hatte mir Zugang zur Musik verschafft. Dieses Privileg wollte ich an möglichst viele weiterreichen. Das war meine Revolution." in: *Und die Vögel werden singen. Ich, der Pianist aus den Trümmern*, S. 109.

S. 103ff
Zur Flüchtlingskrise auf Kos:
Ann-Dorit Boy: *Ein Ort, den es in Europa nicht geben dürfte*, in: *Frankfurter Allgemeine*, 17.08.2015.

S. 110ff
Zur Balkanroute:
Thomas Roser: *Routen ändern sich, das Geschäft mit Menschen bleibt*, in: *Zeit online*, 04.08.2017.
Norbert Mappes-Niediek: *Flüchtlinge in Europa – Gefährlicher Fluchtweg durch „Mafidonien"*, in: *Berliner Zeitung*, 18.08.2015.

124
Zum Drohnenkrieg:
Vgl. z.B. Andreas Rüesch: *Amerikanischer Drohnenangriff in Kabul tötet statt Terroristen zehn Zivilisten*, in: *Neue Zürcher Zeitung*, 12.09.2021.
dpa-Meldung: *US-Drohne feuert auf Hochzeitszug im Jemen*, in: *Der Spiegel*, 13.12.2013.

S. 137f
Zur Zuschreibung der Verbrechen des Nationalsozialistischen Untergrunds an Türken:
Vgl. Tanjev Schultz: *Auf Mördersuche in der „Türkenszene“*, in: *Süddeutsche Zeitung*, 09.01.2013.

S. 138
Zum Nationalsozialistischen Untergrund und Verfassungsschutz:
Vgl. Samira El Quassil: *Borniertheit, Rassismus, Vertuschung, Verdrängung*, in: *Der Spiegel*, 04.11.2021.
Hajo Funke: *Verharmlosung und Vertuschung*, in: *taz*, 30.10.2016

S. 144f
Zu rechtsradikalen Flashmobs:
Vgl. Johannes Radke: *Flashmobs gegen die Demokratie*, in: *Zeit online* 21.03.2012.

S. 148
Zur Abschiebung von Flüchtlingen:
Vgl.: Peter Nowak: *Lieber tot als zurück*, in: *KONTEXT: Wochenzeitung*, Ausgabe 376, 13.06.2018.
Dietrich Mittler: *19-jähriger Afghane zündet sich in Supermarkt an*, in: *Süddeutsche Zeitung*, 02.01.2017.

S. 172f
Zur Rolle der Salafisten:
Vgl. Reiner Burger und Markus Wehner: *Radikalisierung ist eine Frage von Wochen*, in: *Frankfurter Allgemeine*, 06.10.2016.

S. 183ff
Zu Rechten Netzwerken:
Vgl. Vera Linß und Marcus Richter: *Rechtsextreme Netzwerke und die Behörden*, in: *Deutschlandfunk*, 22.08.2020.

S. 198
Zur Beschneidung:
Vgl. (Ohne Autor): *Warum beschneiden Muslime und Juden ihre Söhne?* in: Welt, 28.06.2012.
Dennis Ballwieser: *USA Kinderärzte befürworten Beschneidung*, in: *Der Spiegel*, 29.08.2012.

S. 267
„Die geballte Faust wird zur offenen Hand...“: Zitate aus dem Songtext „All is one“ von Orphaned Land.

Dank

Die Landshuter Hofmusiktage 2016, die zum Thema „Guerusalemme liberata – Musikalische Brücken zwischen jüdischer, christlicher und islamischer Kultur“ geplant waren und unvorhersehbar mitten in der Flüchtlingskrise stattfanden, gaben mir einen ersten Impuls für diesen Roman. Dass ich ein Festival zu diesem Thema realisieren konnte, dafür danke ich meinen Mitstreitern Josef Deimer und Kurt Weinzierl. Aus den damaligen Gesprächen und den Konzerten mit den Musikern des Festivals, u. a. der tunesischen Sängerin Ghalia Benali, dem belgischen Ensemble Zefiro Torna, der israelischen Metal Band Orphaned Land, der libanesischen Tänzerin Johanna Fakhry, dem türkischen Oudspieler Mehmet C. Yeşilçay und dem israelischen Klarinettisten und Klezmer-Musiker Giora Feidman entwickelte sich die Idee zu dieser Erzählung. Ihnen allen danke ich, dass sie sich mit ihrer Kunst für Dialog, Verständigung und Frieden einsetzen.

Mein großer Dank gilt meiner Familie – meiner Frau Ruth und meinen Söhnen Florian und Mattias -, die mir den Kopf für die Schreibarbeit freihalten, Florian, der ein gestrenger Erstleser war, mich durch seine Kritik forderte, aber nie entmutigte, ihm und Ardacan D. Leloğlu, die den Verlag beim Marketing unterstützen, und vor allem dem Lektor des Buches, Patrick Baumgärtel: Er verlieh der Dramaturgie schärfere Konturen und durchleuchtete den Text gründlich. Sabine Schaub danke ich für die engagierte Presse- und Öffentlichkeitsarbeit und meinen Lesern für ihre Neugier und Anteilnahme.

Franzpeter Messmer (März 2022)

www.franzpeter-messmer.com

Instagram - Facebook - Twitter